Eine Katze namens Adolf

Eine Katze namens Adolf

Trude Levi

Trude Levi

Ekopan Verlag

Aus dem Englischen übersetzt
von
Birgit Jessen

1. Ausgabe 1997

Gesamtherstellung: Ekopan Verlag

ISBN 3-927080-15-2

Dieses Buch möchte ich dem Andenken an
meine Eltern und die vielen Jugendfreunde,
die in Auschwitz, in anderen Lagern und
auf Todesmärschen verschollen sind,
widmen.

...che ritrarra la mente, che non erra.

O Muse, o alto ingegno, or m'aiutate!
O mente, che scrivesti cio ch'io vidi,
qui si parra la tua nobilitate.

... hiervon sei
Getreulich ein Erinnerungsbild gegeben! –

O Musen, Himmelstöchter, steht mir bei;
Gedächtnis, dass Du schriebst, was ich gesehen,
Jetzt offenbare Deinen Adel frei!

Dante, Die Hölle, Zweiter Gesang, 5–9

Inhaltsverzeichnis

Bildnachweis

Titelseite: Wien, 1927, Großmutter Ullmanns sechzigster Geburtstag. Die Autorin, damals dreieinhalb Jahre alt, steht links von ihrer Großmutter. Ihr Vater befindet sich ganz rechts in der hinteren Reihe, vor ihm steht ihr Bruder Pierre, und ihre Mutter sitzt ganz rechts.

— *S. 47–50*

1 Dr. Dezsö Mosonyi aus Szombathely, der Vater der Autorin.
2 Dora Mosonyi, geborene Ullmann, die Mutter der Autorin.
3 Gertrud Mosonyi mit fünf Jahren.
4 Gertrud Mosonyi im Alter von neunzehn Jahren – ein Jahr vor dem Einmarsch der Nazis in Ungarn.

— *S. 91–92*

5 Charles Oreste Paroldo, der Mann, der Trude 1945 „rettete" und sie mit nach Frankreich nahm.
6 Oktober 1945, Chamoins-les-Bains: Trude mit ihrem Wiener Cousin Gucki Berger (links), der kam, um sie nach Italien mitzunehmen.
7 Paris, im Juni 1946: Hochzeit mit Stephan Deák.

— *S. 169–172*

8 Durban, im August 1949: Mit ihrem Sohn Ilan vor der Abreise nach Israel.
9 London, 1959-64: Bei der Arbeit in der Wiener Library.
10 Mit ihrem zweiten Ehemann Franz Levi.
11 Oxford, 1973: Mit Ilan bei den Feierlichkeiten anläßlich seiner Promotion.
12 London, 1991: Mit ihren Enkelkindern Jonathan und Marina.

Die Zeitzeugenberichte der Library of Holocaust

Diese Serie von Zeitzeugenberichten wurde in Großbritannien insbesondere dank Herrn Frank Cass veröffentlicht. Das Bedürfnis danach war in England, wo heute viele Überlebende des Holocaust wohnen, offensichtlich schon lange vorhanden.

Seit dem Ende des Krieges im Jahre 1945 haben die schrecklichen Ereignisse der Vernichtung des europäischen Judentums durch die Nazis einen Schatten über unsere Zeit geworfen. Sechs Millionen Juden wurden innerhalb kurzer Zeit ermordet. Die wenigen Überlebenden haben die Verpflichtung, in ihrem Gedächtnis zu bewahren, was immer ihnen an Wissen blieb über das jüdische Leben in mehr als einem Dutzend Ländern, in mehreren tausend Städten, in zehntausenden von Dörfern und in unzähligen Familien. Die wertvolle Gabe der Erinnerung ist seitdem das einzige Denkmal für Millionen von Menschen, deren Leben plötzlich und brutal ausgelöscht wurde.

Viele Jahre lang war es so, daß einzelne Überlebende ihre Erinnerungen veröffentlichten, viele andere sich aber nicht trauten, häufig deshalb, weil sie befürchteten, daß sich für ihr Werk kein Verleger finden würde.

Im Laufe meiner Arbeit in den letzten beiden Jahrzehnten traten viele Überlebende an mich heran, die ihre Erinnerungen aufgeschrieben hatten, aber nicht wußten, wie sie sie veröffentlichen lassen könnten. Mir war bewußt, was für eine erhebliche emotionale Belastung das Niederschreiben der höllischen Erinnerungen gewesen sein mußte. Während ich Dutzende solcher Berichte las, wurde mir außerdem klar, wie wichtig jeder einzelne auf seine Weise war, denn jeder berichtete von neuen Aspekten der Geschichte, die noch nie erzählt worden waren, und leistete so einen Beitrag zu unserem Verständnis der Spannbreite von menschlichem Leid, Kampf und Streben.

Da es um so viele Menschen und so viele Schauplätze geht, darunter Hunderte von Lagern, ist es nicht verwunderlich, daß die Historiker und die Studenten, die sich mit dem Holocaust beschäftigen, zeitweise Schwierigkeiten haben, den Maßstab und die Bandbreite der Ereignisse zu erfassen. Die Veröffentlichung von Memoiren ist deshalb ein unentbehrlicher Teil der Wissenserweiterung und des öffentlichen Bewußtseins für die Verbrechen, die an einem ganzen Volk begangen wurden.

Martin Gilbert,
Merton College,
Oxford

Vorwort zur deutschen Ausgabe

Allen, die in uneigennütziger Weise dazu beigetragen haben, daß mein Buch „A Cat Called Adolf" auf deutsch erscheinen konnte, möchte ich meinen herzlichsten Dank aussprechen.

An erster Stelle steht Birgit Jessen, die aus eigenem Antrieb die Übersetzung anfertigte, und die Friedrich Ebert Stiftung, welche die Übersetzung förderte.

Ich danke Dietlinde Jessen, die das deutsche Manuskript überprüfte, und Gregor Espelage, der das Buch kritisch durchlas und wertvolle Hinweise und Anregungen gab.

Last but not least gilt mein Dank Jürgen Jessen, der Geschichtswerkstatt Hessisch Lichtenau und dem Verleger Ulrich Burkhard, ohne deren Unterstützung die deutsche Ausgabe nicht zustande gekommen wäre.

Trude Levi, London 1996

Vorwort

An einem Tag im Jahre 1949, kurz nach meiner Ankunft in Israel, saß ich im Wartezimmer der Sochnut (Verwaltungsbüro für neue Immigranten) und wartete darauf, aufgerufen zu werden. In Israel unterhalten die Leute sich miteinander. Sie stellen Fragen. Jemand fragte mich, woher ich käme. Ich sagte: „Aus Südafrika." Dann fragte eine andere Person: „Sind Sie Südafrikanerin?" Ich erinnere mich nicht mehr daran, in welcher Sprache wir uns unterhielten, ob Englisch, Deutsch, Französisch, vielleicht mit ein bißchen Jiddisch dazwischen, oder ob sogar jemand Ungarisch sprach. Es kann nicht Hebräisch gewesen sein, denn noch sprach ich diese Sprache nicht. Einer Frage folgte die nächste, und dann sagte jemand: „Wissen Sie, Sie müssen nicht jede Frage beantworten." Das machte mich betroffen, denn mir wurde bewußt, daß ich innerhalb kurzer Zeit diesen Leuten, die ich nie vorher gesehen hatte und die ich auch seitdem nicht wiedergetroffen habe, fast meine gesamte Lebensgeschichte erzählt hatte.

Und trotzdem beantwortete ich oft Fragen und erzählte von meinen Erlebnissen. Die Leute sagten häufig: „Warum schreiben sie das nicht auf? Es würde ein gutes Buch werden." Oder auch: „Darüber könnte man einen Film drehen!"

Jetzt habe ich es also aufgeschrieben. Ich wurde von vielen Seiten dazu ermutigt, besonders von meinem Mann, der mich, obwohl ich mich zunächst sehr dagegen sträubte, dazu brachte, einen Computer zu benutzen. Er unterstützte mich auch, übte konstruktive Kritik und erinnerte mich an Ereignisse, die ich vergessen hatte zu erwähnen.

Stella Hyams verbrachte Stunde um Stunde damit, das Manuskript gegenzulesen und mein Englisch zu verbessern – ich bin ihr unendlich dankbar. Pauline Paucker brachte viele Korrekturen an. Professor Joe Baylen durchforstete das Manuskript in der Zeit, als er sich von einem Schlaganfall erholte, auf das gründlichste; und Judith Schecter überreichte mir zwei Seiten mit sehr wichtigen Verbesserungen. Lionel Simmonds arbeitete das Manuskript liebevoll und sorgfältig durch. Ich bin ihnen allen sehr dankbar. Noch viele andere, die das Manuskript lasen, machten mir Mut. Sie sagten alle: „Es muß einfach veröffentlicht werden; gib die Hoffnung nicht auf." Nicht zuletzt schätze ich die verständnisvollen Bemühungen des Herausgeberteams für das Buch sehr und möchte ihnen und besonders Frau Norma Marson, die das Buch mit großer Sorgfalt edierte, herzlich danken.

Eine Frage wurde mir in all diesen Jahren immer wieder gestellt: wie ich es fertigbringen konnte, das alles zu durchleben, ohne dabei verrückt zu werden. Darauf kann ich keine klare Antwort geben und denke noch immer darüber nach. Nichts überzubewerten und nichts herunterzuspielen, sich einen Sinn für Humor zu bewahren, keine Eifersucht zu empfinden und zu versuchen, an allem die guten Seiten zu sehen, aber trotzdem realistisch zu bleiben; sich den Ereignissen zu stellen, wie sie kommen, und nicht in Selbstmitleid zu versinken – ich bin nicht sicher, ob das zusammen eine Antwort darstellt, aber möglich ist es. Urteilen Sie selbst.

Trude Levi, London 1994

1 • Blick zurück im Zorn

Vierzig Jahre sind lange genug, dachte ich. Bis zu diesem Zeitpunkt hatte ich Einladungen nach Deutschland immer ausgeschlagen. Da wir jedoch in der Nähe sein und ein Auto haben würden, bot sich nun eine gute Gelegenheit, ein paar Tage mit alten Freunden zu verbringen.

Jeder, den wir trafen, war freundlich, nett und hilfsbereit. Auch Frau Emmy. Sie war um die 70, kümmerte sich um ihren Tante-Emma-Laden, ihren Garten und ihre Katzen. Wir kauften einige Dinge bei ihr; und sie gab uns Kräuter und Salat aus ihrem Garten, ohne Geld dafür anzunehmen. Wir redeten über ihren Garten, und dann über ihre Katzen. Sie hatte Dutzende davon, kleine Katzen, große Katzen. Und unvermittelt sagte sie: „Diese hier ist komisch, sie hebt immer ihre Pfote! Wir nennen sie Adolf." Es war so, als hätte mich jemand vor den Kopf geschlagen. Plötzlich wußte ich, was mich den ganzen Urlaub über beunruhigt hatte. Das war es, wovor ich mich fürchtete. Ich wollte so schnell wie nur irgend möglich wieder raus aus Deutschland. Es waren die Menschen in meinem Alter und älter: die Angst, daß ich jemandem die Hand geben müßte, der beim Mord an meinen Eltern, meinen Freunden mitgemacht hatte...

Wahrscheinlich kann ich von Glück sagen, daß ich überlebt habe und jetzt in der Lage bin, davon zu berichten. Aber diese Katze hat mich völlig aus der Fassung gebracht...

Es ist sehr wichtig, die Stimme zu erheben und alles zu erzählen, nicht nur, was ich in den Konzentrationslagern und Arbeitslagern der Nazis erlebt habe, sondern auch, wie mein Leben vor den grauenvollen Erlebnissen war und wie es heute ist. Denn viele haben über die Schrecken der Lager berichtet, aber wenige haben sich darüber Gedanken gemacht, welche Auswirkungen sie auf die Überlebenden hatten. Die meisten Leute nehmen an, daß – wenn man nur überlebt hat – alles gut ist und das Leben wie gewohnt weitergeht. Und sollte ein Trauma zurückgeblieben sein, dann würde es mit der Zeit verblassen und verschwinden. Wie sehr die Erlebnisse das Alltagsleben der Betroffenen verändert haben, erkennen oder verstehen wenige Menschen.

Ungarn war bis März 1944 nicht von den Nazis besetzt worden, so daß den Deutschen nur ungefähr ein Jahr blieb, um sich mit den ungarischen Juden zu befassen. Aber ein Jahr kann unter solchen Umständen sehr lang sein. Ich war jung – damals gerade 20 – und obwohl ich eben erst eine schwere Operation überstanden hatte, muß ich sehr robust gewesen sein. Im Mai desselben Jahres wurde ich in ein Getto getrieben, sieben Wochen später in einem örtlichen Konzentrationslager gefangengesetzt und am 2. Juli 1944 nach Auschwitz deportiert. Einen Monat später wurde ich in ein Außenlager von Buchenwald überführt, nach Hessisch Lichtenau.

Mein Verhalten in den Lagern war nicht besonders klug, da mir der Überlebenswille zu fehlen schien. Wahrscheinlich half mir meine innere Einstellung zu überleben, nicht nur physisch, sondern auch moralisch. Die bloße Tatsache, daß die Deutschen mich nicht zerbrechen, zu einem nicht mehr menschlichen Wesen degradieren oder meine Selbstachtung zerstören konnten, war ein persönlicher Sieg. Es war ein starkes Gefühl von Selbstachtung, das mich am Leben erhielt. Ich versuchte – erfolgreich, wie ich glaubte – immer ein anständiger Mensch zu bleiben. Ich tat nichts, für das ich mich schämen müßte. Und da ich nicht religiös war, sondern eine Agnostikerin, mußte ich eben an mich selbst glauben.

Im Konzentrationslager fühlte ich mich als Außenseiterin, und war es wohl auch. Es fällt mir schwer, das zu erklären. Weil ich keinen Überlebenswillen und keine Angst hatte, handelte ich nicht rational. Wer überleben wollte, mußte egoistisch sein und sich nicht darum kümmern, wie andere sich fühlten; man mußte versuchen, Dinge zu besitzen, mußte sogar herumschnüffeln, und auf jeden Fall alles tun, um sich mit der Kapo (jüdische Stellvertreterin der SS-Aufseherinnen) oder den SS-Aufseherinnen gutzustellen; außerdem so wenig wie möglich arbeiten, um mit der eigenen Energie hauszuhalten, stehlen, falls sich die Möglichkeit bot, und nicht teilen. Ich tat das alles nicht. Und ich verachtete alle, die sich so verhielten. Ich mied die Gesellschaft derer, die Kompromisse schlossen, und war sicherlich nicht sehr liebenswert. Das war jedoch meine Art zu überleben, obwohl es mir gar nicht wirklich wichtig war, ob ich überleben würde oder nicht. Nicht daß ich sterben wollte – ich war nur nicht gewillt, irgend etwas zu tun, das meine selbstaufgestellten strengen Moralmaßstäbe, die mir zu der Zeit sehr wichtig waren, verletzt hätte. Ich glaube fest daran, daß diese Einstellung es mir ermöglichte, allen Wahrscheinlichkeiten zum Trotz zu überleben.

Wenn ich heute zurückblicke, wird mir klar, daß ich innerlich eine Einzelgängerin war. Das mag der Grund dafür sein, daß ich mich so wenig an meine Lagergenossinnen erinnern kann. Auch war ich recht unverzeihlich gegenüber dem, was ich damals als Schwächen ansah.

Außerdem war ich wohl etwas eigensinnig und intolerant. Als junges Mädchen war ich nicht eitel und glaubte nicht, daß ich hübsch war. Ich hielt nichts von Make-up und Friseuren. Meiner Meinung nach sollte man rundum natürlich sein. Man sollte dafür gemocht werden, wie man ist, nicht wie man sich darstellen möchte. Eine anständige Person hat nichts zu verbergen, spricht die Wahrheit und sieht so aus, wie sie geschaffen wurde. Deshalb akzeptierte ich keine Schminke und konnte in den Lagern weder die Beweggründe der Frauen nachvollziehen, die versuchten, ihre geschorenen Köpfe mit Tüchern zu bedecken, noch die derjenigen, die die Lumpenkleidung, die wir bekamen, änderten. Ich sah immer wie eine Vogelscheuche aus; mein Kleid war zu lang, und ich hatte gewiß nicht die Absicht, es zu kürzen – wenigstens hielt es mich warm, wenn es kalt war. Ich verachtete vielmehr diejenigen, die Zeit darauf verwendeten, sich schönzumachen. Damals begriff ich nicht, daß man sich schick anzieht, um sich selbst zu gefallen.

Vor kurzem las ich die Memoiren einer Überlebenden, in denen sie immer wieder von ihrer Angst sprach, als Prostituierte für die deutschen Truppen mißbraucht zu werden.[1] Mir kam es noch nicht einmal in den Sinn, die SS könnten mit einer von uns schlafen wollen; ich war zu naiv, um mir dergleichen vorstellen zu können. Wäre ich auf diesen Gedanken gekommen, hätte ich mich noch unattraktiver gemacht, denn ich hätte bestimmt nicht eingewilligt, mit irgendeinem von ihnen zu schlafen und wäre wahrscheinlich erschossen oder vergast worden, wäre es dazu gekommen. Glücklicherweise tauchte dieses Problem nicht auf.

In Hessisch Lichtenau, dem Außenlager von Buchenwald, waren wir zu bestimmten Zeiten in unseren Baracken eingesperrt, und da wir selten Wasser bekamen, um uns zu waschen, schlüpfte ich im Winter nachts nach draußen und wusch mich im Schnee, obwohl ich dabei das Risiko einging, auf der Stelle erschossen zu werden. Als junges Mädchen war ich nicht sehr versessen darauf gewesen, mich zu waschen; baden oder duschen – das schon, aber mich abschnittsweise mit kaltem Wasser zu waschen, war mir nicht die liebste Art, meinen Körper sauber zu halten. Im Lager hingegen wurde es zur Sucht, sauber zu sein. Ich mußte mich einfach waschen und hatte den Eindruck, daß mein Überleben davon abhing.

Wir waren ungefähr 32 Frauen pro Zimmer in der Baracke in Hessisch Lichtenau. Unsere doppelstöckigen Schlafkojen standen in zwei Reihen an beiden Seiten des Raumes. In meinem Zimmer waren einige Frauen aus meiner Heimatstadt, die ich fast mein ganzes Leben lang gekannt hatte. Aber irgendwie hatte ich wenig Kontakt zu ihnen. An viele erinnere ich mich noch nicht einmal mehr. Das liegt auch daran, daß wir in drei Schichten arbeiteten und ich so einige meiner Zimmergenossinnen kaum sah. Entweder waren sie bei der Arbeit oder sie schliefen, wenn ich frei hatte und wach war. Weil ich schon immer eine Nachteule war, hatte ich Probleme mit der Frühschicht, aber keine mit der Nachtschicht, die die meisten der anderen unerträglich fanden. Also versuchte ich jede dritte Woche jemanden zu finden, der tauschen wollte. Es war dunkel, wenn wir zur Arbeit gingen. In der Fabrik arbeitete ich normalerweise allein, nicht in der Gruppe, und hatte deshalb wenig Kontakt zu meinen Kameradinnen.

An die beiden Schwestern Günsberger, Ella und Olga, erinnere ich mich gut. Sie waren sanfte, unverheiratete Frauen, die in meiner Heimatstadt einen Schönheitssalon hatten. Ihre Nichte Jutka Rothschild aus der Stadt Sümeg hatte früh ihre Mutter verloren. Meistens verbrachte sie ihre Ferien in Szombathely, und obwohl sie jünger war als ich, wurden wir Freundinnen – und sind es immer noch. Ella und Olga schmeichelten sich bei den SS-Aufseherinnen ein. Die Aufseherinnen kamen immer in unsere Baracke, um sich frisieren und die Gesichter pflegen zu lassen. Ich weigerte mich, mit den beiden Frauen zu sprechen, denn meiner Meinung nach hatten sie sich verkauft.

Außerdem waren da die beiden Schwestern Kohn, die in Szombathely ein Strickwarengeschäft hatten. Sie waren älter, eher farblos. Sie nähten für die SS-Aufseherinnen. Auch mit ihnen wollte ich nichts zu tun haben.

Ein Mädchen, das ein paar Jahre älter war als ich, und ihre Mutter waren äußerst reserviert. Sie schienen anzunehmen, sie seien besser als andere. Zur Kapo Manci waren sie freundlicher als zu irgend jemandem sonst. Die Kapo war der verlängerte Arm der SS-Aufseherinnen unter uns Häftlingen. Ich regte mich ziemlich über das Benehmen von Mutter und Tochter auf, denn früher, bevor ich zum Studium nach Budapest ging, war ich mit der Tochter befreundet gewesen und hatte sie sehr lieb gewonnen. Irgendwie schien sie das aber vergessen zu haben, und ich erinnere mich an das Gefühl, von ihnen eher wie eine Fremde behandelt zu werden. Ich kann mich getäuscht haben, aber so kam es mir damals vor.

Dann war da Magda Szemzö, die in der Schule meine Französisch- und Kunstgeschichtslehrerin gewesen war. Sie war meine Lieblingslehrerin, und ich glaube immer noch, daß sie die beste Lehrerin war, die ich je gekannt habe. Obwohl als Jüdin geboren, war sie als Kind getauft worden und war eine sehr fromme Katholikin. Ich hatte sie vergöttert. Jetzt war ich von ihr schwer enttäuscht. Sie verbrachte einen Großteil ihrer freien Zeit auf den Knien und betete das Vaterunser. Sie bekehrte Gerti Polgár, auch eine ihrer ehemaligen Schülerinnen, zu ihrem religiösen Ritus. Gerti übernahm die Bräuche, als sei sie dabei in ihrem Element, und betete mit Magda. Sie waren in Schlafkojen mir gegenüber untergebracht. Damals konnte ich nicht verstehen, daß dies ihre Art war, mit unserem Schicksal fertig zu werden. Da ich extrem antireligiös war und erst recht keinen Respekt vor den sogenannten Christen hatte, die uns in einer so unmenschlichen Weise behandelten, konnte ich einfach nicht begreifen, wie die beiden es wagen konnten, ein christliches Gebet zu sprechen.

Es gab zwei Mütter mit vierzehnjährigen Töchtern: Frau Dénes, die Frau eines Rechtsanwalts und Mutter der bezaubernden Gabi, und die verwöhnte Frau Weisz, die Frau eines Architekten und Mitzis Mutter. Diese beiden Mädchen hatten die SS bei der Selektion überzeugt, daß sie 16 Jahre alt seien und hatten es auf diese Weise geschafft, bei ihren Müttern zu bleiben. In der allerersten Selektion bei unserer Ankunft wurden alle Kinder unter 16 und Erwachsenen über 40 selektiert und entweder sofort umgebracht oder zu Experimenten mißbraucht und anschließend oder in deren Verlauf getötet. Sie galten als nicht stark genug für harte Arbeit. Aber diese beiden schafften es durchzuschlüpfen und waren beide in unserem Zimmer. Wenn ich mich manchmal freiwillig zu Mehrarbeit meldete und dafür zusätzlich eine Portion Suppe bekam, so gab ich sie meistens Gabi, die ich sehr gern hatte. Sie war jedermanns Liebling.

Von allen Personen in unserem Zimmer fühlte ich mich mit Puci Dukesz am meisten verbunden. Sie kam aus meiner Heimatstadt, und obwohl ich sie schon immer gekannt hatte, hatte ich seltsamerweise vorher noch nie mit ihr gesprochen. Sie war die Frau eines Juweliers und Antiquitätenhändlers im selben Haus, in dem wir gewohnt hatten. Aus unerfindlichen Gründen wurde sie als Außenseiterin angesehen – ein Mädchen aus ärmlichen Verhältnissen, die einen reichen Mann geheiratet hatte – und war nie in die sogenannte gute Gesellschaft aufgenommen worden. Ich habe nie herausgefunden, warum das so war. Sie hatte einen Neffen, der in Budapest wohnte und sie oft besuchte. Er war ein gutaussehender junger Mann, ein reicher, charmanter Playboytyp, und er war unsterblich in mich verliebt. Ich war recht gern mit ihm zusammen und war geschmeichelt, als er mich bat, ihn zu heiraten, sagte aber nein. Das war das letzte Mal, daß ich ihn sah, bevor er mit einer jüdischen Zwangsarbeitskompanie an die Front geschickt wurde, wo er als Versuchskaninchen auf den Minenfeldern eingesetzt wurde und umkam. Armer Ákos Strauss. Puci war immer fair, übernahm immer die Aufgaben, die unangenehm waren, aber erledigt werden mußten, und ich schloß mich ihr häufig an. Es betrübt mich, daß es mir in all diesen Jahren nicht gelungen ist, mit ihr Kontakt aufzunehmen. Ich hätte sie sehr gerne wiedergesehen.

Aus unserem Zimmer kann ich mich nur an zwei weitere Frauen erinnern. Keine von ihnen war aus meiner Heimatstadt. Ich konnte sie nicht leiden. Eine von ihnen war viel älter, sogar über 60, und hatte es irgendwie fertiggebracht, nicht selektiert zu werden. Sie war es, die mich später an die Deutschen verriet. Ich hatte geleugnet, deutsch sprechen zu können, was eigentlich meine Muttersprache war. Ihr Verrat kostete mich fast das Leben, wie ich noch etwas ausführlicher erzählen werde.

Die andere Frau war eine Diebin. Sie stahl mir alles, was ich besaß, obwohl das so gut wie nichts war. Zweimal bekam ich einen Lappen, um ihn in meine Holzklumpen zu legen, und sie stahl ihn in der Nacht. Sie entwendete mir auch Brot, das ich mir aufgehoben hatte, um es später zu essen, oder Papierfetzen, die ich in die Finger bekommen und mit Schnur zu einer Art Buch zusammengebunden hatte. Ich haßte sie. Ich hielt es für unter meiner Würde, mit ihr zu zanken, und sie stellte recht offen zur Schau, was immer sie genommen hatte. Ich war zu naiv, konnte weder verstehen noch vergeben, daß jemand von einer Mitgefangenen stehlen konnte.

Éva und Hedva Weisz, die Zwillingsschwestern aus Bratislava, mochte ich sehr. Éva war klein mit Brille, und Hedva war groß und schlank. Ich hatte auch das Mädchen aus Transsylvanien sehr gern, Grete Wurzel, eine attraktive Blondine, die italienisch sprach.

Es gab andere, an deren Namen ich mich nicht erinnern kann. In unserer Freizeit rezitierten wir Gedichte, die ich dann in meinem „Buch“ festhielt, und sangen gemeinsam. Häufig baten sie mich zu singen, und ich tat es sehr gerne. Mit unserer italienischen Lagerärztin Luciana entwickelte sich eine Freundschaft, die bis heute andauert.

Weil ich in der Nachtschicht arbeitete, hatte ich selten Zeit, mit jemandem zu reden. Ich schlief tagsüber, außer während des Zählappells. Zählappelle waren schwer zu ertragen. Wir mußten uns in Fünferreihen aufstellen, frühmorgens und nachmittags wieder. Wir standen mindestens eine halbe Stunde, manchmal aber auch mehrere Stunden, als Folter oder Bestrafung. Bis auf die ersten wenigen Tage arbeitete ich in der Fabrik allein und hatte kaum Gelegenheit, mich mit jemandem zu unterhalten.

In der Munitionsfabrik stand ich zunächst am Fließband. Dort arbeiteten wir mit deutschen Frauen zusammen. Der Vorarbeiter befahl uns zu singen. Am zweiten Tag stimmte ich die „Lorelei" an, und die Deutschen sangen alle mit. Ich verspürte Genugtuung, denn ich wußte, daß das Lied in Deutschland verboten war, weil die Verse von Heine stammten, der jüdischer Abstammung war. Der Vorarbeiter war ärgerlich und befahl uns aufzuhören, dieses Lied zu singen. Wir gehorchten, aber ich hatte meinen kurzen Triumph gehabt.

Nach dem Krieg war es mir wegen der Dinge, die mir zugestoßen waren, nicht möglich, wieder ein normales Leben zu führen. Daß die Ungarn die Juden schlecht behandelt hatten, bewog mich, nicht nach Ungarn zurückzukehren. Also verlor ich meine ungarische Staatsbürgerschaft und wurde zu einer staatenlosen Person. Ich fand schnell heraus, daß staatenlos zu sein auch ausgestoßen zu sein bedeutete, unwillkommen sich irgendwo niederzulassen oder zu arbeiten. Nur ein zeitlich begrenzter Aufenthalt wurde widerwillig geduldet.

Heutzutage sind anständige Leute schockiert bei dem Gedanken, jemand könnte die Schrecken der Nazi-Ära stillschweigend billigen, aber ich frage mich manchmal, ob sie nicht zu viel beteuern! Vor einigen Jahren gab es einen Film, *Mephisto*[2], den ich für wertvoller halte als die meisten anderen Filme über Nazideutschland, weil er anschaulich herausstellt, was jemanden unbemerkt pervertieren kann, der grundsätzlich die besten Absichten hat. Der Film handelt von einem liberalen deutschen Schauspieler, der jüdische Freunde und eine farbige Freundin hat. Zu Anfang ist er ein militanter Nazi-Gegner, aber mit der Zeit wird er langsam, aber unaufhaltsam durch Angst und Ehrgeiz zu genau den Handlungen getrieben, die er zuvor kritisierte. Er verrät seine Freunde und denunziert Leute, ohne selbst zu merken, was mit ihm geschieht. Schließlich ist er eine völlig andere Person geworden.[3]

Ich verstehe sein Dilemma und befinde mich deshalb selbst in einer schwierigen Lage. Ich möchte den Leuten verständlich machen, was passiert ist, jedoch kommt es mir manchmal sinnlos vor. Wie verhindert man, daß Menschen manipuliert werden?

Angst ist ein sehr starkes und machtvolles Gefühl und leider auch ein sehr großer Motivationsfaktor. Daher kann ich bis zu einem gewissen Grade verstehen, was den Menschen in Deutschland zustieß. Ich glaube nicht, daß jeder schuldig war. Ich glaube, daß viele Menschen nichts getan haben. Sie mischten sich nicht ein oder wollten sich nicht einmischen, sogar wenn sie Zeugen von Ereignissen wurden, die sie nicht guthießen. Sie unternahmen nichts dagegen, einfach weil es sehr wenige Helden gibt. Nur Helden opfern Familie und Lebensunterhalt oder nehmen doch zumindest das Risiko auf sich, alles zu opfern, was sie erreicht haben. Deshalb nehme ich sehr wohl Entschuldigungen an.

Jahre später, als ich in der Wiener Library in London arbeitete, der größten Bibliothek Großbritanniens über den Holocaust, kamen viele deutsche Historiker dorthin, um zu forschen. Einige behaupteten, daß sie während des Zweiten Weltkriegs nichts vom Holocaust gewußt hätten. Als ich in Südafrika wohnte, beriefen sich einige Deutsche, die ich dort traf, in ähnlicher Weise auf ihre Unkenntnis der Taten des Dritten Reiches. Diese Entschuldigung lehne ich entschieden ab. Aber als einige Deutsche zugaben: „Ja, wir wußten, was vor sich ging, aber wir hatten zu große Angst, unsere Arbeitsstellen zu verlieren oder deportiert oder gefangengenommen und verhört zu werden, wenn wir gewagt hätten, etwas zu sagen" – das konnte ich akzeptieren.

Anfang März 1943 protestierten Tausende deutscher Frauen eine Woche lang, Tag und Nacht, vor einem Sammellager in der Berliner Rosenstraße gegen die Verhaftung und Deportation ihrer jüdischen Männer und Söhne. Sie hatten Erfolg. Zwischen 1700 und 2000 Berliner Juden wurden wieder freigelassen, 25 jüdische Ehemänner sogar aus Auschwitz zurückgeholt. Die Freigelassenen überlebten den Krieg.[3] In Polen mußten Polen und Juden ihre eigenen Massengräber ausheben und wurden dann so erschossen, daß sie hineinfielen. Die Schützen waren Soldaten der Einsatzkommandos. Einige wollten dabei nicht mitmachen. Sie teilten diesen Entschluß ihren Vorgesetzten mit. Also wurden sie versetzt, aber weder umgebracht, noch wirklich bestraft, manchmal jedoch an die Front geschickt.[4] Diese Beispiele zeigen, daß es möglich war, nicht mitzumachen; dazu war aber eine gewisse Zivilcourage nötig.

Ich bin oft entsetzt über die Ungerechtigkeit, die Menschen in Großbritannien und anderswo widerfährt, und obwohl ich meinem Mißfallen Ausdruck verleihe, tue ich selten – wenn überhaupt einmal – etwas dagegen. Das war nicht immer so. Als ich jung war, bevor mein Vertrauen in die Menschheit und mein Glaube an Humanität zerstört wurde, demonstrierte auch ich, und glaubte, und nahm bedeutende Risiken auf mich. Es mißfällt mir sehr, daß ich meinen Glauben und meine Ansichten aufgeben mußte. Aber nun, aufgrund meiner Erfahrungen, akzeptiere ich das als eine normale, wenn nicht sogar sehr attraktive, menschliche Charaktereigenschaft.

Ich war eine von tausend ungarischen Frauen, die von Auschwitz in ein Außenlager von Buchenwald verlegt wurden, um in einer Munitionsfabrik zu arbeiten. Man ließ uns durch Dörfer marschieren, um zur

Fabrik zu kommen, und dort arbeiteten wir mit Deutschen zusammen. Unsere Köpfe waren geschoren, und viele von uns liefen barfuß durch den Schnee. Wir marschierten in Fünferreihen und hatten Kleider an, die uns nicht paßten. Auf unseren Rücken war für alle sichtbar eine riesige Nummer aufgenäht. Es gab hunderte von Gruppen wie die unsrige in Nazideutschland, die in Fabriken als Zwangsarbeitskräfte eingesetzt waren. Außerdem arbeiteten viele Soldaten in Polen entweder im Lager von Auschwitz oder in der Nähe, die – genauso wie die Bahnbediensteten, die uns transportierten – wußten, was geschah. Obwohl wir ausgemergelt waren, waren wir nicht unsichtbar. Deshalb weiß ich, daß die Leute Ausflüchte machen, die zu mir sagen: „Wir wußten es nicht". Wenn sie aber sagen würden: „Wir wußten es, aber taten nichts dagegen", würde ich es als eine Erklärung akzeptieren.

Was fühlten wir, als wir aus den Qualen lebendig herauskamen? Meine Gefühle waren verschieden. Einerseits war da die Erkenntnis, daß menschliche Wesen in der Lage sind, ihren Mitmenschen alles und jedes anzutun. Ich habe sehr, sehr lange gebraucht, um damit zurechtzukommen. Vielleicht hat es aber noch länger gedauert, das Verhalten meiner Mitgefangenen zu verstehen. Heute kann ich es bereitwilliger akzeptieren, weil ich verstehe, daß es ihre Art war zu überleben. Trotzdem gab es Vorfälle, die ich schwer begreiflich fand. Ein Vorfall verwirrt mich noch immer, obwohl ich inzwischen eine Erklärung dafür finden kann.

Während wir in der Munitionsfabrik arbeiteten, wurde uns plötzlich gesagt, daß wir drei Mark pro Tag erhalten sollten. Wir bekamen den Lohn an jedem der folgenden drei Tage ausgezahlt. Am vierten Tag wurde ein Laden eröffnet und wir wurden angewiesen, unser Geld dort auszugeben. Die Auswahl war beschränkt. Für neun Mark konnte man entweder ein Blatt Schreibpapier, einen Umschlag und eine Briefmarke oder einen Lippenstift kaufen. Wir durften einen Bleistift borgen und einen Brief an die Familienmitglieder in Auschwitz schreiben, von denen wir getrennt worden waren. Zu diesem Zeitpunkt waren die meisten von ihnen bereits in den Gaskammern vernichtet oder, mit sehr viel Glück, in ein anderes Arbeitslager verlegt worden. Wie auch immer, es war ein grausamer Scherz, der uns um diese neun Mark brachte. Trotzdem schrieben viele Frauen Briefe, weil sie nicht glauben konnten, daß ihre Angehörigen nicht mehr am Leben waren.

Die Alternative war ein Lippenstift, und das ist es, was mich verwirrte. Diese Frauen, meine Mitgefangenen, die hungerten, keine Kleidung hatten außer dem, was sie auf dem Leibe trugen, und furchtbar ausgemergelt waren, kämpften um jene Lippenstifte. Es gab nicht genug davon für jede, und sie traten sich und schlugen aufeinander ein, um einen Stift oder sogar einen in der richtigen Farbe zu ergattern. Mir war übel bei dem Anblick, wie sie um solche Kleinigkeiten kämpften. Heutzutage versuche ich mich zu der Auffassung durchzuringen, daß sie so handelten, um das zu bewahren, was ihnen von ihrer Weiblichkeit noch geblieben war. Wahrscheinlich fehlt mir der Sinn dafür, aber ich kann ein solches Betragen noch immer nicht akzeptieren, besonders deshalb nicht, weil es die deutschen Aufseher sehr amüsierte.

Die Männer in den Lagern scheinen sich besser organisiert zu haben. Nach Berichten von Primo Levi[6] und anderen Überlebenden gelang es ihnen, an Dinge zu kommen, mit denen sie Tauschhandel treiben konnten. Waren uns vielleicht auch Dinge verfügbar, ich aber zu naiv, um sie zu bemerken?

Ich besaß zwei Dinge. Da meine Füße groß und die Schuhe, die verteilt wurden, mir zu klein waren, bekam ich manchmal hölzerne Klumpen – meistens war ich allerdings barfuß. Ich erwähnte schon, daß die Lappen, die ich zweimal bekommen hatte, um sie in die Klumpen hineinzulegen, mir jeweils gestohlen wurden, obwohl ich die einzige Person im Zimmer war, die sie gebrauchen konnte. Zweitens gehörten mir einzelne, einseitig bedruckte Papierfetzen, die ich mir in der Fabrik „organisiert" – das heißt gestohlen – hatte, und das kleine Stück Schnur, mit dem ich die losen Blätter zu einem „Buch" band. Ich hatte keine Schuldgefühle, weil ich diese Sachen nahm, sondern genoß die damit verbundene Gefahr. Dieses Buch war mein bestgehüteter Schatz, bis ich es auf dem Todesmarsch, den ich später beschreiben werde, verlor. Ich hatte bestimmt nichts zu handeln oder zu tauschen.

Primo Levi schreibt, daß man, wenn man keinen Löffel hatte, sein Essen aufschlecken mußte. In Auschwitz-Birkenau hatten wir natürlich keinen Löffel und mußten unser Essen schlürfen. Zu den Mahlzeiten standen immer fünf in einer Reihe: die Aggressivste vorne, die Scheueste oder Gleichgültigste hinten. Ich stand hinten. Die sogenannte Suppe gab es in einem großen Topf. Die Leute nahmen mehrere Schlucke davon und gaben ihn weiter. Wenn er mich erreichte, war normalerweise kaum etwas übrig. Ein Paradebeispiel für das Überleben der Stärkeren!

Ich nehme an, daß wir in Hessisch Lichtenau Löffel hatten, obwohl ich mich nicht daran erinnern kann. Es gab eine Zeit, in der das Essen so knapp war, daß ein Löffel ohnehin nutzlos gewesen wäre.

Im Lager Birkenau B von Auschwitz schien alles grau-gelblich zu sein. Nicht ein Grashalm wuchs zwischen den Baracken, es war nicht einmal ein Baum zu sehen. Wenn wir in den Baracken waren, gab es nicht genug Platz, um sich hinzulegen. Jeder Baracke waren 1200 Frauen zugeteilt. Die einzige Möglichkeit, alle darin unterzubringen, war im Sitzen, Rücken an Rücken, mit angezogenen Knien, so daß die Füße sich berührten. So schliefen wir während der vier Wochen, die wir in Birkenau verbrachten. Wenn man zur Latrine mußte (und die meisten von uns hatten die Ruhr; das Gerücht ging um, daß man unserem Essen etwas beigemischt hatte) mußte man über die Körper steigen, um zum Ausgang zu gelangen. Manche Frauen fingen an zu schreien, und dann schossen die Aufseher in die Baracke. War man erst einmal hinausgelangt, so war es eine beachtliche und schwierige Leistung, wieder hineinzukommen und sich einen anderen Sitzplatz in einer Reihe zu sichern.

Mindestens zweimal pro Tag wurden wir zum Zählappell hinausgerufen. Frühmorgens war es schneidend kalt; dann wurde es wärmer und schließlich glühend heiß. Wir wurden gezwungen, endlos in Reihen in der prallen Sonne zu stehen. Es gab kein Entkommen, nichts zu trinken. Bei der Ankunft muß man uns ein anderes Medikament gegeben haben, wie man gerüchteweise hörte, das den Ausbruch unserer Menstruation bewirkte. Wir hatten keine Unterhosen, nichts, um das Blut daran zu hindern, an unseren Beinen herunterzulaufen und auf den Boden zu tropfen. Das war die tiefste Erniedrigung, und es war für viele von uns die letzte Periode, die sie im Lager hatten. Der Körper verschwendet seine Reproduktionsenergie nicht bei hungernden Menschen unter schwerer Schockeinwirkung.

Es war uns nicht erlaubt, tagsüber die Baracken zu betreten. Wir saßen im dreckigen, grau-gelblichen Staub oder liefen umher. Eines Tages zog eine Gruppe von Frauen einen Kreis in den Staub, malte ein Alphabet auf den Boden und hielt eine spiritistische Sitzung ab. Ich glaubte nicht an solche Dinge, hatte aber nichts Besseres zu tun. Also stellte ich mich daneben und sah zu. Sie hatten ein Stück Glas gefunden und bewegten es im Kreis, das heißt angeblich bewegte es sich von selbst. Nach verschiedensten Zügen hin und her brach ein Jubelgeschrei aus: „Auf Hitler ist ein Attentat verübt worden!" Ich sagte plötzlich mit vollster Überzeugung: „Ja, aber er ist nicht gestorben". Wie konnte ich das wissen? Und wie konnte ich es auszusprechen wagen? Es war das erste Mal, daß ich eine Vorahnung hatte. Ich fühlte einen unwiderstehlichen Drang, sie kundzutun, und wurde dafür beinahe gelyncht. Aber ich hatte recht. Es war der Anschlag auf Hitler vom 20. Juli 1944, den er überlebte. Ich konnte davon nichts gewußt haben, denn wir hatten keinen Kontakt mit Leuten außerhalb des Lagers, und uns erreichten überhaupt keine Nachrichten.

Einmal, als unser Brot ausgeteilt wurde, gab die Kapo einem vierzehnjährigen Mädchen, das mit seiner Mutter da war, ein kleineres Stück. Ich forderte die Kapo auf, dem Kind ebensoviel zu geben wie uns. Sie weigerte sich. Ich wurde wütend und griff sie an. Die Kapo hatte Macht. Es herrschte Schweigen. Würde sie mich umbringen lassen? Hätte sie mich ihren Vorgesetzten angezeigt, hätte das mein Ende bedeuten können. Aber Manci, die Kapo, gab dem Kind ein zusätzliches Stück Brot und respektierte mich von nun an. Ich hatte nie mehr irgendwelche Schwierigkeiten mit ihr.

An einem anderen Tag wurden wir zum Zählappell gerufen, aber zuerst mußten wir uns ganz ausziehen. Normalerweise wurde der Zählappell für jede Baracke separat durchgeführt, aber dieses Mal mußten wir zum Platz vor der Hauptbaracke gehen. Alle mußten anwesend sein, man sagte uns, es sei für eine medizinische Untersuchung. Vom frühen Morgen mit seiner strengen Kälte, über die Mittagshitze hinweg, bis spät abends, als es wieder eiskalt wurde, standen wir dort, ohne etwas zu essen oder zu trinken. Viele fielen in Ohnmacht, und sobald sie am Boden lagen, wurden sie weggeschafft. Man hörte nie wieder etwas von ihnen. Dann kamen der Lagerkommandant Höß mit dem Lagerarzt Mengele und einige andere SS-Offiziere. Sie gingen einzeln an uns vorbei, sahen in unseren Hals und auf unsere Hände. Und wir standen da in unserer ganzen Nacktheit, sogar ohne unser Haar, das uns bei der Ankunft vom Körper geschoren worden war.

Eines Tages hörte ich Musik, Mozarts „Kleine Nachtmusik". Hatte ich Halluzinationen? Hier, in dieser unfruchtbaren Einöde, Mozartsche Klänge! Frauen fingen an zu laufen, alle in eine Richtung. Ich folgte ihnen, und die Musik wurde lauter. Auf einem Podium spielte ein kleines Frauenorchester. Ich begann zu weinen – solche Musik in dieser Hölle! Welche Qualen würde das uns bringen? Welche teuflischen Streiche spielten sie uns jetzt? Da ich Cello gespielt hatte, wechselte ich ein paar Worte mit der Cellistin, als die Musik aufhörte.

Eine Hand berührte mich, ein großes Mädchen mit geschorenem Kopf – ich brauchte eine Weile, bis ich meine Cousine Marianne erkannte. Sie war die Tochter von Onkel Róbert, dem jüngeren Bruder meines Vaters. Sie war im selben Ort aufgewachsen, in dem meine Großmutter wohnte, in Zalaszentgrót. Als wir klein waren, verbrachten wir oft die Ferien zusammen und hatten einander sehr gern. Marianne war als Christin erzogen worden. Ihre Mutter war Halbjüdin, ihr Vater zum Christentum konvertiert. Ihre Mutter starb, als sie 13 war, und ihr Vater heiratete ein zweites Mal. Ab ihrem vierzehnten Lebensjahr wurde sie in ein Internat geschickt, das keine Juden aufnahm. Es war eine sehr antisemitische Schule, und zu diesem Zeitpunkt hörte meine Freundschaft mit Marianne auf. Sie lernte Klavierspielen und war recht begabt. Jetzt stand sie neben mir, hielt meine Hand, weinte und bat mich, sie nicht allein zu lassen. Wir waren in verschiedenen Baracken und so mußten wir uns schließlich trennen. Ich hatte Mitleid mit ihr. Ich wußte und akzeptierte wenigstens, daß ich Jüdin bin, und daß das, was mir zugestoßen war, mich deshalb getroffen hatte. Aber sich nach ihrer antisemitischen und elitären Erziehung als Jüdin in einem Vernichtungslager zu befinden, muß für Marianne unbegreiflich gewesen sein. In mir fand sie wenigstens jemanden von früher, den sie gern gehabt hatte. Nun mußten wir uns trennen. Zum Glück hat Marianne überlebt.

An diesem Abend, viereinhalb Wochen nach meiner Ankunft in Auschwitz-Birkenau, fand eine Selektion statt. Später wurden wir für das weitere Verfahren gesammelt, und in der Nacht, als sie begannen, uns unsere Lagernummern einzutätowieren, gab es einen Luftangriff. Das Licht ging aus und das Tätowieren wurde abgebrochen. Ich war eine von denen, die nicht mehr tätowiert wurden. Am Morgen wurden wir in Eisenbahnviehwaggons verladen und in das Außenlager von Buchenwald nach Hessisch Lichtenau transportiert, um in der Munitionsfabrik zu arbeiten, die ungefähr acht Kilometer vom Lager entfernt lag. Die ersten drei oder vier Tage lang waren die Verhältnisse phantastisch. Uns wurde saubere Kleidung gegeben, sogar Unterwäsche, was wir bisher nicht gehabt hatten. Es gab ein Badezimmer mit sauberen Becken und Stöpseln. Dummerweise konnten einige Häftlinge nicht widerstehen, die Seife und die Stöpsel mitzunehmen, und hielten das Bad nicht sehr sauber. Daraus schloß der Lagerkommandant, daß wir alle Schweine seien, stellte erst das warme Wasser ab und schloß später das Bad meistens ganz.

Wir waren in Baracken mit je ungefähr zwanzig doppelstöckigen Etagenpritschen untergebracht. Ungünstigerweise war die Heizung an, als wir im August ankamen. Wanzen krochen heraus, und es war sehr heiß. Die Wanzen mochten mich besonders; immer wenn ich schlief, versammelten sie sich auf meinem Körper und marterten mich. Ab der dritten Nacht bedeckten sie mich vollständig, und ich wurde bald ein hochwillkommener Schlafgast in jeder Baracke. Wenn ich da war, wurde kaum ein anderer gebissen. Ich schien das süßeste Blut von allen zu haben. Ich brauche wohl nicht zu sagen, daß die Heizung abgestellt wurde, als es wirklich kalt wurde.

Die Verhältnisse verschlechterten sich mit der Zeit, so daß auf eine andere Art unser Lagerleben nur wenig besser wurde als in Auschwitz.

Wir hatten einen Lagerkommandanten, an den ich bis heute mit gemischten Gefühlen denke. Er war ein SS-Offizier, aber er war kein Sadist und tat nichts aus purer Grausamkeit. In allem, was er tat, hielt er sich genau an die Vorschriften. Ich erinnere mich an zwei Vorfälle unter seiner Herrschaft, die besondere Bedeutung für mich hatten.

Uns wurde mitgeteilt: wer bei einem Fluchtversuch erwischt wird, wird hingerichtet. Einmal gelang es zwei Mädchen zu fliehen, aber sie wurden gefangen und ins Lager zurückgebracht. Wir wurden zum Zählappell herausgerufen. Sie brachten die beiden Mädchen und gaben ihnen Spaten, mit denen sie sich Gräber ausschachten sollten. Als die Gräber fertig waren, wurden sie erschossen, und wir mußten sie auf der Stelle begraben. Die ganze Zeit über standen wir im Zählappell. Sie sagten uns, daß dies ein Exempel dafür sei, was mit jeder geschehen würde, die einen Fluchtversuch unternähme.

Der Kommandant achtete streng darauf, daß wir unsere Brotrationen bekamen. Sie waren zu Anfang größer und wurden mit der Zeit schmaler, aber wenigstens bekamen wir jeden Tag in gleichen Portionen unser Stück Brot, so klein es auch sein mochte, bis zu dem Tag, an dem unser Kommandant zu einer Unterredung nach Buchenwald berufen wurde. Während der beiden Tage seiner Abwesenheit bekamen wir unsere Brotrationen nicht.

Ich hörte ein Gespräch zwischen zwei unserer SS-Aufseherinnen, die sich in meiner Anwesenheit unterhielten, weil sie annahmen, ich verstünde kein Deutsch. Meine Mutter war Wienerin, und meine Muttersprache war Deutsch, obwohl ich in Ungarn aufwuchs und ebenso flüssig ungarisch sprach. Zu Hause sprachen wir immer deutsch, besonders wenn meine Mutter da war, denn ihr Ungarisch war nicht sehr gut, und wir waren nicht sehr geduldig mit ihr. Ich habe englischsprachige Leute immer für ihre Toleranz gegenüber ausländischen Akzenten und fehlerhafter Syntax bewundert, denn den meisten Zentraleuropäern fehlt eine solche Toleranz und Nachsicht.

Aber ich schweife ab. Die beiden Aufseherinnen redeten darüber, wie es sie freue, daß sie in Abwesenheit des Kommandanten unser Brot verkaufen konnten. Anschließend fiel es ihnen ein, eine meiner Zimmergenossinnen zu fragen, ob ich wirklich kein Deutsch verstünde. Ich hatte während meiner Zeit im Lager die Kenntnis der Sprache immer geleugnet. Meine Zimmergenossin jedoch erzählte den Aufseherinnen, daß ich es nicht nur verstünde, sondern daß es sogar meine Muttersprache sei!

Sie wußten auch, daß der Kommandant mich kannte. Von Zeit zu Zeit pflegte er nach Freiwilligen zu rufen. Wer sich meldete, konnte einen zusätzlichen Teller Suppe bekommen. Wenn sich aber niemand meldete, wurden einige zur Arbeit gezwungen und recht schlecht behandelt. Ich meldete mich oft zusammen mit Puci, die für unser Zimmer verantwortlich war, und wir gaben die Suppe den beiden vierzehnjährigen Mädchen in unserem Zimmer.

Eines Tages starb der Hund des Kommandanten, und er brauchte Freiwillige, um das Tier zu beerdigen. Es war harte Arbeit, denn es war Winter und der Boden war gefroren. Puci und ich meldeten uns. Der Kommandant dankte uns dafür und grüßte mich von da an häufig.

Nun fürchteten die beiden SS-Aufseherinnen, daß ich dem Kommandanten berichten könnte, was ich gehört hatte. Sie kamen zu mir und sagten, sie wüßten, daß ich Deutsch spräche, und boten mir an, mich zu einer Vorarbeiterin zu machen. Ich sagte, daß ich die „Beförderung" ablehne, weil ich nicht andere Gefangene herumkommandieren wolle. Die meisten anderen Gefangenen wären hocherfreut gewesen, eine solche privilegierte Stellung zu erlangen, denn sie bedeutete Zusatzrationen und andere Vergünstigungen. Zu diesem Zeitpunkt arbeitete ich anstelle eines Pferdes, barfuß und oft im Schnee. Ich mußte einen schweren Handwagen aus Metall, der mit 40 je ca. 20 kg wiegenden Granaten beladen war, einen steilen Abhang hinunterziehen, wobei ich ständig Gefahr lief, am Fuße des Abhangs gegen eine schwere Metalltür gedrückt und zerquetscht zu werden. Es war besonders gefährlich, weil ich mich auf denjenigen verlassen mußte, der die Bremse bediente, falls ich nicht schnell genug zur Seite springen konnte, wenn der Handwagen abwärts schneller wurde. Außerdem fielen häufig Granaten herunter, wenn der Handwagen ruckte. Ich habe immer noch die Narbe auf einem Zeh, wo mir eine Granate auf den Fuß gefallen ist. Trotzdem hatte ich mich zu dieser Arbeit gemeldet, um vom Fließband der Munitionsfabrik wegzukommen. Dort hatte ich die Aufgabe gehabt, den Deckel der Granaten mit einem Schraubenschlüssel festzuziehen, was mir den Verstand geraubt hätte, hätte ich es weiterhin tun müssen. Es erinnerte mich an Chaplins Film *Moderne Zeiten*.[7]

Kurze Zeit später brachten mich die beiden SS-Aufseherinnen, die mich vorher angesprochen hatten, zum Appellplatz und befahlen mir, dort zu bleiben. Langsam, eine nach der anderen, kamen weitere Gefangene hinzu, als sich das Gerücht ausbreitete, es handele sich um eine Art von Selektion. Die Schwachen würden zu einer Papierfabrik gebracht, wo die Arbeit nicht so schwer sei. Eigentlich kümmerte es mich nicht, was mit mir geschehen würde, denn ich fühlte mich völlig erschöpft. Als alle, die selektiert werden sollten, in einer Reihe standen, kam der Kommandant mit der Lagerärztin, Luciana Nissim. Sie inspizierten und zählten uns. Es stellte sich heraus, daß wir 208 Personen waren, obwohl es nur 206 sein sollten. Später habe ich herausgefunden, daß Luciana angewiesen wurde, die Zahl der Kranken anzugeben, die sie jede Woche besuchte. In dieser Woche waren es 206. Die Deutschen waren immer so pedantisch: Wenn bei einer Selektion 206 verlangt wurden, konnten es nicht 208 sein. Der Kommandant und Luciana nahmen mich und noch jemanden aus der Gruppe heraus. Niemand hat je wieder etwas von den anderen 206 Gefangenen gehört. Es gibt ein Dokument, aus dem hervorgeht, daß sie zurück nach Auschwitz gebracht wurden, wo sie wahrscheinlich alle in den Gaskammern umgekommen sind. Eine alphabetische Liste mit den Namen der 206 Frauen, die weggebracht wurden, hat den Krieg überlebt. Dort, wo meine Häftlingsnummer „20607" und mein Name „Mosonyi, Gertrud" hätten stehen sollen, kann man deutlich eine Änderung der Endziffer in „01" sehen. Genauso ist es bei einer anderen Person, wo „02" eingefügt wurde. Die Liste befindet sich noch in meinem Besitz.[8]

Wir haben uns oft mit Luciana unterhalten, die Gewissensbisse hatte, weil sie mithalf, mich zu retten. Sie fürchtete, daß es so ausgelegt werden könnte, als hätte sie einer Freundin geholfen. Natürlich waren ihre Bedenken grundlos; ich war nicht auf der Krankenliste gewesen, und noch dazu war es das Vorrecht des Kommandanten zu bestimmen, wer selektiert wurde. Viele Jahre später sagte mir Luciana, es habe sie aufgeregt, wie naiv ich zu diesem Zeitpunkt gewesen sei. Damals dachte sie, ich hätte mich freiwillig zum Weggehen gemeldet, und wußte nicht, daß ich von den SS-Aufseherinnen dorthin gebracht worden war. Sie wußte, daß das Gerücht, die Selektion solle Arbeiterinnen für eine Papierfabrik bestimmen, nicht der Wahrheit entsprach, und daß die Ausgewählten zum Tode verurteilt waren.

Meine Gefühle gegenüber dem Lagerkommandanten Willi Schäfer waren aus folgenden Gründen zwiespältig. Wie ich schon erwähnte, war er kein Sadist. Dagegen gab es einen stellvertretenden Kommandanten, Ernst Zorbach, der sich besonders viel Mühe gab, brutal zu sein. Wenn er im Lager war, waren alle verängstigt. Der Mann war ein Psychopath, der sich an unserem Leid ergötzte.[9] Im Gegensatz dazu war Schäfer zwar charakterschwach, aber nicht brutal. Ich hatte nie das Gefühl, daß er sich an unserem Leid ergötzte, obwohl er peinlich korrekt in der Ausführung der Anweisungen war. War das vielleicht der Grund, weshalb ich ihn nicht hassen konnte?

Viele Jahre später, in den frühen 50er Jahren, verbrachte ich einige Tage Ferien in einer Sommerfrischlerpension, die Freunden in Südafrika gehörte. Eines Abends brach ein heftiger tropischer Sturm los, mit strömendem Regen und schnell aufeinanderfolgendem Blitz und Donner. Es schien so, als würde der Sturm nie vorüberziehen. Wir waren im Speisesaal und aßen gerade, als ein Auto in den Hof der Pension einfuhr. Eine Familie kam herein: ein großer Mann, eine Frau und drei oder mehr Kinder. Zuerst sah ich den Mann ohne besonderes Interesse an. Dann durchzuckte es mich wie ein Blitz: Ich erkannte ihn wieder. Es war kein anderer als Willi Schäfer, der Lagerkommandant von Hessisch Lichtenau. Ich begann zu zittern, und meine Freunde sahen mich erstaunt an. Sie wußten, daß ich in Deutschland in einem Konzentrationslager gewesen war. Als ich ihnen sagte, wer der Mann war, ging der Eigentümer zu ihm hin und sagte, er und seine Familie seien nicht erwünscht und sollten den Saal verlassen. Er werde nicht weggeschickt, da der Sturm noch immer tobe, jedoch werde das Abendbrot auf sein Zimmer gebracht. Er und seine Familie wurden gebeten, früh am nächsten Morgen abzureisen und bis dahin in ihren Zimmern zu bleiben.

Warum aber zeigte ich ihn nicht an? Weil ich wußte, daß es nichts nützen würde? Ich hatte davon gehört, daß viele Nazis nach Südafrika entkommen waren und dort nicht nur Zuflucht fanden, sondern sogar mit offenen Armen aufgenommen wurden. Lag es vielleicht daran, daß ich ihn nicht haßte? Warum stellte ich mich ihm nicht gegenüber und sagte ihm, wer ich war? Ich erinnere mich nicht daran, an eine Anzeige gedacht zu haben; ich sehnte mich nicht nach Rache. War mein Schock nur zu groß? Ich habe den Mann nie wieder gesehen. Als ich vor ein paar Jahren Dieter Vaupels Buch *Das Außenkommando Hess. Lichtenau des Konzentrationslagers Buchenwald, 1944/45*[10] erhielt, wurde mir klar, daß niemand wußte, wo Schäfer sich aufhielt oder was nach dem Krieg mit ihm geschehen war. Er war einfach verschwunden.[11]

Normalerweise liefen wir eine weite Strecke vom Lager Hessisch Lichtenau zur Fabrik. Manchmal wurden wir einen Teil des Weges mit dem Zug befördert. Es muß zur Nachtschicht gewesen sein, in der ich häufig arbeitete. Die Bahnstation war unbeleuchtet, und es war eine stockfinstere Winternacht. Wenn der kurze Zug, der meistens zwei oder drei Waggons hatte, eingefahren war, mußte man schnell hineinklettern. An diesem Tag befand ich mich allein in einem Abteil, oder glaubte es zumindest. Ich begann leise das „Wiegenlied" von Brahms zu singen. Plötzlich fragte eine männliche Stimme, wer denn so hübsch auf Deutsch sänge. Es war einer unserer Wachmänner der Wehrmacht. Er kam zu mir herüber und begann ein Gespräch. Wie es käme, daß ich so gut Deutsch spräche? Ob ich vor dem Krieg Musik studiert hätte? Er schien ein recht anständiger Mensch zu sein, obwohl er in dieser schrecklichen Umgebung arbeitete. Er fragte mich, ob ich jemals Blockflöte gespielt hätte. Ich erzählte ihm, daß ich das Instrument nicht nur spiele, sondern sogar dazu ausgebildet sei, es Kindern im Kindergarten beizubringen. Er sagte, daß er seine Tochter bitten würde, ihm eine Blockflöte für mich zu schicken. Als wir an unserer Station ankamen, nahm er wieder den offiziellen Befehlston an. Aber von diesem Zeitpunkt an sagte er jedesmal, wenn er mich traf, daß er an seine Tochter geschrieben hätte, und hatte ein paar nette Worte für mich übrig. Einmal holte er mir sogar einen Teller Suppe – richtige Suppe – aus der Offiziersmesse, aber die Flöte kam nie an.

Wenn ich in der Munitionsfabrik den Handwagen mit den Granaten zog, arbeitete ich oft mit demselben deutschen Arbeiter zusammen. Wir sprachen kaum miteinander, denn das war strengstens verboten. Aber manchmal konnten wir uns unterhalten, während wir völlig allein draußen in der Dunkelheit arbeiteten. Der Mann erklärte mir, daß er insgeheim Kommunist sei und großes Mitleid mit uns habe, weil wir so schlecht behandelt würden. Er habe sieben Kinder und kein leichtes Leben. Von Zeit zu Zeit brachte er mir eine Scheibe Brot oder eine kleine Zwiebel, immer in Zeitungspapier eingepackt. Er gab es mir und sagte schroff, daß ich in eine bestimmte Ecke gehen solle, um es zu essen. Dort gab es Licht. So sorgte er dafür, daß ich das Geschriebene lesen konnte. Wenn ich einen Blick darauf geworfen hatte, mußte ich ihm die Zeitung zurückgeben. Es gab immer Nachrichten darin, die mich aufmunterten: Dinge, die schlecht waren für Deutschland.

Ich habe vorhin schon erwähnt, daß ich mit einem Handwagen an einem sehr steilen Abhang arbeitete. Solange dieser Mann dabei war, hatte ich keine Angst vor einem Arbeitsunfall, denn ich wußte, daß ich mich bei der Bedienung der Bremsen auf ihn verlassen konnte. Er war immer sehr vorsichtig.

Dann verschwand er eines Tages. Es gab Gerüchte, er sei erwischt worden, als er jemandem half, und sei zur Strafe in die Kohlengruben in Westfalen versetzt worden, wo die Arbeitsbedingungen schlecht waren und es viele Verletzte gab. Ich habe nie seinen Namen gekannt, oder vielleicht erinnere ich mich nur nicht daran. Ich würde ihm sehr gerne für seine Menschlichkeit danken.

Die beiden SS-Aufseherinnen, die versucht hatten, mich in den Tod zu schicken, merkten schließlich, daß ich sie nicht denunzieren würde. Von da an hatte ich mit ihnen keine Probleme mehr. Ich glaube, sie dachten, es sei einfach dumm von mir gewesen, ein gutes Angebot auszuschlagen. Ich hatte wichtigere Dinge im Kopf.

2 • Besetztes Gebiet

Vor unserer Ankunft als Zwangsarbeiterinnen für die Munitionsfabrik hatten deutsche Arbeiter, verurteilte Verbrecher und ausländische Arbeiter dort gearbeitet. Wir arbeiteten zuerst mit einigen deutschen Frauen zusammen unter einem deutschen Vorarbeiter.

Einer kleinen organisierten Gruppe von uns, ehemaligen Chemikern, gelang es, in der Füllstation eingesetzt zu werden. Um die Kontrolle zu verringern, steigerten sie die Produktion um das Zweieinhalbfache. Sie warben einige weitere Personen an, darunter mich, die an verschiedenen Stellen des Produktionsprozesses unauffällig etwas tun konnten, um die Effektivität der Granaten zu beschränken. Wir wurden zu einer organisierten Sabotagegruppe.

Während ich am Fließband arbeitete, war mein Sabotagebeitrag, die Deckel lose auf den Granaten zu lassen, anstatt sie festzuschrauben, wie ich es eigentlich sollte. Das tat ich mit Granaten, die von dem einen oder anderen Sabotageakt unbehelligt geblieben waren. Sie waren immer gekennzeichnet, so daß der nächste am Band wußte, ob noch etwas getan werden mußte, um die Granate unbrauchbar zu machen. Das hing von Inspektion und Überwachung ab, die immer seltener wurden, als die Deutschen sahen, wie hart wir arbeiteten und wie viel wir produzierten. Der Sabotagevorgang zog sich durch die gesamte Produktionskette. In der Füllstation wurde beispielsweise Streckmittel für die Sprengstoffe ausgelassen, so daß die Mischung nicht mehr stimmte. Falls die Arbeiter dort wegen strenger Überwachung nicht in der Lage waren, Schaden anzurichten, wurde ein abgesprochenes Zeichen an die nächste Person in der Reihe gegeben. Als ich später als „Pferd" arbeitete und Granaten ablud, war ich die letzte in der Sabotagekette. Jede Granate, die bis zum Handwagenstadium unbeschädigt geblieben war, wurde in einer Weise verladen, die garantierte, daß der Deckel zerbrechen würde. Nach wenigen Tagen waren wir so gut eingespielt, daß aus unserem Gebäude kaum eine Granate hinausgelangte, die hätte explodieren können. Ich habe nie herausgefunden, wie viele andere Gruppen von Gefangenen die Kriegsanstrengungen der Deutschen auf diese Weise sabotierten. Sollte es viele davon gegeben haben, so dürften die Zwangsarbeiter einen erheblichen Beitrag zur Beschleunigung der deutschen Niederlage geleistet haben.

Wegen dieser Tätigkeiten ärgert mich die Behauptung, wir Juden seien wie Lämmer zum Schlachthof gegangen. Als die Deutschen im März 1944 Ungarn besetzten, wurden – abgesehen von ein paar Ausnahmen – nur jüdische Frauen, Kinder und alte Leute übriggelassen, um in Gefangenschaft zu gehen. Die Männer im wehrfähigen Alter und bis 50 wurden normalerweise in die Armee eingezogen. Da man Juden jedoch zu diesem Zeitpunkt nicht in der ungarischen Armee duldete, wurden sie Arbeitslagern zugeteilt. Oftmals setzte man sie als Versuchskaninchen ein, um Minenfelder zu räumen. Sehr wenige von ihnen überlebten den Krieg. Frauen werden normalerweise nicht dazu ausgebildet, sich gegen bewaffnete Männer zu verteidigen, und als Juden hatten wir keine Waffen oder Munition.

Außerdem glaubten im März 1944 nur noch wenige, daß wir von den Deutschen besetzt würden. Die Invasion überraschte Ungarn völlig. Viele Juden begingen Selbstmord, weil es eben nicht möglich war, sich zum Kampf zu stellen. Wir wären niedergemäht worden. Die Deutschen wandten in Ungarn die sogenannte „Salamitaktik" an. Sie brachten uns nicht sofort von zu Hause in ein Vernichtungslager, sondern gingen Schritt für Schritt vor. In jedem Stadium dachten wir, daß man es, obwohl es schlimm war, gerade noch aushalten könne – bis wir nichts hatten und nichts waren und Selbstmord der einzige Ausweg aus der Schreckensherrschaft der Deutschen gewesen wäre.

Da Ungarn das letzte Land war, das die Deutschen besetzten, hatten wir schon Berichte von der deutschen Unterdrückung gehört. Flüchtlinge aus ganz Europa, unter ihnen Franzosen, Polen, Tschechen und Österreicher, hatten in Ungarn um Asyl gebeten. Die Ungarn waren sehr gastfreundlich zu allen Ausländern – aber nicht zur einheimischen jüdischen Bevölkerung. Tatsächlich wurden ungarische Juden in etwa 35000 Fällen an die deutsche Besatzungsmacht denunziert.[12] Bevor die Deutschen kamen, glaubten wir den Erzählungen über ihr Verhalten in anderen Ländern nicht. Es war dasselbe wie nach dem Krieg, als viele, die mich baten, ihnen zu erzählen, was ich erlebt hatte, kaum glauben konnten, was ich ihnen berichtete. Sie nahmen nicht an, daß ich log, sondern daß ich die Ereignisse übertrieben darstellte. Noch heute bemerke ich manchmal dieselbe Reaktion. Das ist verständlich: anständige Leute wollen nicht glauben oder wissen, daß Menschen ihre Mitmenschen derartig grausam behandelten. Es erfordert eine unglaubliche Vorstellungskraft. März 1944 dachten wir, das Ende des Krieges sei nahe. 1941 und 1942 hatten wir damit gerechnet, daß

Ungarn von den Deutschen besetzt würde, aber 1944 nicht mehr. Wir alle glaubten, dem deutschen Joch entkommen zu sein, und waren erleichtert. Am 19. März 1944 marschierten die Nazis ein.

Damals lebte ich in Budapest, und ich erinnere mich, daß es ein wunderschöner Sonntagmorgen war. An Sonntagen ging ich immer zu einer Familie, um ihrem Sohn Deutsch beizubringen, und nahm die Straßenbahnlinie 16, die sehr schön an der Donau entlangführte. Nach der Stunde fuhr ich mit derselben Linie zurück, und das war der Augenblick, als ich all die deutschen Panzer und das deutsche Militär sah. Mir wurde klar, daß wir besetzt worden waren. Soweit ich weiß, wurde nicht ein Schuß abgefeuert und auch nicht protestiert.

Meine beiden Großonkel Béla und Zsiga Seligmann ahnten, was kommen würde, und nahmen sich unabhängig voneinander an diesem Tag das Leben. Beide wohnten in Budapest, auf verschiedenen Seiten der Donau.

Am selben Tag begannen die Deutschen mit Hilfe der ungarischen Pfeilkreuzler (das Pfeilkreuz war das ungarische Äquivalent des Hakenkreuzes), Razzien gegen die Juden durchzuführen. Schon nach ein paar Tagen wurden die Juden zum Tragen des gelben Sterns verpflichtet. Aber zur selben Zeit passierte etwas, das mich sehr verwirrte und sogar die Ankunft der gefürchteten Deutschen überschattete.

Um zu erklären, was damals passierte, muß ich die Zeit zurückdrehen.

Nach dem *Anschluß*, der deutschen Annexion von Österreich im Jahre 1938, wurde ich von der Schule genommen und mußte auf den Rat von Verwandten hin ein Handwerk erlernen. Man war der Meinung, das könne mir mehr nützen, falls wir aus Ungarn emigrieren müßten. Ich wurde in ein Hutmachergeschäft gegeben, wo ich die nächsten zwei Jahre lang Lehrling war. Ich haßte jede Minute meiner Lehrzeit.

Die Hutmacherin, bei der ich in die Lehre ging, war die Mutter von meiner Schulfreundin Edith. Als ich jung war, fühlte ich mich seltsamerweise immer zu rothaarigen Mädchen hingezogen. Edith war ein hübscher Rotschopf, und in der Schule war ich ziemlich vernarrt in sie. Wir waren im selben Alter, aber Edith war viel reifer als ich. Sie und ihre Eltern kamen in Auschwitz um. Bevor ich bei Ediths Mutter in die Lehre ging, mochte ich sie recht gern. Aber sie entpuppte sich als höchst unangenehme Arbeitgeberin. Ich war ein zahlender Lehrling. Gleichzeitig mit mir lernte ein anderes Mädchen, das aus einer armen Familie kam und nicht bezahlen konnte. Sie wurde ausgesprochen schlecht behandelt, und ich ärgerte mich sehr darüber.

Die Hutmacherei war die beste der Stadt. Auf dem Hauptplatz hatte sie eine Vitrine, in der jeden Tag ein neuer Hut ausgestellt war. Der nichtzahlende Lehrling mußte sie jeden Tag putzen. Ich fand das ungerecht und bestand darauf, daß wir uns bei der lästigen Routinearbeit abwechselten. Daß ihr Vater nicht für ihre Ausbildung bezahlen konnte, war kein Grund, sie anders zu behandeln als mich. Ich kam aus einem stark sozialistischen Umfeld, und mein Vater war als sehr freimütiger Sozialist bekannt, der oft vor politischen Versammlungen sprach und Artikel in der sozialistischen Presse veröffentlichte. Aber als ich jeden zweiten Tag den Glaskasten putzte, wurde diese Geste in meinem sehr progressiven Zuhause nicht begrüßt. Mein Vater fand es nicht angemessen für seine Tochter, auf dem Hauptplatz beim Putzen einer Hutmachervitrine gesehen zu werden. Das kränkte mich sehr. Ich hatte den Eindruck, für angewandten Sozialismus gerügt zu werden.

Ich fand heraus, daß es mit dem angewandten Sozialismus wirklich seltsam war. Gewöhnlich trug jenes Mädchen die Hüte aus, aber als sie krank war, sollte ich einmal einen Hut zu einer Kundin bringen. Als mir von ihr ein Trinkgeld angeboten wurde, lehnte ich es ab. Mir wurde von klein auf beigebracht, daß die arbeitende Bevölkerung angemessen bezahlt werden und nicht von Trinkgeldern abhängig sein sollte. Das sei unmoralisch. Meine Mitauszubildende war jedoch wütend, als sie das nächste Mal zu einer guten Kundin geschickt wurde und kein Trinkgeld bekam. Sie beschuldigte mich, ihr Geschäft zu ruinieren. Es war recht schwierig für mich, die Theorie mit der Praxis übereinzubringen, und ich war ziemlich erstaunt über diese Widersprüchlichkeit. Damals war ich ungefähr 16 Jahre alt, was meine Verwirrung erklären könnte.

Währenddessen wurde meine reguläre Schulausbildung bei meinem Vater fortgesetzt, jeden Abend eine Stunde. Das war eine sehr interessante und faszinierende Erfahrung, wurde aber dadurch verdorben, daß mein Vater meine beste Freundin Kati Kaufmann an seinem Unterricht teilnehmen ließ. Kati war eine glänzende Schülerin und war weiterhin zur Schule gegangen. Mein Vater verglich mich ständig mit ihr. Da ich die meiste Zeit meines Lebens als etwas dumm und langsam behandelt worden war, hatte ich das Gefühl, eine Enttäuschung für meinen genialen Vater zu sein.

Ich hatte kein Vertrauen zu mir selbst und in meine Fähigkeiten, hatte einfach Angst vor meinem Vater und wußte, daß ich seine Erwartungen nicht erfüllte. Gleichzeitig schloß ich meine Hutmacherlehre ab, war aber entschlossen, unter gar keinen Umständen Hutmacherin zu werden. Ich muß gestehen, daß ich noch heute meinen Ehemann enttäuschen muß, der Hüte sehr gern hat. Die meisten Hüte stehen mir, aber ich weigere mich, sie zu tragen. Ich tue es auch ihm zuliebe nicht, so groß ist meine Aversion gegen sie.

1942 zog ich gegen den Willen meines Vaters nach Budapest. Ich war achtzehn Jahre alt und wollte schon immer aus meiner mir verhaßten Heimatstadt wegziehen. Außerdem wollte ich Kindergärtnerin werden; und obwohl ich die vorgeschriebenen Qualifikationen, besonders die dem Abitur entsprechende Matura, nicht mitbrachte, bekam ich aufgrund eines Intelligenztests einen Studienplatz. Mittlerweile wurden Juden nicht mehr zu staatlichen Universitäten zugelassen, aber die jüdische Gemeinde von Buda, die einen aufgeklärten und sehr intelligenten Rabbiner hatte, außerdem einen Psychologen, einen Kinderarzt, einen Pädagogen und andere hervorragende jüdische Lehrer, hatte einen erstklassigen Kursus in Erziehungswissenschaft zur Ausbildung von Kinderpflegerinnen und Kindergärtnerinnen eingerichtet. Ich war überglücklich, zum Studium zugelassen zu werden, denn seit meinem 14. Lebensjahr hatte ich immer einen Teil meiner Sommerferien damit verbracht, Kindern Deutsch beizubringen, und ich arbeitete sehr gerne mit ihnen.

Mein Vater weigerte sich, mich finanziell zu unterstützen. Nachdem meine Mutter sich für mich eingesetzt hatte, willigte er ein, wenigstens meine Miete zu bezahlen, mehr nicht. Ich war also gezwungen, nebenher genug Geld zu verdienen, um die anderen Ausgaben zu bestreiten – und gleichzeitig ein Vollzeitstudium zu absolvieren. Schon immer war ich sehr arbeitsam gewesen, obwohl mein Vater das nie sah und mich für dumm und faul hielt. Ich kann immer noch nicht verstehen, warum er darauf beharrte, mich der Faulheit zu bezichtigen, was ganz offensichtlich nicht wahr war. Zugegebenermaßen waren meine Schulleistungen recht unterschiedlich, vor allem deshalb, weil ich nur bei Lehrern lernen konnte, die ich mochte und schätzte. In Französisch, Kunst und Mathematik war ich sehr gut, weil ich die Fachlehrer respektierte, aber meine Leistungen in Geschichte waren unbefriedigend, weil ich die Lehrerin überhaupt nicht leiden konnte: Sie nahm besonders die Erfolge von Hitlers Truppen durch, war eine erbitterte Antisemitin und insgesamt eine durch und durch unangenehme Zeitgenossin. Später wurde sie eine fanatische Kommunistin und heiratete einen der ranghöchsten Stalinisten der Stadt.

In Budapest verdiente ich meinen Unterhalt mit Deutsch- und Französischstunden, absolvierte mein Vollzeitstudium und erledigte nachts die sehr anstrengenden Hausaufgaben, wobei ich mir meistens nur vier Stunden Schlaf pro Nacht gönnte. Gleichzeitig war es spannend für mich, die Kleinstadt hinter mir gelassen zu haben und nun in einer kulturell aufregenden, lebendigen und faszinierenden Hauptstadt zu leben. Ich ging ins Theater und zu Konzerten – letzteres kostenlos, denn als Student lernte man schnell den bekannten Trick, ohne zu bezahlen in einen Konzertsaal zu kommen. Ich hatte einen entfernten Cousin, der früher Student gewesen war und alle Kniffe der Branche beherrschte. Er teilte mir immer mit, wenn er und seine Frau Eintrittskarten gekauft oder ein Abonnement hatten. Dann erschien ich entweder allein oder mit anderen Studenten, und er kam aus dem Saal zu mir, um mir die Eintrittskarte seiner Frau zu geben. Sie war schon drinnen, und auf diese Weise wurde eine Kette mit den zwei gekauften Eintrittskarten gebildet. Der Kontrolleur kannte uns schon und begrüßte uns. Ich bin ziemlich sicher, daß alle die List durchschauten, aber wohlwollend auf beiden Augen blind waren.

Außerdem sang ich in Chören. Ich konnte fehlerlos vom Blatt singen. Meine tiefe Altstimme schien anzukommen, denn egal ob ich für Laien- oder professionelle Chöre vorsang – ich wurde immer aufgenommen. In einem Kammerchor, der von dem jungen und später in Budapest sehr bekannten Dirigenten András Kóródi geleitet wurde, sangen wir Madrigale und kurze Stücke, alte und neue. Mit einem anderen Chor, der von Lichtenberg geleitet wurde, sangen wir Oratorien. Letzterer Chor trug den Spitznamen „Bömbölde", was so viel heißt wie „Ort zum Brüllen". Beide Chöre waren sehr berühmt, und es machte mir viel Spaß, in ihnen zu singen.

Ich aß damals nicht viel. Vollständige Mahlzeiten konnte ich mir wirklich nicht leisten, und meine Vorlieben waren wohl recht exzentrisch. Ich teilte mir ein Zimmer mit Kati Kaufmann. Das Haus stand auf einem Hügel. Am Fuße des Hügels war ein großer, runder, verglaster Wintergarten, in dem sich die erste Espressobar von Budapest befand. Da es dort sehr guten und preisgünstigen Kaffee gab, war ich eine regelmäßige Kundin. Von der Espressobar aus ging ich zu meiner Lehranstalt, die auf dem nächsten Hügel stand. Am Fuße dieses Hügels lag die berühmte Konditorei August, deren Russische Sahnetorte meine Lieblingsspeise war. Ich aß jeden Tag ein Stück und ernährte mich hauptsächlich davon. Einmal im Monat bekam ich ein Paket mit willkommenen Leckereien von meiner Mutter, die ich meistens mit Freunden oder mit einem besonders guten Freund teilte. Und von Zeit zu Zeit war ich zu einem hausgemachten Essen bei Verwandten oder Freunden eingeladen. Obwohl mein Leben nicht sehr gesund war, war es doch sehr angenehm.

Eines Tages besuchte ich meine Verwandten in ihrem imposanten Juweliergeschäft. Meine Tante war im Geschäft, und ich hatte mein hübsches graues Kostüm an. Sie schenkte mir die neueste Kreation, eine sehr elegante silberne Nadel, die als Brosche diente. Diese wurde am Aufschlag eines Kostüms getragen und hatte eine kleine Öffnung für ein Band oder kleines Tuch. Das Tuch sollte dieselbe Farbe haben wie die Bluse. Ein paar Tage später trug ich mein Kostüm mit einer roten Bluse und hatte ein kleines rotes Tuch durch die Nadel gezogen, die ich an das Revers gesteckt hatte. Es fiel mir auf, daß die Leute in der Straßenbahn und auch überall sonst mich anstarrten. Ich konnte mir nicht vorstellen, warum das Tragen einer kleinen Brosche so viel Aufmerksamkeit auf sich ziehen sollte. Es war ein seltsames Gefühl.

Ich war den ganzen Tag unterwegs gewesen. Am Abend traf ich in der Oper einen Freund aus Szombathely. Er war offensichtlich sehr erfreut, mich zu sehen, und schien mir bewundernde Blicke zuzuwerfen. Er sagte sogar zu mir, wie tapfer er mich fände. Ich wußte nicht, wovon er sprach. Dann ging mir auf, daß Erster Mai war – und den ganzen Tag über war ich in einer roten Bluse und mit einem roten Tuch durch die Gegend gelaufen! 1942 war die kommunistische Partei in Ungarn illegal. Aber ich hatte natürlich ganz unschuldig gehandelt. Als ich das nächste Mal zum Urlaub nach Hause fuhr, wurde ich im Jugendclub von meinen Freunden mit Applaus begrüßt. Sie bewunderten meinen Mut, am Maifeiertag in Budapest ein rotes Tuch getragen zu haben. Mein guter Freund hatte es herumerzählt, trotz meiner Erklärung, daß ich nicht aus politischen Gründen rot trüge. Ich versuchte, meine Freunde davon zu überzeugen, daß es sich um ein Mißverständnis handele. Meine Beteuerungen waren vergeblich; sie glaubten mir nicht und dachten, ich sei nur zu bescheiden zuzugeben, daß ich den Mut besessen hatte, so offen meine Verehrung für den Sozialismus zu zeigen.

Ich schloß mein Studium mit einer Zusatzqualifikation als Fremdsprachen- und Blockflötenlehrerin ab. Eine der beiden Ausbildungsleiterinnen, die renommierte Pädagogin Dr. Emmy Pickler, schickte mich zu zeitlich begrenzten Arbeitsstellen.

Zuerst mußte ich mit zwei schwer gestörten Kindern in meiner Heimatstadt arbeiten. Im Laufe mehrerer Wochen brachte ich diesen armen reichen Kindern bei zu spielen und sich selbst zu beschäftigen, anstatt ständig zu rauchen und zwanghaft Beethovens Siebte Symphonie zu hören – nicht gerade ein normales Leben für ein fünfjähriges Kind und ein dreijähriges, das stundenlang schrie, wenn es etwas haben wollte. Für mich bedeutete es unablässige Arbeit von sieben Uhr morgens bis elf oder zwölf Uhr nachts.

Später wurde ich mit einer Vorgesetzten zur Arbeit in ein Sommerlager geschickt, wo ich viel lernte. Danach zu einem anderen Problemkind und zu einem privaten Kinderheim mit achtzehn Babys im Alter von vier Wochen bis vier Monaten, deren Eltern sie entweder vernachlässigt hatten oder es sich einfach nicht leisten konnten, sich um sie zu kümmern. Ich hatte fast jede Nacht und manchmal auch noch am Morgen Dienst. Weil ich auf Frau Dr. Picklers Rat oder Anweisung hin so häufig meine Stelle wechselte, blieb mein Vater bei seiner Meinung, daß ich faul sei und deshalb in keiner festen Stelle bleiben könne. Ich stritt mich mit ihm, wann immer ich nach Hause kam. Er konnte sich besonders damit nicht abfinden, daß ich nicht zu Hause geblieben war. Nach heftigen Disputen reiste ich jedes Mal ohne Abschied ab. Auf diese Weise auseinanderzugehen, bedrückte und ärgerte mich.

Bis Ende 1943 wurde ich zu verschiedensten Arbeitsstellen geschickt. Dann bewarb ich mich als Helferin in dem Modellkindergarten, der meiner alten Ausbildungsstätte angegliedert war und von meiner Lieblingslehrerin Jenny Halász geleitet wurde, die gleichzeitig die zweite Leiterin des Instituts war. Jenny war buckelig und sehr neurotisch, aber ein wundervoller Mensch. Wir kamen sehr gut miteinander aus. Ich hatte großen Respekt vor Frau Dr. Pickler, fand sie aber recht furchteinflößend. Jenny hingegen liebte ich. Deshalb war es für mich die höchste Ehre, von allen Bewerbern die Auserwählte zu sein, die mit ihr arbeiten durfte. Ich wurde ordnungsgemäß eingestellt und begann Anfang Januar 1944, voller Enthusiasmus in diesem Kindergarten zu arbeiten.

Im Februar wurde ich plötzlich krank und hatte alle vier Tage hohes Fieber. Am fünften Tag war ich immer völlig erschöpft, erholte mich die nächsten zwei Tage über, und dann stieg das Fieber wieder.

Zu dieser Zeit wohnte ich in einem Wohnheim für jüdische Frauen, dem in der Innenstadt gelegenen Kurtág Piroska Heim in der Veres Pálne Straße. Ich wohnte hauptsächlich deshalb dort, weil ich mich mit zwei tschechoslowakischen Mädchen angefreundet hatte. Wie sich später herausstellte, lebten sie mit gefälschten Papieren in Ungarn; sie waren zuvor aus Bratislava geflohen. Wir lebten zu fünft in einem Zimmer. Da es ein Heim mit einer koscheren Küche war, gab es wenig Auswahl an Fleisch oder Geflügel. Rindfleisch wurde nicht mehr nach jüdischem Ritual geschlachtet, und Huhn war viel zu teuer. Das billigste koschere Geflügel war Gans, und so gab es tagein, tagaus nichts anderes. Ich wußte nicht, daß ich es nicht vertrug, zumal ich einen überaus gesunden Appetit hatte und gerne Gans aß. Als mein Fieber und die anderen körperlichen Symptome nicht verschwanden, konsultierte ich Ärzte, die entfernte Verwandte von mir waren. Nachdem sie mich mehrmals gesehen hatten, schrieben sie an meinen Vater und rieten ihm, mich zu einer gründlichen Untersuchung in ein Sanatorium zu schicken. Das beunruhigte mich, denn ich fürchtete, der Kindergarten werde mich entlassen, wenn ich zu oft fehlte.

Als mein Vater den Brief der Ärzte erhalten hatte, schrieb er mir: Offensichtlich zeige es sich wieder einmal, daß ich keine Stelle behalten könne und wohl hypochondrisch veranlagt sei. Er lehnte es strikt ab, mich zur Untersuchung in ein Sanatorium gehen zu lassen, und bestand darauf, mich zusammen mit einem anderen Arzt entsprechend untersuchen zu wollen, wenn ich nach Hause käme. Unter diesen Umständen blieb mir nichts anderes übrig, und so reiste ich am Samstag, den 11. März 1944, gehorsam nach Hause. Auf der Heimreise hatte ich Fieber, aber nach meiner Ankunft blieb davon nur der Erschöpfungszustand. Mein Vater und Dr. Heumann, unser Freund und Hausarzt, untersuchten mich und fanden nichts. Ich hatte noch nicht einmal erhöhte Temperatur. Am folgenden Mittwoch waren sie schließlich überzeugt, daß ich krankspiele. Mir fehle nichts und ich solle zur Arbeit zurückkehren. Mein Vater befahl mir, am nächsten Tag nach Budapest abzureisen. Mein Bruder schrieb aus dem Arbeitslager, daß er Wochenendurlaub bekommen und am Freitag, den 17. März, da sein könne. Obwohl mein Bruder und ich nicht immer gut miteinander ausgekommen waren, wollte ich ihn trotzdem gerne wiedersehen. Wir hatten uns recht lange nicht gesehen. Daher bat ich darum, bleiben zu dürfen und am Sonntag erst nach Budapest zurückkehren zu müssen. Mein Vater war unerbittlich. Wenn ich nicht am Donnerstag abführe, dürfte ich überhaupt nicht mehr nach Budapest zurückkehren. Es kam zu einem erbitterten Streit, und ich reiste am Morgen ab, ohne mich zu verabschieden. Es war Donnerstag, der 16. März 1944.

Während der Reise war ich fiebrig, und diesmal ging das Fieber nicht mehr zurück. Am Sonntag, den 19. März 1944, wurde Ungarn von den Deutschen besetzt. Drei Tage später wurde ich ins Krankenhaus eingeliefert, und mein perforierter Dickdarm wurde operiert. Am Tag nach dem Eingriff wurde Budapest von amerikanischen Fliegern bombardiert; vier Tage später warfen die Deutschen uns aus dem jüdischen Krankenhaus hinaus und übernahmen dessen Verwaltung.

Mein Vater hatte niemals Ferngespräche erlaubt, mit der Begründung, man solle vorausdenken, dann könne man schreiben: außer in extremen Notfällen müßten nur „schlecht strukturierte" Köpfe Ferngespräche führen. Jetzt rief er die Ärzte des Krankenhauses an. Er schickte mir Geld und bat mich, ihm zu verzeihen. Das rührte mich sehr. Nahezu jeden Tag kamen Nachrichten von ihm. Er bezahlte sogar einen seiner

Patienten dafür, mir Geld zu bringen. Er bat mich inständig, nach Hause zu kommen, sobald es mir wieder besser ginge, als sicheren Beweis meiner Vergebung für seine schlechte Behandlung.

Mihály Szak, ein christlicher junger Mann, der sich in mich verliebt hatte, und sein Freund Egon Gráf kamen in das Krankenhaus, um mir gefälschte Papiere zu bringen. Sie wollten mich vor den Deutschen verstecken. Ich erhielt auch eine Botschaft von einem nichtjüdischen Onkel, der mich verstecken wollte. Obwohl ich diese Hilfsangebote schätzte, lehnte ich sie ab, weil ich mit meinem Vater Frieden schließen wollte. Niemand wußte, was mit uns geschehen würde, und ich hatte ihm versprochen, nach Hause zu kommen, sobald ich die nötige Erlaubnis der Behörden erhielte.

Die Erlaubnis kam am Samstag, den 22. April, war aber mit strengen Bedingungen verknüpft. Ich mußte zusätzlich zu dem gelben Stern, der auf alle unsere Kleidungsstücke aufgenäht war, eine gelbe Armbinde tragen. Meine Erlaubnis stand auf gelbem Papier. Im Zug durfte ich nur dann sitzen, wenn niemand neben mir saß. Ich durfte mit niemandem sprechen, nicht die Toiletten benutzen und nicht im Speisewagen essen. Ich rief meinen Vater an, um ihm mitzuteilen, daß ich die Erlaubnis bekommen hatte, am 24. abzureisen, einen Tag nach meinem zwanzigsten Geburtstag. Vater weinte am Telefon und sagte, daß wir den Geburtstag einen Tag später feiern würden.

Die Reise dauerte mehr als zwölf Stunden. Wir erlebten einen Luftangriff, bei dem alle Passagiere aus dem Zug aussteigen und sich in den Graben neben den Gleisen legen mußten. Ich kam am Abend einige Minuten nach sechs in Szombathely an, beladen mit einem Koffer und einem Violoncello – das war alles, was ich besaß. Für Juden war es verboten, nach sechs noch auf der Straße zu sein, und sie durften auch nicht mit der Straßenbahn fahren. Mit der Straßenbahn wäre ich in fünf Minuten da gewesen. So brauchte ich mit dem Gepäck zwanzig Minuten bis nach Hause. Auf dem Weg begegneten mir unzählige Personen, die mich anhielten und fragten, wie ich als Jüdin es wagen könne, noch auf der Straße zu sein. Sie bespuckten mich und riefen mir Schimpfworte nach. Nach dieser Erfahrung war es absolut sicher, daß ich nie mehr Heimweh nach Ungarn haben würde.

Als ich zu Hause ankam, ging ich durch die Küche hinein. Meine Mutter war da, aber bemerkte meine Ankunft kaum. Sie schien eine alte Frau geworden zu sein – sie war damals erst 50 – und war vollkommen niedergeschlagen. Ich konnte ihr kaum entlocken, daß sofort nach dem Telefongespräch mit meinem Vater am letzten Samstag deutsche SS-Männer und ungarische Polizisten gekommen waren und ihn festgenommen hatten. Sie hatten die ganze Wohnung durchsucht. Als ich ankam, lag alles über den Fußboden verstreut, und die Wohnung war ein einziges Chaos. Meine Mutter war völlig verwirrt. Sie wußte nicht, wohin sie meinen Vater gebracht hatten.

Wie ich schon sagte, war mein Vater sein ganzes Leben lang ein Sozialist gewesen, und noch dazu ein sehr freimütiger. Er hatte Artikel geschrieben, Vorträge gehalten und seine Ansichten furchtlos in der Öffentlichkeit kundgetan. An dem Tag, an dem sie ihn verhafteten, spürten sie alle politisch verdächtigen Personen auf, egal ob sie Juden waren oder nicht.

Meine Mutter war in einer furchtbaren Verfassung: ein gebrochener, pflegebedürftiger Mensch. Anfang Mai mußten wir unsere Wohnung räumen und mit einer anderen Familie zusammen in ein kleines Zimmer im sogenannten Getto ziehen. Mit meiner alten Freundin Kati brachte ich alle jüdischen Kinder in den Hof der Synagoge, und wir betreuten sie tagsüber. Zum Glück hatten wir gutes Wetter. Wenigstens waren so die Kinder nicht in den überfüllten Zimmern eingesperrt, in denen wir leben mußten. Später kamen diese Kinder und Kati alle in Auschwitz um.

Meine Mutter und ich waren sieben Wochen lang im Getto. Wir erhielten keinen Hinweis darauf, wo mein Vater hingebracht worden war. Meine Mutter versank mehr und mehr in Senilität und Depressionen. Ich nähte Proviantbeutel mit langen Henkeln. Einigen Kunden versteckte ich darin ihren Schmuck. Obwohl wir Schmuck und Wertsachen abgeben sollten, behielten die meisten ein paar Sachen. Mit dem Nähen verdiente ich etwas Geld, um die wenigen lebensnotwendigen Dinge zu kaufen, die wir noch bekommen konnten. Ende Juni wurden wir in eine stillgelegte Fabrik gebracht, die als Konzentrationslager diente. Hier saßen circa 4000 Juden aus unserer Stadt und aus der Umgebung gefangen. Viele wurden von der Polizei zusammengeschlagen, wenn bei ihnen versteckter Schmuck gefunden wurde. Ich warf lieber all unseren Schmuck weg, als das zu riskieren.

Am Morgen nach unserer Ankunft im Lager ging ein Befehl ein, daß 50 Personen zur Arbeit in eine benachbarte Stadt geschickt werden sollten. Ich hatte mich entschieden, daß wir gehen müßten, aber Mutter wollte sich nicht rühren, und so zwang ich sie recht brutal, mit mir zu kommen. Etwas trieb mich zu diesem Verhalten. Als wir am Abfahrtsort ankamen, waren schon 49 Leute dort. Ich stieß eine ältere Frau zur Seite, damit meine Mutter und ich Nummer 49 und 50 der Gruppe sein konnten. Das war die einzige Tat der gesamten Kriegszeit, für die ich mich sehr schämte und die ich bereute. Aber in dem Moment mußte ich einfach in die Gruppe hineinkommen. Vom Lager wurden wir mit dem Zug ungefähr 40 Kilometer weit zu einer anderen stillgelegten Fabrik transportiert. Alle Geschäfte und Werkstätten waren durch Stacheldraht voneinander getrennt. Wir wurden in eines der Gebäude hineingebracht – und da war mein Vater. Seine Anwesenheit zu fühlen war wunderbar – und doch gleichzeitig traumatisch. Dieser Mann, der immer so unglaublich selbstsicher gewesen war, bat mich unablässig um Verzeihung, während er meine Hand hielt. Ich erinnere mich, daß wir ein paar Tage im Lager verbrachten und dann in Viehwaggons getrieben wurden, wo wir die nächsten fünf Tage lebten, bis wir in Auschwitz ankamen. In dieser Zeit wurde meine Mutter zunehmend senil und schließlich ganz unzurechnungsfähig. Mein Vater hielt weiterhin meine Hand und bat mich ständig, ihm zu verzeihen. Ich bin überzeugt, daß das Trauma meiner persönlichen Situation es mir erleichterte, die Verrücktheit, das Sterben, den Schmutz, die Erniedrigung und das Elend dieser Reise zu ertragen. Aber ich bereute es nie, nach Hause zurückgekehrt zu sein. Die Intuition, die mich dazu getrieben hatte, mich dieser speziellen Gruppe anzuschließen, schien nun durch das Schicksal gerechtfertigt zu sein.

In dem Viehwaggon, in dem wir transportiert wurden, waren ausschließlich Ärzte, Juristen und Architekten. Die Deutschen und ihre ungarischen Komplizen hatten 120 Personen in den Viehwaggon hineingepreßt, anstatt ihn wie die anderen mit 90 Personen zu überladen. Bei unserer Ankunft in Auschwitz wurde ich von meinen Eltern getrennt. Meine Mutter wurde sofort in die Gaskammer gebracht; ich habe nie herausfinden können, was mit meinem Vater geschah. Es hieß, er sei im April 1945 in Ostdeutschland gesehen worden, aber wir hörten nie wieder von ihm. Ich wurde in das Lager Birkenau B II gebracht.

3 • Kindheitserinnerungen

Am 23. April 1924 wurde ich in der Kleinstadt Szombathely-Steinamanger in Transdanubia, Ungarn, geboren. Dort gibt es einige interessante Sehenswürdigkeiten und Gebäude, darunter den Bischofspalast und die Kathedrale mit ihrem schönen Maulpertsch-Deckenfresko. Die Stadt liegt an der Kreuzung zweier Römerstraßen, und die Mosaiken der römischen Basilika mit Fischen und anderen frühchristlichen Symbolen stammen aus der Zeit, als die Stadt noch Savaria hieß und die Hauptstadt von Pannonien, einer bedeutenden Provinz des Römischen Reiches, war.

1944 hatte Szombathely-Steinamanger etwa 45000 Einwohner. Der jüdische Anteil belief sich auf ungefähr 4000 Personen, Bewohner umliegender Orte mit eingerechnet. Ebenso viele Juden wurden in dem sogenannten Konzentrationslager, der stillgelegten Fabrik, gefangengehalten, wo wir auf dem schmutzigen blanken Boden saßen, unsere Bündel umklammerten und weitere Befehle von den deutschen Besatzern abwarteten.

Mein Vater kam ursprünglich aus einem kleinen Dorf im Bezirk Zala. Er war Gynäkologe, arbeitete aber auch als allgemeinpraktischer und Krankenkassenarzt. Seine Mutter stammte von einem Rabbiner in Böhmen ab, sein Vater war Holzhändler und stellte Teile für Betonbauwerke her. Wenn wir als Kinder durch den Bezirk Zala radelten, gefiel es uns sehr, daß alle kleinen Brücken über den Straßengräben mit den Initialen M. H. gekennzeichnet waren, die – wie wir glaubten – für Mosonyi Henrik, den Namen meines Großvaters, standen. Er war schon tot, als ich geboren wurde, und sein zweitältester Sohn Róbert führte den ziemlich heruntergewirtschafteten Betrieb. Es muß trotzdem noch ein recht gutgehendes Geschäft gewesen sein, denn Onkel Róbert war der reiche Mann der Familie. Die Familie meines Vaters besaß außerdem einen ansehnlichen Weinberg und einen Obstgarten, den meine Großmutter mit viel Liebe pflegte, sogar noch, als sie schon über 80 war, genau bis zum Beginn der deutschen Besatzung.

Glücklicherweise war meine Großmutter zu diesem Zeitpunkt gerade bei ihrer Tochter in Budapest, bei Tante Vilma, die einen höhergestellten christlichen Herrn geheiratet hatte, meinen Onkel Miklós. Sie versteckten Großmutter eine Zeitlang, bis beide von einer Bombe getötet wurden, die genau auf ihren Luftschutzbunker fiel. Es war niemand da, der sich um Großmutter kümmern konnte, und so ging sie in das Budapester Getto. Sie überlebte, war aber so ausgemergelt, daß sie kurz nach dem Krieg starb. Ich hatte diese Großmutter sehr lieb. Sie war eine kleine, sehr dürre Dame, und immer beschäftigt. Sie wohnte in einem großen Eckbungalow in dem Ort Zalaszentgrót. Onkel Róberts Büro und der Holzhof gehörten zu ihrem Haus, und für eine Weile auch das Lebensmittelgeschäft eines Cousins. In der Einfahrt stand eine schwarze Kutsche, die bei besonderen Anlässen zu Ausflügen mit der ganzen Familie benutzt wurde.

Der Ort war von Mohn- und Weizenfeldern und Weinbergen umgeben. Wir verbrachten oft die Sommerferien im Weinberg. Es gab dort eine hübsche Villa, wo man im Sommer sehr bequem wohnen konnte. Das einzige Problem war die Wasserversorgung. Ein Ochsenkarren brachte mehrmals pro Woche Wasser herauf, aber wenn es regnete, war die Straße unpassierbar, und wir mußten Wein aus dem Keller trinken. Schon als Kind schätzte ich guten Wein.

Ich verbrachte oft die Ferien bei meiner Großmutter, und sie besuchte uns häufig in Szombathely. Zalaszentgrót lag nur etwa 50 Kilometer von uns entfernt. Doch was war es für eine umständliche Reise, zu ihr zu gelangen! Man mußte mindestens zwei-, meistens dreimal umsteigen; als ich älter war, begrüßte ich immer vor dem letzten Umsteigen den Stationsvorsteher, übergab ihm mein Gepäck, damit er es in den Zug legen konnte, und lief die letzten vier Kilometer durch die Mohnfelder zum Haus meiner Großmutter. Es ging schneller, als auf den Zug zu warten. Später ging dann jemand zur Bahnstation und holte den Koffer.

Wie ich schon sagte, liebte ich diese Großmutter sehr, und ich glaube, daß sie mich auch recht gern hatte – bis zu dem Winter, den sie bei uns verbrachte. Ich war damals elf Jahre alt. Eines Tages gingen wir spazieren. Es gab Glatteis und Großmutter rutschte aus. Ich half ihr aufzustehen und erinnere mich daran, daß ich sehr bekümmert und besorgt war, ob sie sich wehgetan hatte. Aber unglücklicherweise zeigte ich eine unwillkürliche Reaktion, die ich bis heute nur sehr schwer unter Kontrolle halten kann: ich muß lachen, wenn jemand hinfällt – sogar wenn ich selbst stürze und mir wehtue. Also lachte ich, als Großmutter hinfiel, und sie vergab es mir nie. Von da an glaubte sie, ich sei ein herzloses, boshaftes Mädchen. In den Jahren nach diesem Vorfall dachte ich, ich bilde mir ihre Abneigung nur ein, aber mein

Eindruck wurde durch Tante Vilmas jüngeren Sohn Róbert bestätigt, der sich erinnerte, daß ich in der Familie als herzloses Mädchen und schwarzes Schaf galt. Es stimmt mich noch immer traurig, daß meine Großmutter nicht verstand, daß ich ihr nichts Böses wollte und mich wirklich um sie sorgte.

Mein Vater hatte in Wien und Berlin Medizin studiert. In der Schule war er ein hervorragender Schüler gewesen, und als er seine Matura machte, wurden ihm als besonderer Preis eine goldene Uhr und ein Urlaub in Rom geschenkt. Er war auch sehr musikalisch, spielte Geige und Bratsche und hielt Vorträge über musikalische Themen. Als er sein Studium abgeschlossen und sich auf Gynäkologie spezialisiert hatte, brach der Erste Weltkrieg aus, und er wurde zum Militärarzt im Heer des Habsburger Königshauses ernannt. Er diente an mehreren Fronten, unter anderem in Bosnien-Herzegowina, wo er im Gefecht verwundet und in das Militärkrankenhaus von Szombathely gebracht wurde. Als er wieder gesund war, arbeitete mein Vater in diesem Krankenhaus und in der Frauenklinik unter Aufsicht ihres Leiters Professor Reismann. Nach dem Krieg bot der Professor meinem Vater an, sein Assistenzarzt zu werden. So verschlug es ihn nach Szombathely. Während des Krieges, im Jahre 1917, heiratete er meine Mutter, die in Wien aufgewachsen war. Ihre Mutter kam aus Budapest, aus einer angesehenen Juweliersfamilie, die in Ungarn kaiserlich-königliche Hoflieferanten waren. Diese Großmutter hatte ihren Cousin geheiratet, der in Wien wohnte und eine große Umzugsfirma besaß.

Mein Großvater mütterlicherseits war schon tot, als ich geboren wurde, so daß ich keinen meiner Großväter je gekannt habe. Meine Wiener Großmutter war eine vornehme Dame, immer sehr elegant, formell und hochmütig. Ich mochte sie nicht. Sie hatte drei Töchter und drei Söhne, in dieser Reihenfolge. Meine Mutter war ihre jüngste Tochter. Mutter hatte wirtschaftliche Fächer studiert, Englisch und Stenographie. Später unterrichtete sie diese Fächer und Deutsch in Szombathely. Als junges Mädchen war sie sehr in einen Freund und Kollegen meines Vaters verliebt gewesen, der aber eine Krankenschwester heiratete. So war mein Vater ihre zweite Wahl. Der Gedanke, nun, nach Wien, in einer ungarischen Kleinstadt leben zu müssen, gefiel ihr nicht, und sie blieb hartnäckig bei ihrer Überzeugung, eine Mesalliance eingegangen zu sein. Sie war immer voller Groll und Bitterkeit über ihr Schicksal. Familienberichten zufolge waren die ersten Ehejahre meiner Eltern trotzdem glücklich und voller Liebe.

Mein Bruder Pierre wurde ungefähr ein Jahr nach der Hochzeit geboren. Er war ein kluger und sehr begabter kleiner Junge, der Haydn-

Symphonien vor sich hinsummte, bevor er sprechen konnte. Da meine Eltern beide sehr musikalisch waren, waren sie fasziniert von ihrem Sohn. Mutter spielte Klavier, nach Ansicht meines Vaters allerdings nicht gut genug, und so spielte sie später nie, sondern hörte nur Musik. Weil sie mit ihrem ersten Kind so glücklich waren, beschlossen sie, noch eines zu haben.

Leider hatte meine Mutter mit mir eine sehr schwere Geburt und verbrachte fast ein Jahr im Krankenhaus. Infolgedessen wurde eine Amme eingestellt, die mich stillen und sich um mich kümmern sollte. Anscheinend schrie ich ständig, und es dauerte eine ganze Weile, bis sie herausfanden, daß die Amme nicht genug Milch für ihr eigenes Kind und mich hatte. Sie gab mir zu wenig, und ich schrie, weil ich ständig hungrig war. Es ist nicht verwunderlich, daß meinem Bruder meine Anwesenheit nicht gefiel. Meinetwegen war seine Mutter im Krankenhaus und kam nicht nach Hause. Stattdessen war ein brüllendes Baby im Haus, das ständige Aufmerksamkeit beanspruchte. Geschichten zufolge, die man mir später erzählte, versuchte er einige Male, mich zu beseitigen. Ich trage es ihm nicht nach, aber selbst nach 70 Jahren bin ich noch nicht ganz überzeugt, daß er seine Abneigung überwunden hat. Wir treffen uns nur selten. Offensichtlich ist es so am besten, obwohl es mich sehr traurig stimmt.

Während der achtzehn Jahre, die ich zu Hause wohnte, zogen wir nur einmal um. Die erste Wohnung war im dritten Stock eines Hauses an der Ecke Königsstraße und Königin-Elisabeth-Straße. Das waren die beiden Hauptstraßen von Szombathely, und zwar war die Königsstraße die elegante Einkaufsstraße, auf der die Leute wochentags zwischen sechs und sieben Uhr abends und am Sonntagmorgen auf und ab promenierten. Wir Schulmädchen spazierten Arm in Arm, oft in Gruppen, und die Jungen gingen auch in Gruppen, aber wir waren nie zusammen. Natürlich unterhielten wir uns kurz, wenn zwei Gruppen aneinander vorbeikamen und kein Lehrer in der Nähe war – ein verbotenes und deshalb aufregendes Unterfangen.

Unsere Wohnung hatte einen schönen Balkon an der Ecke, auf dem ich viel Zeit verbrachte. Am Eingang zur Wohnung waren das Wartezimmer und die Praxis meines Vaters, hinter denen ein langer, dunkler Flur zum Rest der Wohnung führte, die aus drei Räumen, einer Küche und einem Bad bestand.

Vater war ein Arzt des Gesundheitsdienstes. Die Patienten konnten sich ihren Arzt nicht aussuchen. Jedem Arzt waren bestimmte Straßen zugeteilt. So war Vater für eine Straße in der Nähe zuständig, in der orthodoxe Juden wohnten. Manchmal wurde jemand aus dieser Straße

1 *Dr. Dezsö Mosonyi aus Szombathely, der Vater der Autorin.*

2 *Dora Mosonyi, geborene Ullmann, die Mutter der Autorin.*

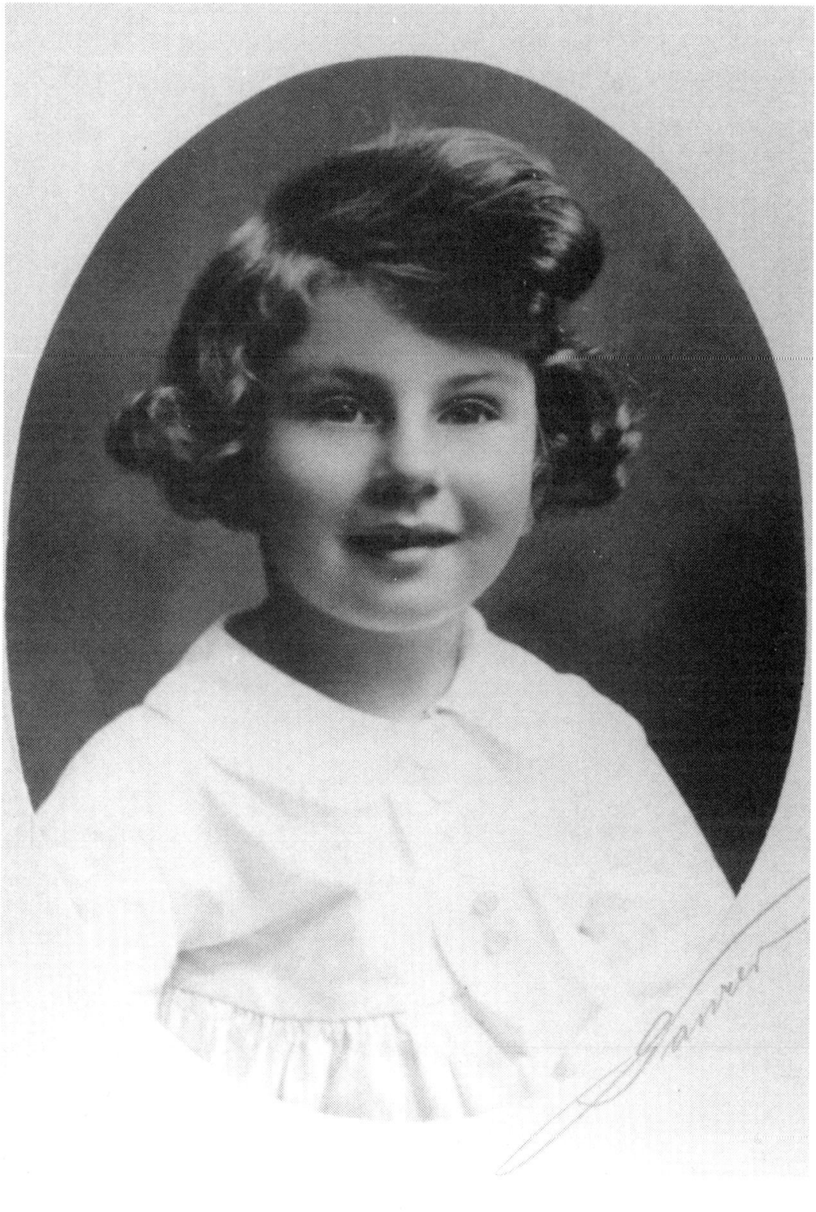

3 *Gertrud Mosonyi mit fünf Jahren.*

4 *Gertrud Mosonyi im Alter von neunzehn Jahren – ein Jahr vor dem Einmarsch der Nazis in Ungarn.*

an einem Freitagabend oder an einem Samstag krank. Da dann niemand in der Praxis war, verband eine Klingel die Praxis mit der übrigen Wohnung, um den Arzt zu rufen. Allerdings wollten orthodoxe Juden die Klingel am Sabbat nicht läuten. Wenn sie den Arzt brauchten, klopften sie an die Tür, bis man sie hörte. Oftmals war langes, lautes Klopfen nötig, weil in unserer Wohnung entweder das Radio lief oder Hausmusik gemacht wurde. Mir blieb die Logik dahinter verborgen. Ich hätte gedacht, daß es viel besser mit den Sabbatgesetzen zu vereinen gewesen wäre, die Klingel zu läuten als laut zu klopfen, denn bei Lebensgefahr ist alles erlaubt.

Ich war wohl neun oder zehn Jahre alt, als wir in eine andere Wohnung nebenan zogen, die auch fünf Zimmer hatte. Mein Bruder und ich hatten ein gemeinsames Zimmer, bis ich ungefähr zehn Jahre alt war. Von da an mußte er im Wartezimmer schlafen, was er mit gutem Grund verabscheute. Die Wohnung war gut möbliert. Das Wohn- und Eßzimmer, in dem meine Mutter am Tag unterrichtete, hatte elegante Biedermeiermöbel und diente auch als Musikzimmer. Es war ein schöner Raum mit recht wertvollen Gemälden. Außer zwei Bildern von Abel Pann weiß ich nicht mehr, wer sie gemalt hatte, aber ich glaube, daß es berühmte österreichische Künstler waren. Wir hatten auch erlesenes Silberbesteck und handbemalte Eß-, Tee- und Kaffeeservice aus Porzellan, fast alles Geschenke aus dem Antiquitätenhandel meiner Tante oder von unserer Juweliersfamilie.

Das Wohn- und Schlafzimmer meiner Eltern war sehr elegant und äußerst modern. Ein Patient meines Vaters war Schreiner und Möbeltischler und hatte die Möbel für dieses Zimmer hergestellt, alle aus wundervollem, dunklem Holz. Als ich sechzehn Jahre alt war, machte er für mich elegante „Bedsit"-Möbel mit einem eingebauten Bücherschrank, einer Bar und einem Schreibtisch, auf die ich außerordentlich stolz war. Sie sollten zur Vorbereitung meiner Aussteuer dienen. Zur gleichen Zeit kaufte meine Mutter Leinenstoff aus der Tschechoslowakei und sandte ihn zum Besticken nach Transsylvanien, damit er dann in unserer Heimatstadt zusammengenäht werden konnte. Das war die Welt, in der wir lebten.

Heute kann ich es kaum glauben, daß es ein solches Leben geben konnte. Andererseits beschloß meine Mutter, daß ich mit 15 Jahren nicht länger die Dienste unserer Haushilfe beanspruchen solle. Von da an mußte ich meine Wäsche selbst waschen und bügeln und jeden Morgen, bevor ich zur Schule oder später zur Arbeit ging, meinen Parkettfußboden selber wachsen. Weil ich nicht besonders gerne Hausarbeit verrichtete, verwendete ich gewöhnlich mein Taschengeld und selbstverdientes Geld, um heimlich die Mädchen dafür zu bezahlen, daß sie diese Aufgaben für mich erledigten.

Wir hatten zwei Bedienstete: ein Zimmermädchen und eine Köchin. Eine Waschfrau kam einmal die Woche, um für die Familie zu waschen. Obwohl die Mädchen bei uns wohnten, hatten wir keinen separaten Raum für sie. Ein kleiner Teil der Küche war mit Glas und Vorhängen abgetrennt; dort teilten sie sich ein Bett. Es war ihnen nicht erlaubt, unser Badezimmer zu benutzen. Stattdessen hatten sie eine Waschschüssel und einen Krug in ihrem sogenannten Zimmer. Heutzutage kann ich nicht begreifen, wie meine Eltern, die stolz darauf waren, Sozialisten zu sein, es zwei Menschen zumuten konnten, unter solchen Bedingungen zu leben. In meinem späteren Leben, als ich in Südafrika wohnte, hatten die Bediensteten ein Zimmer draußen im Garten, weil es ihnen nicht gestattet war, mit im Haus zu leben. Aber sie hatten etwas Privatsphäre in ihrem Zimmer, sicherlich viel mehr als unsere Bediensteten in Ungarn gehabt hatten. Und doch wurden die Hausangestellten bei uns relativ gut bezahlt und hatten mehr freie Zeit als in anderen vergleichbaren Haushalten. Unsere Köchin war sehr lange bei uns, eigentlich bis sie heiratete. Meine Eltern führten sie zum Altar. Ihre Schwester war eine Zeitlang unser Zimmermädchen. Aber die Zimmermädchen wechselten häufig. Weil sie die Tür zu Vaters Praxis öffneten, mußten sie adrett aussehen und hatten mehr Kontakt mit meinem Vater. Der schnelle Wechsel unter den Zimmermädchen erklärte sich aus der Eifersucht meiner Mutter wegen deren Nähe zu meinem Vater. Die Mutter der Köchin besuchte ihre Tochter häufig und zeigte ihre Dankbarkeit, indem sie Hühner und selbstgebackenen Kuchen mitbrachte. Als Kind reiste ich manchmal mit der Köchin mit, wenn sie ihre Mutter auf dem Lande besuchte.

In meinem Elternhaus wurde viel Wert auf Kultur gelegt. In unserer Bibliothek hatten wir circa 3000 Bücher in verschiedenen Sprachen: ungarische, deutsche, französische und englische, auch einige italienische, dazu lateinische und griechische aus der Studienzeit meines Vaters. Zu Hause sprachen wir meistens deutsch. Da Szombathely nahe der österreichischen Grenze lag, war diese Sprache damals sehr in Mode, besonders in den gebildeteren Schichten. Meine Eltern sprachen auch fließend französisch und englisch. Wegen des weltberühmten psychiatrischen Krankenhauses der Stadt kamen englische und amerikanische Medizinstudenten und Ärzte aller Nationalitäten nach Szombathely. Einige besuchten unser sehr offenes und gastfreundliches Haus. Im Zweiten Weltkrieg kamen französische und polnische Kriegsgefangene, die aus Deutschland geflohen waren und in Ungarn

Zuflucht gefunden hatten, gerne zu uns, um sich mit meinen Eltern oder mit mir zu unterhalten.

Außerdem hatten wir eine große Sammlung an Partituren und Noten für Gesang, Hausmusik und Klavier, weil mein Bruder Pianist werden wollte. Fast jede Woche machten wir Hausmusik, und sowohl mein Vater, als auch mein Bruder übten regelmäßig Geige, Bratsche und Klavier. Im Familienkreis hatten wir unzählige Gesangsstunden, die ich sehr genoß. Man kann sagen, daß ich mit französischen und deutschen Kinderliedern aufwuchs, gefolgt von Schubert, Schumann, Brahmsliedern und Loeweballaden.

Die Musik war ein wichtiger Bestandteil des Lebens in Szombathely. Ältere Musiker erfuhren viel Anerkennung, und in den 30er und 40er Jahren reifte eine neue Musikergeneration heran. Szombathely hatte ein sehr aktives Stadtorchester, in dem mein Vater Mitglied war. Im Orchester spielte er Bratsche und bei der Hausmusik entweder Geige oder Bratsche. Als Ende der 30er Jahre die Juden aus dem Orchester ausgeschlossen wurden, gründeten die führenden jüdischen Musiker zusammen mit meinem Vater ihr eigenes Orchester namens Collegium Musicum. Vor den Konzerten wurden anspruchsvolle Vorträge über die Werke gehalten, die aufgeführt werden sollten, eine Aufgabe, die in der Regel mein Vater übernahm. Internationale Künstler kamen, um mit dem Orchester aufzutreten. Ich erinnere mich besonders an einen Abend mit György Faragó, einem Professor der Musikakademie. Er war kein Jude, und man hatte ihn davor gewarnt, mit einem jüdischen Orchester zu spielen. Mutig schrieb er die Warnung in den Wind und brillierte an diesem Abend, daß es dem Publikum eine Freude war.

Das musikalische Engagement meines Vaters ging über seine Mitgliedschaft im Orchester und seine Vorträge noch hinaus. Er war einer der ersten, die über die Psychologie der Musik schrieben. In den frühen 30er Jahren verfaßte er in deutscher Sprache ein Manuskript zu diesem Thema. Leider konnte es in Nazideutschland nicht veröffentlicht werden. Er wandte sich zunächst an Professor Sigmund Freud, den Psychoanalytiker, mit der Bitte, ein Vorwort zu schreiben. Freud antwortete, er verstehe nichts von Musik und habe auch keine Freude daran. Daraufhin fragte Vater Romain Rolland, der sehr interessiert an diesem Thema war. Er war zusätzlich zu seinem literarischen Ruhm ein hervorragender Musikwissenschaftler und Professor für Musik an der Pariser Sorbonne. Wegen seiner schlechten gesundheitlichen Verfassung und wegen Überarbeitung konnte er die Aufgabe nicht annehmen. Er schlug allerdings seinen Kollegen Charles Baudouin vor, der sich bereit erklärte, das Vorwort zu schreiben. Eine gekürzte Fassung des Buches wurde 1935 in Freuds Zeitschrift *Imago* (Bd. 21, Nr. 2) veröffentlicht. Seit dem Zweiten Weltkrieg haben einige Psychologen und Musikwissenschaftler in Frankreich, in Deutschland und erst unlängst (1990) in den Vereinigten Staaten Desiderius Mosonyi, *„Die irrationalen Grundlagen der Musik"* in ihren Werken zitiert. Mein Vater überarbeitete das Buch. Es erschien 1934 in Ungarn unter dem Titel *„A zene lélektana új utakon"*. Eine deutsche Fassung des Buches mit dem Titel *„Psychologie der Musik"* wurde schließlich von meinem Bruder Pierre Mosonyi herausgegeben und 1975 in Deutschland publiziert.

Das war die Atmosphäre, in der wir aufwuchsen. Mein Bruder Pierre war sehr begabt. Er war ein hervorragender Schüler, doch sein größter Ehrgeiz war es, Pianist zu werden. Als er noch zur Schule ging, verbrachte er seine gesamte Freizeit mit Klavierüben. Er hatte viele Auseinandersetzungen mit Vater, weil er die Schule abbrechen und sich auf seine musikalische Karriere konzentrieren wollte. Obwohl für Vater die Musik das Wichtigste überhaupt war, glaubte er nicht, daß eine Musikerkarriere finanzielle Sicherheit mit sich bringen würde. Deshalb sollte Pierre mit achtzehn seine Matura machen und an der Universität zum Beispiel eine Naturwissenschaft studieren. Mein Bruder schloß die Schule mit ausgezeichneten Noten ab, bestand aber dann darauf, sich zum Pianisten ausbilden zu lassen. In den letzten Jahren seiner Ausbildung hatte er die örtlichen Klavierlehrer überflügelt und reiste häufig, um bei berühmten Professoren zu lernen: erst zu Keszthely und zu der Pianistin Mimi Mosonyi, einer Cousine unseres Vaters; dann nach Budapest, um bei Ilonka Vincze Krausz zu lernen, bis sie nach Palästina emigrierte; und später bei Ági Jámbor, einer exzellenten Pianistin und Professorin. Er war 19 Jahre alt, als er endlich nach Budapest kam, um an der Musikakademie zu studieren, wo er nach einem Vorspiel vom Direktor der Akademie, Ernö Dohnányi, direkt in das zweite Studienjahr aufgenommen wurde. Alle waren hocherfreut, und Pierre fühlte sich bestätigt, denn das war wirklich eine große Ehre. Leider stellte sich heraus, daß es eine falsche Entscheidung war. Die meisten Schüler desselben Studienjahres waren jünger und hatten regelmäßig mit exzellenten Lehrern arbeiten können, waren also faktisch viel besser vorbereitet. Es war eine hervorragende Gruppe junger Studenten, von denen die meisten international gefeierte Pianisten wurden: Géza Anda, György Cziffra, Béla Síki, alles Nichtjuden.[13] Das sind einige, die mir spontan einfallen. Pierre hatte eine sehr sporadische Ausbildung genossen, bevor er nach Budapest kam, und konnte daher nicht mit ihnen Schritt halten. Er wurde nach dem ersten Jahr zurückgestuft. Obwohl er György Faragó, einem anderen ausgezeichneten

Professor, zugeteilt wurde, war es ein harter Schlag. Außerdem wurde er als Jude zum Dienst in einem Arbeitslager verpflichtet, wo er sich bei der Arbeit in einem Bergwerk einen Finger verletzte. So war er enttäuscht, weil er sein Potential nicht ausschöpfen konnte, was wirklich traurig war. Er war und ist noch immer ein hervorragender Musiker und Korrepetitor und hatte das Talent, ein Pianist der Spitzenklasse zu werden.

Ich habe sehr früh Lesen und Schreiben gelernt, und ich habe immer sehr gerne gelesen. Ob die Bücher deutsch oder ungarisch waren, war mir egal. Ich war Linkshänderin, was mir in der Schule einige Schwierigkeiten bereitete. Ich wurde ständig mit Stockschlägen auf die Hände bestraft, weil ich den Stift in der linken Hand hielt – mit dem Ergebnis, daß ich inzwischen beidhändig schreiben kann. Ich konnte mit der rechten Hand nie sauber schreiben und hatte während meiner gesamten Schulzeit Probleme wegen meiner unleserlichen Handschrift. Meine Zeichenlehrerin glaubte, ich sei vollkommen unbegabt, ein hoffnungsloser Fall. Viel später, als ich Hutmacherlehrling war, mußte ich an der technischen Hochschule Zeichnungen anfertigen. Dort achtete niemand darauf, mit welcher Hand ich arbeitete, und meine Zeichnungen gefielen meinen Lehrern. Als ich sie meiner früheren Zeichenlehrerin zeigte, glaubte sie mir nicht, daß ich sie selbst gezeichnet hatte. Linkshänderin zu sein war jedoch nur einer meiner Nachteile in der Schule.

Ein anderer war meine Religion. Meine Eltern waren Atheisten, aber der ungarische Staat duldete keine Atheisten. Man mußte einer anerkannten Religion angehören, und jeder, der seinen Unterhalt verdiente, mußte von seinem Gehalt eine Steuer abführen, die prozentual den Konfessionen zugeteilt wurde. Da wir jüdisch waren, gehörten wir offiziell zur jüdischen Gemeinde. Nach den ungarischen Gesetzen waren Religionsstunden an der Schule Pflicht. Ich hatte große Schwierigkeiten, weil es mir sehr schwer fiel, Hebräisch lesen zu lernen. Ich mußte den ganzen Sommer lang private Nachhilfestunden nehmen, um vor Beginn des neuen Schuljahres die Hebräischprüfung zu bestehen. Sonst hätte ich das ganze letzte Schuljahr wiederholen müssen.

Eigentlich fiel ich in Hebräisch nur deshalb zunächst durch, weil ich von einem Lehrer, den ich nicht mochte, nie irgend etwas lernen konnte. Ich haßte den Religionslehrer, denn er schlug mich und demütigte mich vor der Klasse, weil meine Eltern Atheisten waren. Szombathely war eine Provinzstadt, und die Kinder wurden üblicherweise die ersten vier Jahre lang in einer jüdischen Schule von jüdischen Lehrern unterrichtet. Im ersten und zweiten Schuljahr, im Alter von sechs bis acht Jahren, wurde ich von einer netten älteren Dame namens Fräulein Friedrich unterrichtet. Ich mochte sie sehr und war eine gute Schülerin. Im dritten Jahr hatten wir einen 60jährigen Lehrer, der keine Geduld mit kleinen Kindern hatte und äußerst intolerant war. Er warf mir vor, daß meine Eltern nie in die Synagoge gingen und daß mein Bruder sich im Religionsunterricht danebenbenahm. So hatte mein Lehrer einen doppelten Groll gegen unsere pietätlose Familie und ließ ihn an mir aus. Er schlug mich fast jeden Tag und behandelte mich mit tiefster Verachtung. Ich haßte ihn und konnte deshalb nichts von ihm lernen. Schlimmer noch, der Mann sollte im vierten Schuljahr mein Klassenlehrer sein! Aufgrund eines *Numerus clausus* wurde nur ein geringer Prozentsatz an Jüdinnen am Mädchengymnasium angenommen, auf das ich ab der fünften Klasse gehen sollte; es war also sehr wichtig, in der vierten Klasse gute Noten zu bekommen. Um mich von diesem Lehrer zu befreien, reichte mein Vater eine Petition ein, in der er um die Pensionierung dieses Lehrers bat, da er zur Unterweisung kleiner Kinder nicht mehr geeignet sei.

Andere Eltern stimmten im Prinzip zu; aber als sie die Petition unterzeichnen sollten, erhoben sie Einwände dagegen. Also beschloß mein Vater, mich von der Schule zu nehmen, und ich wurde für das letzte Grundschuljahr auf eine staatliche Schule geschickt. Die Schülerschaft dieser Schule, die fast ausschließlich aus Arbeiterkindern bestand, paßte gut zur sozialistischen Einstellung meines Vaters. Aber ich wurde vor allem deshalb dorthin geschickt, weil der Klassenlehrer ein Musikerfreund meines Vaters war, der mich mein ganzes Leben lang gekannt hatte und den ich sehr mochte. Da ich die einzige Jüdin unter den 600 Schülern dieser Schule war, mußte ich zum Religionsunterricht an meine alte Schule zurückkehren.

Mein neuer Lehrer, Herr Heinz, war ein schlechter Lehrer und brachte uns nichts bei. Weil ich eine gute Stimme hatte und Lieder schnell lernte, mochte er mich gern. Aber alles, was ich in diesem Jahr lernte, waren ein Lied über ein geschichtliches Ereignis, eines über das Archimedische Prinzip und ein Erdkundelied. Ich war Klassenbeste, hatte aber eigentlich nichts gelernt. Ansonsten war es ein interessantes Jahr. Einige Kinder mieden mich, weil ich Jüdin war. Andererseits war ich sehr beliebt bei den benachteiligteren Kindern der Klasse. Der Lehrer bestrafte sie aus nichtigen Anlässen mit dem Stock, und noch häufiger, indem er sie in einer Ecke auf einem harten, ausgetrockneten, körnerlosen Maiskolben knien ließ, was sehr schmerzhaft war. Als ich bemerkte, daß er mich nicht bestrafte, entwickelte ich mich zu einer Anführerin unter meinen Klassenkameraden und bewahrte sie so vor

Strafen. Ich muß ihm das Leben wirklich schwer gemacht haben.

In der anderen Schule hatte ich schon einige Male Schwierigkeiten mit Schlägertypen gehabt, weil ich die schwachen Kinder unter meinen Schutz stellte. Da ich furchtlos und ein ziemlicher Wildfang war, gingen die Rabauken mir aus dem Weg, denn sie wußten, daß ich gut schlagen, beißen und treten konnte und es nie hinnahm, wenn jemandem Unrecht getan wurde.

Trotzdem hatte ich viel zu erleiden. In der neuen Schule gehörte ich nicht richtig dazu. Andererseits war ich an der alten Schule, wohin ich dreimal pro Woche zum Religionsunterricht gehen mußte, von allen Schülern geächtet. Im Winter verbrachte ich viele Nachmittage auf der Schlittschuhbahn und wurde eine recht trainierte und enthusiastische Eisläuferin. In diesem Jahr griffen mich meine Schulkameraden ständig an und brachten mich zu Fall, wenn ich Schlittschuh lief, so daß ich über und über mit blauen Flecken bedeckt war. Ich nahm meinem Vater seine Entscheidung übel, mich auf eine andere Schule zu schicken, besonders weil der alte Lehrer in Pension gegangen war und die Klasse einen netten und sehr intelligenten neuen Lehrer hatte.

Im nächsten Jahr wurde ich am Mädchengymnasium angenommen, denn ich war Klassenbeste geworden. Aber weil ich in diesem Jahr nichts gelernt hatte, waren meine Klassenkameraden mir voraus, und ich hatte große Schwierigkeiten, mit ihnen mitzuhalten. Wieder verteidigte ich ein Mädchen, über das sich alle lustig machten, gegen ihre Spötter. Elly Blau war sehr klug, aber schrecklich dick und arm. Sie wurde eine meiner besten Freundinnen und half mir bei den Aufgaben. Niemand wagte es, sich über sie lustig zu machen, wenn ich in der Nähe war. Als sie ein paar Jahre später starb, trauerte ich sehr um sie.

Ich verbrachte fünf Jahre auf dem Gymnasium. Weil ich eine gute Altstimme hatte, was unter den Mädchen eher selten war, wurde ich in den Oberstufenchor aufgenommen, zusammen mit meiner Freundin Claire, die später Berufsmusikerin wurde. Ich sprach fließend deutsch und hielt es deshalb nicht für nötig, Grammatik zu pauken. Bald geriet ich mit meiner Lehrerin aneinander, deren gesprochenes Deutsch viel schlechter war als meines, denn sie legte viel Wert auf eine makellose Grammatik.

Ich war überglücklich mit meiner Französischlehrerin, Fräulein Magda Szemzö, die auch unsere Kunstgeschichtslehrerin war. Wir verehrten sie alle sehr. Niemand kam jemals unvorbereitet in ihren Unterricht, denn wir hatten das Gefühl, sie damit zu enttäuschen. Es war phantastisch. Nach einem Jahr in einer Klasse von 45 Mädchen sprachen wir alle Französisch. Fräulein Szemzö war gebürtige Jüdin, aber ihre Familie war zum Katholizismus übergetreten. Sie war eine sehr fromme Christin, war unverheiratet und zog in Erwägung, Nonne zu werden. Später wurde sie deportiert, obwohl sie Christin war. Wir waren bis zum Ende des Krieges zusammen in Gefangenschaft. Sie war diejenige, über die ich mich im Lager oft aufregte, wenn sie in der Baracke kniete und das Vaterunser betete. Ich fand es äußerst unangenehm, daß wir, die wir von Christen deportiert worden waren, weil wir Juden waren, uns dieses Beten unter uns gefallen lassen sollten. 1970 besuchte ich sie in meiner Heimatstadt, in die sie nach dem Krieg zurückgekehrt war. Sie war nicht mehr gläubig. Inzwischen war ich toleranter geworden und hatte verstanden, daß es ihre Art gewesen war, mit dem Leben im Lager fertig zu werden. Ich fühlte wieder die Liebe und den Respekt für sie, die ich ihr in der Schule entgegengebracht hatte.

Für Mathematik hatte ich eine Vorliebe. Obwohl die Lehrerin eine erklärte Antisemitin war, akzeptierte sie mich und schätzte mich sogar wegen meines fachlichen Könnens. Algebra faszinierte mich, aber an der Mädchenschule erreichten wir nur ein bestimmtes Niveau. Ich war so interessiert, daß ich mich selbst in Mathematik weiterbildete. Ich schäme mich zuzugeben, daß ich alles vergessen habe und heutzutage nicht das einfachste algebraische Problem lösen kann.

In Chemie und Physik war ich ganz gut, obwohl ich mich für diese Fächer nicht sehr interessierte. In Erdkunde war ich besser, aber der Kontinent Asien entzog sich mir. Er sah auf der Landkarte unförmig aus, und ich konnte mit seiner Weite nichts anfangen. Andere Kontinente konnte ich zeichnen, denn sie hatten eine Form. Ich mochte Südamerika lieber als Nordamerika, weil es leichter zu zeichnen und also leichter zu merken war, zugegebenermaßen kein sehr logisches Argument. Dennoch wurde mir zu jener Zeit ein „für ein Mädchen außergewöhnlich logisches Denken" bescheinigt.

Unsere Geschichtslehrerin war eine fanatische Antisemitin. Allerdings war ich mir auch meiner jüdischen Herkunft äußerst bewußt. Ich war stolz darauf und betonte jederzeit, Jüdin zu sein. Die anderen jüdischen Mädchen bedauerten mein Benehmen. Sie waren der Meinung, es sei schlimm genug, als Jüdin geboren zu sein, und so sei es am besten, nicht darüber zu reden. Ich hingegen wollte sie spüren lassen, daß ich mir nichts daraus machte, jüdisch zu sein, und daß ich mein Erbe fröhlich annahm. Meine Geschichtslehrerin wollte die Juden demütigen, wußte aber, daß es bei mir nicht funktionieren würde. Wir konnten uns gegenseitig nicht ausstehen. Darunter litten meine Geschichtskenntnisse sehr. Noch dazu hatte ich schon seit meinem zwölften Lebensjahr größere Schwierigkeiten mit meiner Geschichtslehrerin gehabt.

Ich war damals bis über beide Ohren verliebt. Mein Schwarm war ein Jüngling der Jungenschule nebenan, dem ich oft auf dem Schulweg begegnete. Ich kannte ihn nicht, aber ich bewunderte ihn von weitem. Meine Schulkameradinnen zogen mich häufig damit auf, denn ich war da sehr empfindlich und explodierte jedesmal. Offensichtlich weideten sie sich an diesem Anblick. Eines Tages flüsterten sie miteinander, als ich in der Pause vor der Geschichtsstunde auf sie zukam. Ob die Neuigkeiten, die sie sich erzählten, wahr oder falsch waren, werde ich nie herausbekommen, aber ich hörte, daß meine hübsche Schulfreundin Edith am vorigen Abend meinen Angebeteten getroffen und mit ihm gesprochen hatte. Ich war am Boden zerstört. Ich wußte, daß ich in diesem Falle bei dem jungen Mann keine Chance hatte. In diesem Moment klingelte es zur Geschichtsstunde. Ich kehrte in den Klassenraum zurück und vertraute einem Stück Papier meinen Kummer an. Dummerweise erwischte mich die Geschichtslehrerin dabei, entriß mir das Blatt und las es der Klasse laut vor, was mir sehr peinlich war. Sie schickte mich mit dem Blatt Papier und ihrer Mitteilung zur Direktorin, die meine Mutter benachrichtigte und um eine Unterredung bat. Meine Mutter kam in die Schule und wurde über meine „höchst unmoralischen Gedanken" informiert. Sie erkannte meine Schuld an und nahm mir als Bestrafung für einen Monat mein liebstes Gut weg: ein verschlossenes Tagebuch, in das ich täglich meine persönlichsten Gedanken eintrug.

Ich verstand nicht, warum meine Mutter mir das antat, und vergab ihr diese Strafe nie. Zu diesem Zeitpunkt verlor ich meine Liebe zu ihr. Mitleid konnte ich noch für sie empfinden, aber keine Liebe mehr. Selbst heute kann ich ihre Beweggründe nicht verstehen, zumal sie immer betont hatte, eine sehr fortschrittliche und moderne Pädagogin zu sein. Ich hatte nichts verbrochen, noch nicht einmal gegen die Schulordnung verstoßen, die sehr streng war, was Beziehungen zwischen Jungen und Mädchen anging. Wir durften nicht ohne Aufsicht eines Erwachsenen auf der Straße mit einem jungen Mann sprechen. Sogar ein Kinobesuch mußte von der Schule erlaubt werden. Die Einwilligung der Eltern reichte nicht aus. In den meisten Fällen fanden selbst meine Eltern diese Regeln lächerlich. Wenn wir uns später mit Jungen treffen wollten, so mußte das in Seitenstraßen geschehen oder in den Außenbezirken der Stadt, wo wir oft hinradelten, um den Tag mit ihnen zu verbringen: ein Verhalten, das meiner Meinung nach viel gefährlicher war, als auf offener Straße mit ihnen zu sprechen.

Von diesem Tag der angeblichen „Regelübertretung" an hatte die Geschichtslehrerin es ständig auf mich abgesehen. Wenn ich die Klasse betrat, rief sie meinen Namen und befahl mir, aufzustehen und die Lektion vorzutragen. Am Tag vor einer Geschichtsstunde verbrachte ich meist den ganzen Nachmittag mit Büffelei, aber wenn ich zum Vortragen aufgefordert wurde, war mein Kopf wie leergefegt und ich konnte mich an nichts erinnern. Zu dieser Zeit erzählte sie uns, wie großartig Hitler sei, ein Thema, durch das sie mir sicherlich nicht liebenswürdiger erschien. Aber ich brachte es fertig, mich an ihr zu rächen. Als ich im Alter von fünfzehn Jahren aus der Schule genommen wurde, tat ich etwas Verabscheuungswürdiges, das ich bis zum heutigen Tage nicht bereue. Ich überredete einen Freund, mir eine tote Ratte zu besorgen, und legte sie in eine hübsche Schachtel, die ich mit einem rosa Band verschnürte. Dann packte ich die Schachtel in eine andere, verschnürt mit einem blauen Band, und so weiter. Insgesamt waren es fünf Schachteln. Das ganze Paket schickte ich anonym dieser meistgehaßten Lehrerin.

Als ich 1970 nach Szombathely zurückkehrte, fand ich heraus, daß sie den führenden Nazi unserer Stadt geheiratet und sich genauso bösartig verhalten hatte, wie ich vermutet hatte. Vor diesem Zeitpunkt hatte ich Bedenken, ob ich die Frau richtig eingeschätzt hatte, aber nun fühlte ich mich bestätigt.

Einige Jahre nach dem schmerzlichen Erlebnis im Klassenraum traf ich den Adonis, den ich von weitem verehrt hatte: Er war ein ganz netter Junge, aber eindeutig nicht den Ärger wert, den meine Schwärmerei mir eingebracht hatte.

4 • Antisemitismus

Antisemitismus hatte es in Ungarn schon immer gegeben, und jüdischen Enzyklopädien zufolge war Szombathely notorisch die am stärksten antisemitische Stadt des ganzen Landes. In der Schule hatte ich scharfen Antisemitismus erdulden müssen, und sogar noch früher wurde ich mit antijüdischen Vorurteilen konfrontiert.

Als kleines Kind nahm mein Vater mich zu seinem Sonntagmorgenspaziergang mit, auf den ich mich immer sehr freute. Eines Sonntags, als ich erst fünf Jahre alt war, sagte mein Vater mir, daß er vor unserem Spaziergang noch eine seiner Patientinnen besuchen wolle. Als Gynäkologe hatte er am Abend zuvor bei einer Geburt geholfen, die ihm Sorgen bereitete. Er sagte mir, er wolle die Mutter sehen, um sicherzugehen, daß es ihr gut gehe. Und so gingen wir in einen Hof, um den herum sehr arme Leute lebten. Er ließ mich draußen stehen, während er seinen Patientenbesuch machte. Vom Hof aus führten Türen zu vielen kleinen Wohnungen. Eine Tür öffnete sich, dann eine zweite, und einige Kinder kamen heraus. Sie sahen mich dort stehen, schön angezogen, in einem hübschen roten Mantel, und fingen sofort an, „dreckiges Judenschwein" zu rufen und mich mit Steinen zu bewerfen. Als mein Vater endlich wieder herauskam, blutete und weinte ich schon. Ich begriff nicht, warum man mich angegriffen hatte, denn ich wußte, daß ich nicht dreckig war, und ein Schwein war ich auch nicht. Ein Schwein war ein Tier. Was aber bedeutete das Wort „Juden"? Als mein Vater erzählte, daß sie ein Volk seien, das oft gejagt und nicht immer geduldet wurde, erklärte ich, daß ich von jetzt an jüdisch sein wolle.

Obwohl ich in einem Haushalt ohne Religion aufwuchs, hatte ich mit dreizehn eine religiöse Phase, die allerdings nur ungefähr eineinhalb Jahre lang anhielt. Bis heute bin ich eine Ungläubige geblieben und seit dem Krieg sogar zu einer überzeugten Atheistin geworden.

Szombathely machte seinem antisemitischen Ruf wirklich alle Ehre. 1941, als Ungarn noch nicht vom Dritten Reich besetzt worden war, kamen deutsche Truppen auf ihrem Weg nach Jugoslawien durch unsere Stadt. Ich erinnere mich gut an die Bestürzung unter den Juden, als sie vermuteten, wir seien von den Deutschen besetzt worden. Es war Karfreitag, und plötzlich war der gesamte Hauptplatz, an den unser Haus angrenzte, voller deutscher Panzer und bewaffneter deutscher Soldaten. Es war wirklich furchterregend. Ich war damals ungefähr 16 Jahre alt und in einen sehr gutaussehenden christlichen Studenten verliebt. Leider fand ich bald heraus, daß er für die Nazis war, und das war das Ende meiner ersten großen Liebe. Ich verarbeitete meine Enttäuschung in einem Gedicht, kam aber sehr schnell über die Traurigkeit hinweg. Die deutschen Einheiten blieben drei Tage lang in Szombathely; es war ein Vorgeschmack auf die Besatzung 1944. Nach sechs Uhr abends war es Juden verboten, auf die Straße zu gehen, und viele, die sich hinaustrauten, wurden angegriffen.

Nach dem Abzug der Deutschen gab es einige Unruhen, und eine antijüdische Beschränkung blieb, die sogar in Ungarn einzigartig war: Juden durften erst ab 10 Uhr morgens auf den Markt gehen, wenn alles von guter Qualität schon ausverkauft war und es für die Käufer nur sehr wenig, wenn überhaupt noch Auswahl gab. Soviel ich weiß, gab es diese Regelung in keiner anderen Stadt. Man erzählte mir, daß in Szombathely fast jeder der faschistischen Pfeilkreuzlerpartei beigetreten war. Als später die deutsche Besatzung begann und die Juden als unerwünschte Subjekte aufgestöbert wurden, half uns niemand auch nur irgendwie, nicht ein einziger unserer festen nichtjüdischen Freunde, die wir schon seit unzähligen Jahren gehabt hatten und die oft zu uns zum Abendessen gekommen waren.

Einigen alten Freunden gaben wir ein paar Sachen, die sie bis zu unserer erhofften Rückkehr aus der Gefangenschaft für uns aufbewahren sollten. Zum Glück war mein Bruder gerade nicht in Szombathely. Vielleicht aus diesem Grund war er der einzige aus unserer Familie, der nach dem Krieg in die Stadt zurückkehrte. Nur eine Person leugnete nicht, Eigentum von uns zu haben: Elly Kuzmanek. Sie war noch nicht einmal eine sehr enge Freundin gewesen, sondern war die Frau des Bürgermeisters, der wie mein Vater ein Sozialist war. In einer Stadt mit 45000 Einwohnern war sie der einzige Mensch, der sich uns gegenüber anständig verhielt.

Soweit ich mich erinnern kann, war ich vor dem Krieg äußerst vertrauensvoll, aber die Erfahrungen mit den Freunden – oder besser mit denen, die wir für Freunde gehalten hatten – hinterließen tiefe Wunden und eine bleibende Narbe. Heute würde ich noch immer gerne den Menschen vertrauen, aber tief in mir tue ich es nicht, sondern bin oft mißtrauisch, selbst wenn kein konkreter Grund dazu besteht. Das stimmt mich traurig. Es waren nicht nur die sogenannten Freunde in

Szombathely, die mich so mißtrauisch werden ließen. Das Verhalten meiner Mitgefangenen im Lager nährte zusätzlich das Mißtrauen, das mich noch immer, obwohl immer seltener, dazu treibt, mein Vertrauen zu den Menschen in Frage zu stellen. In solchen Momenten frage ich mich, wie sie unter anderen Umständen handeln würden. Trotzdem habe ich viele Freunde und bemühe mich, ihre Treue und Zuneigung zu erwidern.

Im Jahre 1970 kamen mein Mann und ich auf einer Reise mit dem Auto ganz in die Nähe meiner Heimatstadt. Dr. Heumann, unser engster Familienfreund und Hausarzt, der es schaffte, den Krieg zu überleben, und der nach Szombathely zurückgekehrt war, war damals 80 Jahre alt. Vor dem Krieg war Onkel Laci – so nannte ich ihn früher – Junggeselle gewesen, aber nach dem Krieg heiratete er eine Freundin meiner Mutter, die auch überlebt hatte, aber deren Mann umgekommen war. Meine Französisch- und Kunstlehrerin, Magda Szemzö, die den gesamten Krieg über mit mir zusammengewesen war und die auch nach Szombathely zurückgekehrt war, lebte im selben Haus wie Dr. Heumann. Wir besuchten sie und verbrachten vier Stunden zusammen. Ich belohnte meinen Mann dafür, daß er mich nach Szombathely gebracht hatte, indem ich ihn nach Ják lotste, an den Lieblingsort meiner Kindheit, etwa zehn Kilometer von der Stadt entfernt. Dort gab es eine einzigartige romanische Kirche, zu der wir als Jugendliche oft Radtouren unternommen hatten. Wir besichtigten auch die römischen Ausgrabungen dort.

Obwohl das alles reizvoll war, machte die Rückkehr nach Szombathely mich in der folgenden Nacht körperlich krank. Jetzt wußte ich, daß ich nie wieder dorthin zurückkehren wollte. Ich konnte den Leuten ihr Betragen bei unserem Abtransport zum Konzentrationslager nicht vergeben. Man gab uns nicht einmal ein Stück Brot. Sie kannten meinen Vater, der seine sozialistische Einstellung in die Praxis umsetzte, indem er sehr wenig Geld für seine Behandlungen verlangte. Er war sogar so großzügig, daß zu Hause immer das Geld knapp war. Als Gynäkologe hätte er eine gutgehende Privatpraxis aufbauen und viel Geld verdienen können. Abtreibung war illegal, aber es war gang und gäbe, daß Gynäkologen sie gegen gute Bezahlung doch durchführten. Mein Vater nahm sie nur vor, wenn er glaubte, daß die sozialen Bedingungen des Patienten sie rechtfertigten, und dann kostenlos.

Wir hatten immer genug zu essen. Qualitativ hochwertige Lebensmittel waren in Ungarn im Überfluß vorhanden und billig. Die Leute vom Lande und andere Patienten brachten uns Hühner, Eier, hausgemachte Butter und süße und saure Sahne. Meine Großmutter schickte uns Obst aus ihrem Garten und Trauben aus dem Weinberg. Gemüse war äußerst billig, und weil wir eine abwechslungsreiche Küche pflegten, aßen wir sehr gut. Mehl und Zucker waren ebenfalls sehr billig, auch Fleisch von guter Qualität. Immer wenn wir die Familie meiner Mutter in Wien besuchten, nahmen wir bestes Rindfleisch für ihre Tafel mit, obwohl sie recht wohlhabend waren. Ungarische Ochsen wurden mit Zuckerrüben gefüttert, und das ungarische Rindfleisch hatte den Ruf, das beste im ganzen früheren Kaiser- und Königreich Habsburg zu sein.

Ein Großteil des Geldes, das meine Eltern verdienten, wurde für Bücher ausgegeben. Meine Mutter trug zu unserem Unterhalt bei, indem sie Privatstunden in Deutsch und Englisch gab. Außerdem war sie Schatzmeisterin der Jüdischen Frauengruppe und im Gegensatz zu meinem Vater Mitglied der Zionistenbewegung. Mein Vater schloß sich nie den Zionisten an. Es war immer problematisch, wenn Strümpfe oder andere neue Sachen für meine Mutter oder für den Haushalt angeschafft werden mußten. Und es gab viele Klagen, daß die Miete für die Wohnung zu hoch sei. Viele der anderen Ärzte hatten Autos; mein Vater fuhr überall mit dem Fahrrad hin, in seiner alten Lederjacke. Sogar nachts, wenn er in entfernte Orte gerufen wurde, fuhr er mit dem Rad. Nur bei Schneesturm bestellte er einen Wagen, um zu seinen Patienten zu kommen.

Für Reisen war kaum Geld übrig. Im Urlaub besuchten meine Eltern entweder ihre Verwandten in Wien oder verbrachten sie in Großmutters Weinberg, wo sie sehr einfach lebten. Alle vier oder fünf Jahre schulterten sie ihre Rucksäcke und fuhren zum Bergsteigen in die Dolomiten. Dort übernachteten sie für wenig Geld in Berghütten. Die finanziellen Verhältnisse der Familie waren auch deshalb gespannt, weil meine Eltern meinem Bruder sein Studium an der Musikakademie in Budapest finanzierten, bis er zum Arbeitsdienst eingezogen wurde.

Ob aus Prinzip oder wegen der prekären Finanzlage der Familie – jedenfalls hatte ich immer viel weniger Taschengeld als meine Freundinnen. So mußte ich mich selbst um mein Auskommen kümmern und begann schon sehr früh, in den Ferien Geld zu verdienen. Ich half in einer Schreibwarenhandlung aus, später in einem Kurzwarenladen. Mit 14 arbeitete ich im Sommer halbtags als Kindermädchen für zwei Kinder, denen ich auch Deutsch beibrachte. Das Unterrichten machte mir viel Spaß, und ich schien eine Begabung dafür zu haben. Damals war es Mode, lange Bauernröcke mit einem breiten Wachstuch- oder Ledergürtel zu tragen. Weil der Wachstuchgürtel mehr kostete als mein Taschengeld für einen ganzen Monat, kaufte ich ein Stück Wachstuch und eine Schnalle und nähte mir den Gürtel selbst. Ich war gut bekannt in dem Laden, wo ich das Tuch gekauft hatte, und als ich ihnen meine Handarbeit zeigte, fragten sie mich, ob ich nicht mehr Gürtel nähen wolle, die sie verkaufen könnten. Ein dreieckiges Stück des Materials blieb jeweils übrig, und daraus machte ich Nachbildungen von Eidechsen, Vögeln und anderen Tieren und versah sie mit einer Nadel. Auch diesen Krimskrams kaufte der Laden mir ab. Ebenfalls in dieser Zeit entdeckte ich eine Flüssigkeit, mit der ich Zeichenpapier transparent machen konnte, so daß es wie Pergament aussah. Außerdem fertigte ich aus Raffiabast Lesezeichen, Lampenschirme und künstliche Blumen.

In dem Sommer, als ich fünfzehn Jahre alt war, traf ich Jutka Heimler, ein Mädchen aus Budapest, das in Szombathely Ferien machte. Wir konstruierten zusammen eine Puppe aus Draht, der wir verschiedenste Kleidungsstücke anzogen. Die Puppe konnte alle möglichen Posen einnehmen. Sie ließ sich so verbiegen, daß sie sitzen, stehen und Skifahren konnte. Wir verdienten recht viel Geld mit diesem Artikel. Sie lud mich ein, meine nächsten Ferien bei ihr in Budapest zu verbringen, und ich bezahlte die Reise und sämtliche Geschenke und Vergnügungen bei diesem Besuch selbst. Zum ersten Mal ging ich in ein gutes Theater, in die Oper und in Konzerte mit professionellen Orchestern.

Ich werde nie das zauberhafte Konzert mit dem weltberühmten holländischen Dirigenten Willem Mengelberg vergessen, in das ich mit meinem Bruder und seinem Freund ging: Es ist das einzige wirklich angenehme Erlebnis mit meinem großen Bruder, an das ich mich erinnern kann. Damals wußten wir nichts davon, daß Mengelberg mit den Nazis sympathisierte. Nach dem Krieg fiel er in Ungnade und starb in der Schweiz. Während des Konzerts begann es zu schneien, und als wir herauskamen, war alles in überirdisches Weiß gehüllt. Auf dem Nachhauseweg sah Budapest mit den Lichtern auf dem frisch gefallenen Schnee wie ein Schmuckstück aus. Nicht von ungefähr nannte man die Stadt „die Perle der Donau". Ich hatte genug Geld, um jeden Abend zu einer Veranstaltung zu gehen; es war ein sehr aufregender Urlaub. Seit dem Krieg habe ich mich oft gefragt, wer wohl unsere Drahtpuppen weiter herstellte, denn ich sah sie erst in Israel und später in vielen anderen Ländern wieder.

Mit neun Jahren trat ich der zionistischen Bewegung bei und blieb ein aktives Mitglied, bis ich 1942 aus Szombathely wegging, um in Budapest zu studieren. Ich gehörte der sozialistischen Zionistengruppierung Hashomer Hatzair an. Nach dem Krieg merkte ich, daß sie auf Moskau ausgerichtet war, und konnte es deshalb nicht mit meinem Gewissen vereinbaren, weiterhin Mitglied der Organisation zu sein. Ich schloß mich ihr nicht wieder an, weil ich schon von den stalinistischen Säuberungsaktionen gehört hatte und der Moskauer Form des Sozialismus keine Sympathien entgegenbrachte. Ich hatte auch meinen Idealismus vollständig verloren und hielt keine Bewegung für meiner Loyalität würdig. Ich bin seitdem nie wieder einer politischen Gruppierung beigetreten.

In dem antisemitischen Umfeld, in dem ich aufwuchs, gefiel mir die Vorstellung von einem jüdischen Staat sehr. Ich wollte nach Palästina gehen und Teil der jüdischen Heimstätte sein. Damals war die Zionistenbewegung in Ungarn verboten. Als ich älter war, wurde ich Gruppenleiterin in Hashomer Hatzair. Ich erinnere mich, daß wir zur Einweihung der Räume einer neugegründeten Gruppe in Sopron fuhren. Dort stand ich mit der Fahne und sang die Hatikvah, die jüdische Nationalhymne, als die Polizei kam, uns auf die Wache mitnahm und uns ein paar Stunden festhielt. Es war mein erster Zusammenstoß mit dem Gesetz. Ich erinnere mich nicht daran, wie wir wieder freigelassen wurden, aber ich weiß noch, daß wir uns für sehr tapfer hielten und die ganze Angelegenheit als großen Spaß auffaßten.

Im Dezember 1941 erklärte Ungarn Großbritannien, den USA und der UdSSR den Krieg. Wer Papiere für eine Auswanderung besaß, erhielt in einer letzten Anstrengung der britischen Botschaft Visa für die Emigration nach Palästina. Mir fehlte eine Bescheinigung, und so konnte ich mich ihnen nicht anschließen. Später versuchte ich, illegal auszuwandern, und hatte wieder keinen Erfolg.

Gleichzeitig versuchte meine Mutter, eine Erlaubnis zu bekommen, um mit mir in die Vereinigten Staaten zu emigrieren. Vater lehnte es ab, Ungarn zu verlassen; er fühlte sich vor allem als Ungar und war überzeugt, daß die Ungarn ihn beschützen würden. 1942 bekam er einen Brief, in dem er aufgefordert wurde, seine Kriegsauszeichnungen zurückzugeben. Man teilte ihm mit, daß er sich nicht länger als Ungar betrachten könne. Er war am Boden zerstört. Seine ganze Welt geriet aus den Fugen. Kurze Zeit später wurde eine Reihe von Gesetzen gegen die Juden verkündet, die ihn noch mehr diskriminierten. Vater war inzwischen bei der Bahn, der Post und dem Gesundheitsdienst angestellt gewesen. Die Bahn bot ihm als erste eine feste Stellung an, aber unter der Bedingung, daß er zum römisch-katholischen Glauben übertrete. Er weigerte sich, weil er keine Religion annehmen und nicht aus rein finanziellen Gründen konvertieren konnte. So verlor er seine Arbeitsstelle. Sein Kollege, der uns immer Vorwürfe gemacht hatte, weil wir den jüdischen Glauben nicht ausübten, konvertierte mit seiner ganzen Familie. Von da an war der unglückliche Mann ein Ausgestoßener unter den Juden, wurde von seinen christlichen Kollegen nicht akzeptiert und behielt seine Arbeit nur wenige Monate länger als mein Vater. Er und seine Familie wurden später in das Vernichtungslager Auschwitz deportiert, und man hörte nie wieder etwas von ihnen. Mein Vater behielt wenigstens seine Selbstachtung.

Mutter wollte Ungarn verlassen und bestand darauf, daß ich mit ihr kommen müsse. Sie hatte sich als gebürtige Österreicherin schon vor einiger Zeit um ein Visum für Amerika bemüht. Es wurde gewährt und kam mit der Post, nur ein paar Tage nachdem Ungarn den USA den Krieg erklärt hatte. Es war zu spät; wir konnten unseren Platz in der Österreich zugebilligten Emigrantenquote für Amerika nicht einnehmen. Arme Mutter! Als der Erste Weltkrieg ausbrach, war sie gerade als Au-pair-Mädchen in England, um dort die Sprache zu lernen. Mit dem letzten Zug kam sie aus London auf den Kontinent zurück. Sie hatte England geliebt und sehnte sich immer danach, eines Tages dorthin zurückzukehren. Im Sommer 1939 hatte sie endlich genug Geld zusammengespart, um zu einem Auffrischungskurs der Universität nach England zu fahren. Wieder kam ein Krieg dazwischen und sie war gezwungen, den letzten Zug nach Ungarn zu nehmen. Wäre sie in England geblieben, hätte sie den Krieg wahrscheinlich überlebt.

Meine Mutter war ein unglücklicher Mensch. Ihr Eheleben war nach meiner Geburt nicht sehr glücklich. Mein Vater war ein Frauenheld und sie war furchtbar eifersüchtig. Mit der Zeit wurde sie ihm gegenüber paranoid. Seit ich elf Jahre alt war, erzählte sie mir alles über ihr Dilemma; ich haßte dieses Familienproblem, das oft zu heftigem Streit zwischen meinen Eltern führte. Ich wollte nichts darüber wissen und nicht mit dieser unglücklichen Situation belastet werden. Ich mochte meinen Vater nicht, weil er meine Mutter so unglücklich machte.

Jede Nacht kam meine Mutter an mein Bett und gab mir einen Gutenachtkuß. Als ich noch ein kleines Kind war, brachte sie mir immer eine Süßigkeit oder ein Stück Schokolade als Betthupferl mit. (Das ist sehr ungesund, aber seltsamerweise waren meine Zähne immer ausgezeichnet, und ich hatte nie eine Füllung – erst nach dem Krieg als Folge des Hungerns.) Emotional tat mir dieses Umsorgtwerden sehr gut. Es war ein Zeichen von Liebe und Zuneigung in einer sehr unsicheren und gestörten Familiensituation. Als ich ungefähr zwölf war, hatten meine Eltern einmal abends einen fürchterlichen Streit, der mich zur Schlafenszeit sehr aufregte. Ich wartete lange auf meinen Gutenachtkuß, aber Mutter kam nicht. Viel später kam mein Vater und küßte mich. Ich fühlte, daß etwas Schreckliches passiert war, und heulte mich in den

Schlaf. Früh am nächsten Morgen weckte mich das Hausmädchen und erzählte mir, daß ich mit ihr zum Krankenhaus gehen solle, wo mein Vater in der Nacht eingeliefert worden sei. Er hatte einen Selbstmordversuch unternommen und sich 40 Gramm Morphium gespritzt. Meine Mutter war aufgewacht, hatte sein unnatürlich schweres Atmen gehört und einen Krankenwagen gerufen. Er erholte sich, hatte aber das nächste halbe Jahr lang Gelbsucht. Ein andermal nahm meine Mutter eine Überdosis Aspirin, aber diesmal war es nicht so ernst; es schien nur ein Mittel gewesen zu sein, um meinem Vater einen Schrecken einzujagen. Alles in allem war es kein glückliches Elternhaus, und folglich hatte ich schon immer vor, so früh wie möglich auszuziehen.

Trotz dieser gestörten Familiensituation habe ich einige glückliche Erinnerungen an mein damaliges Leben: an die Spaziergänge in den Feldern, auf denen mein Vater all die botanischen Wunder erklärte, und an die Ausflüge in die Berge, die noch immer zu meinen liebsten Vergnügen gehören. Ich denke an Froschlaich und Vogelwelt, an Pflanzen und Heilkräuter, daran, Ameisen bei ihrer Arbeit zuzusehen und daran, Beeren und Pilze und Pflanzen für eine duftende Bowle zu suchen. Ich lernte, aus Weidenruten Flöten zu schnitzen, Körbe zu flechten und Wurzeln zu essen. Wir sahen uns Steine, Bäume und Landschaften an und verbrachten viel Zeit im Garten und im Weinberg, wo meine Großmutter Birnen, Pflaumen und Äpfel trocknete und sehr guten Wein kelterte. Und wir sangen und lasen viel. Von Kindesbeinen an vertraute ich mich beim Lesen der Anleitung meines Vaters an, und es fehlte mir nie an Lesestoff. Es machte mir auch Spaß, unsere gesamte Bibliothek mit einem Bestand von über 3000 Büchern zu katalogisieren.

Vater baute ein großes Radio mit Batterien und Kopfhörer, das jeder benutzen und sich daran erfreuen durfte. Wenn eine Oper gesendet wurde, saßen wir mit Texten und Partituren da und verfolgten sie vom ersten bis zum letzten Ton. Am nächsten Tag nahmen wir die Noten oder den Klavierauszug und spielten und sangen sie noch einmal durch; auf diese Weise lernte ich so manche großartige Oper kennen, bevor ich sie auf der Bühne sah. Am meisten gefielen mir die Kammermusikabende. Ich hätte gerne daran teilgenommen und wollte unbedingt Klavier spielen lernen, aber weil mein Bruder Konzertpianist werden wollte und circa acht Stunden am Tag übte, hatte ich nicht die Möglichkeit, es zu lernen. Meine Eltern beschlossen, daß ich Cello spielen lernen sollte, aber zu der Zeit gab es in der Stadt keinen Cellolehrer. Infolgedessen wurde ein Lehrer gesucht, der sich bereit erklären würde, einmal im Monat nach Szombathely zu kommen, bis er einen Kreis von Schülern aufgebaut hätte. Mit meinen neun Jahren war ich das erste Mädchen, das jemals in meiner Heimatstadt Cello spielte. Aber immer wenn ich mit meinem Cello beladen zum Unterricht ging, liefen mir Kinder nach und hänselten mich. Erwachsene Männer stellten sich mir in den Weg und ärgerten mich mit solchen Bemerkungen wie: „Großes Cello, wohin bringst du dieses kleine Mädchen?" Und sie kniffen mich in die Wange. Diese Neckereien und spöttischen Bemerkungen machten mir manchmal so viel aus, daß ich sogar mein Instrument nicht mehr mochte. Andererseits war ich gleichzeitig stolz, daß ich etwas tat, das niemand sonst in der Stadt versucht hatte – als Mädchen Cello zu spielen!

Geburtstage waren die einzigen Tage, die wirklich gefeiert wurden. Zum Geburtstag meiner Mutter bereiteten wir oft eine musikalische Darbietung mit Liedern und Gedichten vor, die häufig von meinem Vater oder später von mir selbst verfaßt worden waren. Manchmal wurden sie von meinem Bruder vertont. Als ich begonnen hatte, Cello zu spielen, entschieden wir uns, einen Satz eines Klaviertrios von Mozart zu spielen. Ich war sehr stolz darauf, im Ensemble mitwirken zu dürfen, aber es war viel zu schwer für mich. Sowohl mein Vater als auch mein Bruder kritisierten mich, und jede Übungsstunde endete für mich mit Tränen. Schließlich gelang es ihnen, mich so weit zu bringen, meine Stimme durchzuspielen. Ich mag nicht daran denken, wie es geklungen haben muß. Emotional war es ein sehr teures Geburtstagsgeschenk.

Weil ich recht musikalisch und ein hübsches kleines Mädchen mit roten Wangen war, benutzte mein Cellolehrer mich dazu, mehr Schüler anzulocken. Ich lernte bei ihm keine Tonleitern oder Übungen, sondern Stücke, einige davon ziemlich anspruchsvoll. Jedesmal gab es eine Schüleraufführung: Ich wurde auf die Bühne gestellt und führte wie ein kleines Äffchen meine Kunststücke vor. Aber weil ich kein Grundwissen hatte, wußte ich nicht, was ich tat. Dennoch konnte ich mit anderen jungen Leuten etwas Kammermusik machen, und sehr bald nahm mein Vater mich mit, um im Erwachsenenorchester zu spielen. Vor einigen Jahren traf ich jemanden aus Szombathely, der ein Amateurgeiger in diesem Orchester gewesen war. Ich fand es lustig, als er mir erzählte, wie schlecht ich damals gespielt hätte und wie wenig die anderen Orchestermitglieder von meiner Anwesenheit begeistert gewesen wären. Dennoch war ich zu der Zeit sehr stolz, eine der ihren zu sein.

Später, als ich in Budapest wohnte, nahm ich Unterricht bei einem erstklassigen Cellolehrer, hatte aber sehr wenig Zeit zu üben. Dann kam der Krieg. Nach dem Krieg hatte ich lange kein Cello, bis mir mein erster Ehemann in Durban (Südafrika) ein Instrument kaufte. Jetzt hatte ich wiederum kein Geld, um Stunden zu nehmen. 1951 bis 1957 jedoch, als ich wieder in Durban lebte – bevor wir nach England kamen – spielte ich regelmäßig in einer richtigen Kammermusikgruppe und im Laienorchester von Durban. Aber ich stieg nie vom letzten Pult der Cellosektion auf, da ich nie gleichzeitig einen Lehrer, Zeit und Geld hatte, um Unterricht zu nehmen.

5 • Überleben und Enttäuschung

Ich habe überlebt, und allgemein wird angenommen, daß für die Überlebenden nach dem Ende der Qualen wieder das Alltagsleben begann. Wie wenig stimmt das doch in den meisten Fällen – und besonders meinem – mit der Wahrheit überein!

Am 29. März 1945 hatte die SS das Außenlager in Hessisch Lichtenau vor den anrückenden amerikanischen Truppen evakuieren lassen. Sie deportierten uns in Eisenbahnwaggons in Richtung Leipzig, später trieben sie uns auf einen schrecklichen Todesmarsch. Auf diesem Marsch brach ich zusammen und blieb in der Nähe der Elbe, in einem Ort namens Klingenhain, auf der Straße liegen. Die Aufseher befanden es nicht für nötig, für mich in meinem ausgemergelten, elenden Zustand eine Kugel zu verschwenden. Deutschland stand vor dem Zusammenbruch.

Es war der 23. April, mein 21. Geburtstag. Ich konnte nicht wieder aufstehen. Ich hatte die Ruhr, war fast verhungert und sehr schwach. Irgendwie brachte ich es fertig, mich von der Straße weg und in den Stall eines nahegelegenen Bauernhofes zu schleppen. Nach einer Weile kam eine junge deutsche Frau in den Stall, wahrscheinlich um die Tiere zu füttern. Als sie mich sah, sprach sie mich an und sagte, es sei hier zu gefährlich für mich, weil noch deutsche Soldaten in der Nähe seien. Sie beschrieb mir den Weg zu einer Scheune, in der ich mich verstecken konnte, und gab mir ein kleines Stück Brot. Mit Mühe konnte ich mich zu dieser Scheune schleppen, wo ich mich im Heu versteckte. Ich hörte ein paar Worte Ungarisch und erkannte die Stimmen von zwei meiner früheren Mitgefangenen, einer Mutter mit ihrer Tochter. Die Tochter war das Kind, dem ich manchmal Suppe gegeben hatte. Sie waren erschöpft und konnten nicht mehr weitergehen.

Als die Nacht hereinbrach, kamen einige Männer mit Taschenlampen, Messern und einer Pistole in die Scheune. Sie sprachen russisch. Weil ich einige Worte Russisch aufgeschnappt hatte, konnte ich ihnen erklären, wer wir waren, obwohl es kaum nötig gewesen sein dürfte. Sie waren russische Kriegsgefangene und von deutschen Bauern, die jetzt untergetaucht waren, malträtiert worden. Die Russen waren auf der

Suche nach ihnen. Statt ihrer hatten sie uns gefunden. Zuerst wollte einer von ihnen mit uns schlafen, aber er merkte schnell, daß wir unattraktive Kreaturen waren, nur Haut und Knochen. So gingen sie wieder, kamen aber bald mit einem Offizier zurück, der deutsch sprach. Kurz danach brachten sie einige Tragen und trugen uns hinüber zum Bauernhof. Sie gehörten zu einer Patrouille. Die russische Armee war auf der anderen Seite der Elbe, in einem Ort namens Strehla. Sie blieben über Nacht, um Jagd auf Deutsche zu machen, mußten sich aber um sechs Uhr morgens bei der Roten Armee auf der anderen Seite des Flusses zurückmelden. Weil wir Ungarinnen waren, wollten sie uns mitnehmen und später dafür sorgen, daß wir repatriiert würden. Meine Freunde freuten sich über diese Aussicht – ich tat es nicht. Ich hatte Gedächtnislücken, aber eines wußte ich: auf gar keinen Fall wollte ich nach Ungarn zurückkehren. Deshalb versteckte ich mich die Nacht über im Stroh, und als sie nach mir suchten, rührte ich mich nicht. Ich wußte, daß sie rechtzeitig gehen mußten; wenn sie mich nicht fanden, auch ohne mich. Obwohl ich keine Ahnung hatte, was als nächstes geschehen würde, war ich entschlossen, nicht der Roten Armee in die Hände zu fallen.

Nachdem die Russen gegangen waren, kroch ich aus meinem Versteck. Später hörte ich, wie jemand auf dem Hof französisch sprach. Ich schaffte es, näher heranzukommen, und rief nach den Männern. Es waren zehn ehemalige Kriegsgefangene, und sie erzählten mir, daß ungefähr dreißig Kilometer weiter, in Wurzen, die Amerikaner ein Befreiungslager errichtet hätten. Sie sollten nach Frankreich repatriiert werden und luden mich ein, mit ihnen zu kommen. Aber als sie merkten, daß ich nicht in der Lage war zu laufen, bot einer von ihnen an, bei mir zu bleiben und sich um mich zu kümmern, bis ich wieder auf die Beine käme. Er hieß Charles Oreste Paroldo, kam aus Toulon und war fast fünf Jahre lang Kriegsgefangener gewesen. Das erfuhr ich, weil ich fließend Französisch sprach.

Französisch war schon immer meine Lieblingssprache. Eine Schwester meiner Mutter hatte einen Franzosen namens Gaston Vidie geheiratet, der mein Patenonkel wurde. Sie hatten keine Kinder, und es wurde in der Familie darüber gesprochen, daß ich mit 15 nach Paris gehen könne, um bei ihnen zu wohnen. Frankreich war das Land, in dem jeder führende ungarische Dichter oder Schriftsteller eine Zeitlang gelebt hatte oder zumindest einmal gewesen war – die ungarische Literatur war reich an französischen Themen und Schauplätzen. Als Kind lauschte ich dem gesprochenen Französisch im Radio, als sei es Musik. Frankreich war das Land meiner Träume. Meine Mutter, die ein

Jahr vor dem Ersten Weltkrieg in einer englischen Quäkerfamilie gelebt hatte, war sehr anglophil. Ich hingegen liebte das Französische und alles, was mit Frankreich zu tun hatte. Die französischen Filme mit Jean Gabin, Louis Jouvet, Michel Simon, Sacha Guitry, Michèle Morgan, Marie Dea, Françoise Rosay und vielen anderen, die wir bis 1942 sahen, hielt man für die besten Filme, die je gedreht wurden. Sie waren wirklich Klassiker und deshalb besonders reizvoll, weil sie Romantik mit den Idealen von Freiheit, Gleichheit und Brüderlichkeit verbanden.

Charles war ein einfacher, intelligenter, aber nicht sehr gebildeter Mann. Er versorgte und fütterte mich und kümmerte sich sanft und rührend um mich. Meinen Erfahrungen im Konzentrationslager nach verhielten sich solche Menschen viel besser als die kultivierten Intellektuellen, unter denen ich aufwuchs. Überwältigt davon, daß dieser junge Franzose sich so um mich kümmerte, verliebte ich mich heftig in ihn. Er sagte, er habe sich in mich verliebt, und bat mich, mit ihm nach Frankreich zu kommen, wo er mich heiraten werde. Ich war überglücklich. Lebendig zu sein, verliebt zu sein und in mein geliebtes Frankreich zu ziehen – was wollte ich mehr?

Bis zum 29. April schaffte ich es, wieder auf die Beine zu kommen, und wir fingen langsam an zu wandern. Wir hatten Glück. Ein Traktor kam an uns vorbeigerauscht, der ausgerechnet eine französische Flagge gehißt hatte, und einen offenen Anhänger mit lauter Franzosen zog. Es waren 38 Leute an Bord. Sie nahmen uns mit nach Wurzen. Weil wir eine geschlossene Gruppe von 40 Personen mit einem Transportmittel waren, wurden uns dort Pässe ausgestellt und die Genehmigung, Lebensmittel und Übernachtungsstätten auf unserem Weg zur französischen Grenze bei Metz zu requirieren. Elf Frauen waren in unserer Gruppe, alle ehemalige KZ-Häftlinge. Wir waren die ersten Überlebenden, die nach Frankreich kamen. Charles bürgte für mich. Er sagte, ich sei seine Verlobte und wir reisten in seine Heimatstadt Toulon, um zu heiraten. Wir wurden mit Kleidungsstücken, Lebensmitteln und Geld versorgt, und bei jedem Halt wurde unsere Ankunft mit Musikgruppen gefeiert. Es war phantastisch. Und wir waren verliebt. Das war noch phantastischer! Wir blieben drei Tage in Paris, und ich war so wahnsinnig glücklich, daß mir noch nicht einmal einfiel, daß ich dort einen Onkel hatte. Später fand ich heraus, daß ich nur eine Straße weit von ihm und seiner Frau entfernt gewesen war! Seine erste Frau, meine Tante, war 1935 von einem Bus überfahren und getötet worden, aber er hatte den Kontakt zu unserer Familie immer aufrecht erhalten.

Wir hielten als nächstes in Lyon, und ich wurde mit noch mehr Kleidungsstücken und Geld überhäuft. Schließlich kamen wir am 11.

Mai 1945 in Toulon an. Dort wurden wir am Bahnhof vom Roten Kreuz empfangen. Wir wurden eingehend verhört. Charles erklärte wieder, wie wir uns getroffen hatten, daß er mich nach Frankreich gebracht habe, weil er mich heiraten wolle, und daß er die Verantwortung für mich übernähme. Weil er fünf Jahre lang nicht zu Hause gewesen war, vermutete er, daß es seine Mutter erschrecken werde, ihn nach so langer Abwesenheit wiederzusehen. Er meinte, es sei besser, wenn er zuerst alleine nach Hause ginge und dann wiederkäme, um mich abzuholen. Und so ließ er mich bei den Leuten vom Roten Kreuz, die sich meine Lebensgeschichte seit dem Verlassen von Ungarn anhörten.

Fast drei Wochen waren vergangen, seit Charles mich gefunden hatte. Jetzt waren wir in Toulon. Von circa 38 Kilogramm, die ich bei meiner Errettung wog, hatte sich mein Körpergewicht fast verdoppelt. Der Hunger und die darauffolgende normale Ernährung hatten bei mir eine Blutarmut ausgelöst, die bewirkte, daß ich sehr übergewichtig wurde. Ich hatte schon immer eine gesunde Gesichtsfärbung gehabt, und in Frankreich sah ich nun nicht so aus, als sei ich ausgemergelt und fast verhungert gewesen. Was mir außerdem große Probleme bereiten sollte, war die Tatsache, daß ich im Gegensatz zu anderen Flüchtlingen aus Konzentrationslagern nicht tätowiert worden war. Wie ich schon beschrieben habe, gab es in Auschwitz am 2. August 1944 einen Fliegeralarm, gerade als die SS-Aufseher begonnen hatten, unsere Gruppe zur Vorbereitung auf den Transport nach Hessisch Lichtenau zu tätowieren. Alle Lichter wurden gelöscht, und das Tätowieren wurde eingestellt. Nur ungefähr 20 aus unserer Gruppe waren tätowiert worden. Bei diesem Angriff wurde von der amerikanischen Luftwaffe die benachbarte I.G.Farben-Fabrik bombardiert. Wir wurden mit aufgenähten Nummern auf unserer Kleidung nach Hessisch Lichtenau gebracht, hatten aber keine in den Oberarm eintätowierten Nummern.

Charles kehrte nicht zur Rotkreuzstation zurück, um mich zu holen. Ich war völlig verzweifelt. Die Leute vom Roten Kreuz trösteten mich und schickten schließlich jemanden los, der ihn ausfindig machte. Er entschuldigte sich für die Verspätung und nahm mich mit zu sich nach Hause. Sein Zuhause waren ein paar Zimmer im dritten Stock eines Hauses in einem sehr ärmlichen Wohnviertel. Die kleine Küche war durch einen Vorhang geteilt, hinter dem eine Waschschüssel und zwei Eimer für andere Zwecke standen. Wenn sie voll waren, wurden sie durch das Fenster in den Hof ausgeleert. Charles´ Mutter nahm mich mit wenig Enthusiasmus auf, und ich mußte mir ein Bett mit seiner sehr hübschen sechzehnjährigen Schwester teilen. Meine Liebe zu Charles war jedoch so stark, daß mich noch nicht einmal diese deprimierende Umgebung abschrecken konnte. Nach meiner Ankunft sah ich Charles vier Tage lang nicht. In der Zwischenzeit half ich seiner Mutter, die Wohnung zu putzen und in ihrem Schrebergarten Gemüse zu ernten. Am Abend gingen die Mutter, die Tochter und ich hinunter zum nahegelegenen Hafen, in ein hell erleuchtetes Tanzlokal im Freien. Eine bunte Menge von Seeleuten bevölkerte das Lokal. Da Charles nicht da war, drängten seine Mutter und seine Schwester mich zu tanzen und zu trinken, aber ich wollte beides nicht. Ich nahm meine Verlobung und baldige Hochzeit mit Charles sehr ernst und wollte mich nicht ohne ihn amüsieren. Während wir auf der Tanzfläche am Hafen waren, verschwanden das Mädchen und ihre Mutter von Zeit zu Zeit, und ich wurde von Männern gedrängt, mit ihnen zu gehen. Ich war ausgesprochen naiv und unschuldig und brauchte ein paar Tage, bis mir aufging, was sie von mir wollten und wohin Mutter und Tochter gingen, wenn sie verschwanden und mich alleine zurückließen.

Mir wurde klar, daß das kein Leben für mich war. Ich verlangte zu wissen, wo Charles sei, und lehnte es ab, zu essen oder mich nützlich zu machen, bis ich mit ihm gesprochen hätte. Am fünften Tag nach meiner Ankunft zauberten sie ihn hervor. Er entschuldigte sich sehr und sagte, er hätte so viel zu tun. Ich bat ihn, mich zurück zu den Leuten vom Roten Kreuz am Bahnhof zu bringen, wo ich Arbeit suchen könnte. Da ich Französisch sprach und eine ausgebildete Kinderpflegerin und Kindergärtnerin war, würde ich mit ihrer Hilfe sicherlich eine Stelle bekommen.

Charles versprach, meine Bitte zu erfüllen, sagte aber, daß es empfehlenswert sei, wenn ich dazu mein Hemd und meine Jacke aus Buchenwald anzöge. Die Jacke hatte mir ein Häftling aus Buchenwald am 7. April 1945 im Lager Thekla bei Leipzig gegeben. Charles versicherte, ich könne meine anderen Sachen so lange zu Hause lassen. Falls ich eine Stelle bekäme und umzöge, werde er mir bringen, was ich bei ihm zurückgelassen hätte. Bei unserer Ankunft am Bahnhof bat Charles mich, draußen zu warten, während er nachschauen wolle, ob die Leute vom Roten Kreuz da seien. Ein paar Minuten später kehrte er mit zwei Polizisten zurück, die mir Handschellen anlegten, mich grob behandelten und in eine schmutzige Zelle der Polizeistation sperrten. Weder Charles noch die Sachen, die ich bei ihm zurückgelassen hatte, sah ich jemals wieder. Ich hatte kein Geld und nur die Kleider auf meinem Leibe: meine blau-grau gestreifte Konzentrationslagerjacke und mein graues, ärmelloses Flanellhemd.

In der Zelle stand ein Stuhl und sonst nichts. Ich saß vollkommen verwirrt da, konnte nicht begreifen, was mir zugestoßen war. Ich glaubte, die Welt um mich herum sei aus den Angeln geraten. Mein ganzes Leben schien vor meinen Augen abzulaufen, und ich war so sehr von der Menschheit enttäuscht, daß ich nicht mehr leben wollte. Mit einer Glasscherbe, die ich auf dem Boden der Zelle fand, schlitzte ich mir das Handgelenk auf; heute, nach fast fünfzig Jahren, ist da noch immer eine kleine Narbe. Bevor ich eine Arterie zerschneiden konnte, wurde ich zum Verhör vor einen Polizisten gebracht. Der Schock über die Ereignisse schien meine Amnesie aufgehoben zu haben. Plötzlich erinnerte ich mich an meinen Onkel in Paris, meine Tanten in New York und in Lausanne und an den Namen eines französischen Zwangsarbeiters, Paul Morell aus Bordeaux, mit dem ich beim Abladen der Granaten auf dem Gelände der Munitionsfabrik in Fürstenhagen bei Hessisch Lichtenau zusammengearbeitet hatte.

Der Polizist sagte mir, daß Charles der Polizei erzählt habe, ich sei in Wahrheit ein ehemaliges SS-Mitglied aus Deutschland und müsse zusammen mit den anderen SS-Frauen und ihren französischen und italienischen Kollaborateuren eingesperrt werden. Ich beteuerte, daß das eine falsche Anschuldigung sei, und gab ihm die Namen von allen Leuten, an die ich mich erinnern konnte. Er versprach, wenn möglich meine Aussage zu überprüfen. In der Zwischenzeit sollte ich drei Wochen lang in das Gefangenenlager in Bandol verlegt und dann in das Gefängnis St. Pierre in Marseille geschickt werden. Die Tatsache, daß ich zusammen mit weiblichen französischen „miliciennes" (Faschisten), italienischen Faschisten und deutschen SS-Leuten gefangengehalten wurde, war so unglaublich, daß ich mich völlig ausgelaugt fühlte. Von den nun folgenden schrecklichen drei Wochen in Bandol kann ich mich nur an drei Dinge erinnern: daß das Gefangenenlager auf einem Hügel lag, von dem aus man einen Blick auf das schöne Mittelmeer hatte; daß ich ein ungewöhnlich starkes Verlangen nach Zwiebeln hatte, die ich essen konnte, als seien es Äpfel – wahrscheinlich litt ich an Eisenmangel – und daß ich nur mit den Wärtern sprach und versuchte, nicht mit anderen Gefangenen sprechen zu müssen. Ich weiß nicht mehr, wie ich untergebracht war.

Meine Lage verschlimmerte sich im Gefängnis von Marseille, wohin ich nach den drei Wochen gebracht wurde. Als ich ankam, informierte mich die Polizei, daß sie von den meisten Leuten, deren Namen ich genannt hatte, Antwort erhalten hatten und daß ich offensichtlich die Wahrheit gesagt hätte. Theoretisch könnten sie mich freilassen, aber praktisch nicht, denn meine Akte aus Toulon sei noch nicht angekommen. Toulon liegt im Verwaltungsbezirk Var, Marseille dagegen im

Verwaltungsbezirk Bouches du Rhône. Meine Akte kam nicht. Die anderen Gefangenen trugen alle ihre eigene Kleidung und hatten Geld, mit dem sie die Wärter bestechen konnten, sie zum Baden an den Strand zu führen und ihnen anständiges Essen zu kaufen. Ich hatte kein Geld und aß nur das fettige, schwer verdauliche Gefängisessen, das die anderen Gefangenen stehenließen. Aber ich konnte essen, soviel ich wollte. Seit ich fünfzehn war, hatte ich ziemlich viel geraucht, aber jetzt konnte ich nur selten eine Zigarette bekommen oder schnorren. Um also mein Verlangen nach Tabak zu kompensieren, aß ich, soviel ich in mich hineinstopfen konnte. Trotzdem war ich ständig hungrig. Es schien, als wolle mein Körper sich für die lange Zeit des Hungerns und der Entbehrungen rächen.

In dem Zimmer, in das sie mich eingesperrt hatten, waren außer mir noch 41 Frauen und entsprechend viele Betten – außerdem gab es Ratten. Es wurden drei Sprachen gesprochen: Französisch, Deutsch und Italienisch. Einige versuchten, sich mit mir anzufreunden, und ich ließ langsam zwei von ihnen näher an mich heran. Die eine war ein 17jähriges Mädchen, dessen Vater sich freiwillig zur Arbeit in Deutschland gemeldet und seine damals 15jährige Tochter mitgenommen hatte. Sie war zusammen mit ihm verhaftet und eingesperrt worden. Ich schloß mit ihr Freundschaft, weil ich der Meinung war, sie sei unschuldig. Sie war ein weichherziges Mädchen und war entsetzt über meine Geschichte. Die andere war eine halbjüdische Deutsche – zumindest behauptete sie das. Ich erinnere mich nicht mehr daran, warum sie im Gefängnis saß. Nach meiner Entlassung sah ich keine dieser Frauen jemals wieder. Doch bis zu meiner „Befreiung" dauerte es noch eine ganze Zeit. Trotz meiner Erfahrungen im Konzentrationslager und meines ersten Liebesabenteuers mit einem Mann, an deren Folgen ich zu tragen hatte, war ich noch äußerst naiv. Zuerst konnte ich mir keinen Reim auf die unberührten Betten und die Frauen, die zusammen schliefen, machen. Sie waren Lesben, und für mich war das ein ganz neuer Aspekt des Lebens, den ich damals abstoßend fand.

Eine unserer Wärterinnen war besonders freundlich zu mir. Sie war die einzige, die meiner Geschichte Glauben schenkte und versuchte, mir zu helfen. Ich werde niemals den 14. Juli vergessen, den Tag des Sturms auf die Bastille, den ich im Gefängnis verbrachte. Es war schon immer mein Traum gewesen, an diesem Tag in Frankreich zu sein und an den Festlichkeiten teilzunehmen. Da war ich nun, am 14. Juli 1945, und heulte mir die Augen aus, weil ich nicht wußte, wie lange ich es noch ertragen mußte, mit mir feindlich gesonnenen Fremden zusammen eingesperrt zu sein. Ich erzählte meinen Kummer der Polizistin, während wir den Gesang, die Musik und das Tanzen draußen hören konnten. Ich konnte nicht schlafen. Um Mitternacht kam meine liebe Polizistin (Ich wünschte, ich hätte ihren Namen behalten!) an mein Bett und sagte, ich solle leise aufstehen und ihr folgen. Sie brachte mich aus der Zelle heraus, ich durfte mich hinsetzen und von einem großen Teller mit Obst, Süßigkeiten und Kuchen essen, den sie für mich mitgebracht hatte, zusammen mit einer kleinen französischen Trikolore. Das rührte mich sehr, und ich behielt diese sehr nette Geste als persönliches Geheimnis für mich.

Vier Monate lang war ich im Gefängnis, und noch immer kam die entscheidende Akte nicht an. Jemand von der Sozialabteilung der jüdischen Gemeinde in Marseilles erschien und fragte mich, ob ich das Schema Jisrael, das jüdische Glaubensbekenntnis, kenne und wirklich jüdisch sei.

Eines Tages im Oktober hatte ich starke Zahnschmerzen – inzwischen hatte ich aufgrund der langen Periode der Unterernährung mehrere Zähne verloren – und die freundliche Polizistin eskortierte mich zum örtlichen Krankenhaus zu einem Zahnarztbesuch. Ich saß gerade in Handschellen im Wartezimmer, als zwei Männer hereinkamen. Der eine ging an Krücken, der andere begleitete ihn. Ich erkannte den Mann mit den Krücken. Es war der ehemalige Häftling aus Buchenwald, der mir seine Jacke gegeben hatte. Wer war dieser Mann? Dazu muß ich einen kurzen Exkurs einfügen.

Wir wurden aus Hessisch Lichtenau weggebracht, als die Amerikaner sich dem Lager näherten. Schon vor Weihnachten hatten wir Schüsse und Bombardierungen gehört, die wir in der Nähe von Kassel vermuteten, ungefähr 30 Kilometer vom Lager entfernt. Wir glaubten, daß wir bald befreit würden. Damals hatte ich eine meiner mysteriösen Vorahnungen und wurde fast gelyncht, als ich sagte, wir würden erst am 23. April befreit – ich sei allerdings nicht sicher, ob wir dann noch am Leben seien. Ich war selbst erstaunt, daß meine Vorahnung sich bewahrheitete.

Im März 1945 sollten wir nach Buchenwald in den Tod geschickt werden. Aber unsere Aufseher hatten nicht mit der beharkenden Zielgenauigkeit der amerikanischen Tiefflieger gerechnet. Aus der Luft zerstörten sie die Lokomotive des Zuges, in dem wir gerade nach Buchenwald transportiert wurden, und ließen die Waggons unbeschädigt. Es dauerte weitere drei Tage, bis eine Ersatzlok ankam. In der Zwischenzeit hatten die Amerikaner Buchenwald befreit, und wir wurden in ein Lager in Leipzig gebracht, das bis vor wenigen Tagen ein SS-Lager gewesen war und uns unglaublich zivilisiert vorkam. Ungarische Frauen aus einem anderen Lager waren schon vor uns da, und ihr deutscher Kommandant war jetzt der Leiter des ehemaligen SS-Lagers. Sie erzählten uns, wie gut ihr Kommandant zu ihnen gewesen sei: er habe darauf geachtet, daß niemand zu hart arbeiten mußte und daß sie immer saubere Kleidung, warmes Wasser zum Waschen und ausreichende Essensrationen hatten. Im Vergleich zu unserer ausgemergelten Gruppe waren sie in einer sehr guten Verfassung. In diesem neuen Lager hatten wir unser erstes wunderbares Essen seit Beginn der Gefangenschaft, konnten heiß duschen, hatten saubere Schlafkojen und Bettwäsche. Wir ruhten uns gerade nach dem Essen aus, als ein Luftangriff begann.

Die Amerikaner müssen geglaubt haben, sie bombardierten SS-Mannschaften. Innerhalb weniger Minuten war das ganze Lager zerstört. Meine beste Freundin – ein sehr liebes Mädchen, an dessen Namen ich mich nicht mehr erinnern kann – geriet während des Bombenangriffs in Panik, und um sie zu beruhigen und zu trösten, stand ich von meiner Koje auf, legte mich neben sie und hielt ihre Hand. Eine Sekunde später war ihr Kopf von Schrapnellsplittern zerspalten. Es war schrecklich. Ihre Schwester, die neben uns lag, fing an zu schreien. Ich nahm den Körper auf und rannte durch den Bombenhagel zur Sanitätsbaracke, obwohl ich wußte, daß es keinen Sinn hatte. Sie starb in meinen Armen. Ich hatte nur ein ärmelloses Flanellhemd an, und es war sehr kalt.

Später fand ich wie durch ein Wunder in der Asche und den Trümmern mein Notizbuch wieder, dessen Seiten ich während der Zeit in Hessisch Lichtenau zusammengesammelt und zu einem Büchlein gebunden hatte. Ich hatte die Lieder und Gedichte aufgeschrieben, die wir sangen und rezitierten, so daß ich ein paar Brocken Kultur im Gedächtnis behalten konnte. Das war meine einzige Habe und mein bestgehüteter Schatz. Leider verlor ich dieses wertvolle Buch irgendwo auf dem Todesmarsch.

Am späten Nachmittag wurden wir in ein anderes Lager gebracht, wobei wir durch die Ruinen von Leipzig zogen. Der Stadtteil, durch den wir gingen, war durch die Bombardierung vom Nachmittag ausgebrannt. Es war ein seltsames Gefühl – einerseits betroffen zu sein, solch eine großartige Stadt in Ruinen zu sehen, und andererseits erfreut über diesen Todesstoß für die tyrannische Naziherrschaft. Ehrlich gesagt war ich begeistert von der Bombardierung. Ich hatte das Gefühl, mein Überleben sei nicht wirklich wichtig; die Hauptsache war, daß die Deutschen bezwungen würden und das Ende des Krieges in Sicht war.

Jetzt wurden wir in ein Lager namens Tekla gebracht. Es war ein

Lager für Männer, aber wir waren durch Stacheldrahtzäune von ihnen getrennt. Trotzdem gelang es mir, mit einem französischen Gefangenen, der aus Buchenwald kam, Kontakt aufzunehmen. Er gab mir eine Buchenwald-Jacke und besorgte ein Stück Seife für mich. Am nächsten Tag brachen wir zum Todesmarsch auf. Wir waren mehrere tausend Personen, die meisten in sehr schlechter gesundheitlicher Verfassung. Es schneite und war sehr kalt. Jeder, der hinfiel, wurde sofort von den deutschen Aufsehern erschossen. Wir marschierten in Fünferreihen. Leider waren meine vier engsten Freunde, Luciana, die beiden tschechischen Mädchen Hedva und Éva und Grete Wurzel, eine Reihe hinter mir. An einem Waldrand, am zweiten oder dritten Tag des Marsches, brach plötzlich die gesamte Reihe auseinander. Luciana konnte mit einem der tschechischen Zwillinge entweichen. Sie wußte nicht, daß die anderen auch entwischt waren. Ich konnte ihnen nicht folgen. Eine ganze Fünferreihe weniger war nicht so auffällig, aber vier zurückzulassen, hätte eine Gefährdung meiner Kameraden bedeutet. Ich glaube, mir fehlte auch der Mut, wenn ich daran dachte, möglicherweise auf mich selbst gestellt zu sein, falls ich die anderen nicht mehr fände. Kurze Zeit später hörten wir Schüsse im Wald, und uns wurde gesagt, daß diejenigen, die einen Fluchtversuch unternommen hätten, erschossen worden seien. Das entsprach nicht der Wahrheit, denn sie haben alle überlebt. Bei jedem Halt erschien mein französischer Wohltäter, der mir die Jacke gegeben hatte, jedesmal in einem schlechteren Zustand, und schaute, ob ich noch lebte. Wir bekamen auf dem Marsch nichts zu essen. Ich fand eine rohe Kartoffel, und irgendwie gelang es mir, sie in zwölf Teile zu teilen, so daß sechs von uns je zwei davon essen konnten.

Ab dem fünften Tag tauchte mein Franzose nicht mehr auf. Am Abend des neunten Marschtags wurden wir bei Strehla über eine Elbbrücke geführt. Während des Marsches mußten wir abwechselnd die Gepäckwagen ziehen, auf denen die Habe der SS-Wachmannschaft lag. Inzwischen zogen die Wachmänner Buchenwald-Jacken über ihre Uniformen; ein Versuch, vor den Tieffliegern, die auf uns herabstießen, ihre Identität zu verbergen. In Strehla wurden wir auf einen offenen Platz getrieben, wo wir uns für die Nacht auf den Boden niederließen und eine Handvoll Reis bekamen. Ein Pferd wurde geschlachtet, damit wir rohes Pferdefleisch essen konnten. Das war die erste Nahrung, die wir auf dem Todesmarsch erhielten. Bei diesem Lager, auf der anderen Seite der Elbe, sahen wir russische Sturzkampfflugzeuge.

Die Wachmannschaft schien sich nun entschieden zu haben, lieber in amerikanische als in russische Hände fallen zu wollen. Deshalb ließen sie uns am nächsten Morgen über die Brücke wieder zurück ans andere Ufer der Elbe marschieren. Es gab einen Sonnenaufgang, wie ich ihn noch nie in meinem Leben gesehen hatte. Er war so wunderschön. Wir schleppten uns über die Brücke, dann brach ich zusammen. Es war der 23. April 1945, mein 21. Geburtstag.

Jetzt, Monate später, in einem Wartezimmer des Marseiller Krankenhauses, erkannte ich den Mann an Krücken als den Franzosen, der mir die Jacke und die Seife gegeben hatte. Ich bat die nette Polizistin um Erlaubnis, diesem Mann eine Frage stellen zu dürfen. Sie konnte sich nicht vorstellen, warum ich mit ihm sprechen wollte, aber nach etwas Überredung erlaubte sie es mir. Als ich ihn fragte, ob er jemals in einem Lager namens Tekla bei Leipzig gewesen sei, sah er mich erstaunt an und rief aus: „Gertrud, was tust du hier, und warum trägst du Handschellen?“ Es war offensichtlich für die Polizistin, daß er mich kannte, und das war ein weiterer Beweis dafür, daß ich die Wahrheit gesagt hatte. Wir erzählten ihm beide, was mir zugestoßen war und warum ich im Gefängnis saß. Er war in einem Erholungslager für Deportierte und sagte, ich solle mir keine Sorgen machen, sie würden sich darum kümmern, daß die Behörden mich sehr bald freilassen würden; er werde die Beweise untermauern, daß meine Geschichte wahr sei.

Am selben Nachmittag kam ein Dutzend Männer in Buchenwald-Jacken zum Gefängnis, und sie überreichten mir ein phantastisches Lebensmittelpaket. Am nächsten Morgen kamen 50 von ihnen, um mit dem Gefängnisleiter zu sprechen. Dann gingen sie nach Toulon, um den Präfekten zu besuchen, der sich geweigert hatte, meine Akte nach Marseille zu überstellen – was der einzige Grund dafür war, daß ich nach vier Monaten noch immer im Gefängnis saß. Der Präfekt hatte seine beiden Söhne bei der Résistance verloren und sich nicht von meiner Unschuld überzeugen lassen. Gegen Mittag kam die Delegation zurück, und ich wurde entlassen. Sie nahmen mich mit in das Erholungsheim nach Chamoins-les-Bains. Es war ein von einem zauberhaften Garten umgebenenes Luxushotel, in dem Deportierte untergebracht waren. Während der Zeit der deutschen Besatzung war es das Hauptquartier der Nazis gewesen. Ich war wieder frei. Der Beamte, der meine Entlassung verzögert hatte, wurde seines Amtes enthoben.

6 • Arbeit, Studium und Stephan

Wir kamen im Erholungsheim genau zum Mittagessen zurecht, einem guten französischen Essen, das nach der pappigen Gefängniskost noch köstlicher schmeckte. Ich bekam ein eigenes Zimmer. Auf dem Tisch standen eine Obstschale und Blumen, und es lagen Kleidungsstücke bereit, die ich anprobieren sollte. Ich war im siebten Himmel. Obwohl man mir sagte, ich könne eine Weile bleiben, wollte ich so bald wie möglich ins Alltagsleben zurückkehren. Als sie erfuhren, daß ich noch lebte, luden mein französischer Onkel und seine Frau mich zu sich nach Paris ein, und ich konnte es kaum erwarten, ihrer Einladung Folge zu leisten. Nach den letzten vier Monaten unfreiwilligen Nichtstuns war ich viel zu ungeduldig, um untätig herumzusitzen. Außerdem wollte ich nach Paris, um die Stadt meiner Träume endlich selbst zu sehen.

Am Nachmittag, als ich gerade die Kleider anprobierte, die man mir gegeben hatte, klopfte es an der Tür, und jemand sagte, mein Cousin sei mich besuchen gekommen. Ich erwiderte, ich hätte keinen Cousin, aber als man mich schließlich überredet hatte, die Tür zu öffnen, stand ich zu meiner Überraschung meinem Lieblingscousin Gucki gegenüber. Ich traute meinen Augen kaum.

Guckis Mutter war die älteste Schwester meiner Mutter. Tante Lili war meine Lieblingstante. Sie war eine große Frau mit einem hübschen Gesicht und lachenden Augen, eine fabelhafte Geschichtenerzählerin, obwohl sie den Ruf hatte, wahre Geschichten mit Phantastereien zu vermischen. Sie war oft nicht in der Lage, zwischen wahren Begebenheiten und Fiktion zu unterscheiden. Sie selbst glaubte an ihre Geschichten, und mir erschienen sie als Kind immer überzeugend und anschaulich. Tante Lili lebte in Wien, war mit Onkel Rudolf, einem Antiquitätenhändler, verheiratet, und hatte drei Söhne. Weil sie sich immer eine Tochter gewünscht hatte, verbrachte ich oft die Ferien bei ihr. Tante Lili und ihre Familie waren wohlhabend. Sie wohnten in einer Wohnung mit kostbaren Möbeln und Gemälden. Ich war gerne in ihrem Laden, der sich eine Straße weiter befand. Die verschiedenen Möbelstücke beeindruckten mich sehr; manche hatten Geheimfächer, und ich verbrachte Stunden damit, sie zu suchen. Mein Onkel war

Präsident des Österreichischen Antiquitätenhändlerverbandes, und meine Tante verlieh Möbel an das Josefstädter Theater, wenn es Zeitstücke auf die Bühne brachte. Als ich elf Jahre alt war, arbeitete sie auch bei der Inszenierung mit; jedenfalls sagte man mir das. Durch sie traf ich mit berühmten österreichischen Schauspielern zusammen, unter anderem mit Gisella Werbezirk, und konnte meine Autogrammsammlung vervollständigen, auf die ich sehr stolz war. Tante Lili hatte außerdem eine prächtige Villa in der Umgebung von Wien, in Mödling. Das Haus hatte einen großen und reizvollen Garten, in dem es Schildkröten gab, mit denen ich sehr gerne spielte. Die Villa erschien mir wie ein Bilderbuchschloß mit hohen Mansardenfenstern. Besonders gerne mochte ich die beiden luxuriösen und wunderschönen Kachelöfen in den Ecken zweier Räume. Ich glaube, daß sie nach dem Krieg von den Russen Kachel für Kachel auseinandergenommen wurden; jedenfalls waren sie nicht mehr da, als der erste Überlebende der Familie später zurückkehrte.

Tante Lili war die einzige, die mich immer verwöhnte, obwohl ich ihr das nicht leicht machte. Sie nahm mich oft mit in ein großes Geschäft in der Mariahilfer Straße von Wien, in dem es nur Puppen gab, drei oder vier Etagen nur mit Puppen, die passend für jede Gelegenheit angezogen waren, ausgestattet mit kleinen Reisekoffern und Sportbekleidung und Puppenhäusern. Diese Sammlung faszinierte mich, obwohl ich zu Hause nie mit Puppen spielte. Meine arme Tante konnte das nie verstehen. Was ich mir wirklich wünschte, war ein Teddybär, aber ich bekam nie einen. Tante Lili kaufte mir Puppen. Die erste, die sie mir gab, konnte schreien, also schnitt ich ihr den Bauch auf, um zu sehen, woher das Geräusch kam. Die zweite Puppe bewegte ihre Augen und war sehr schön, aber ich skalpierte sie, um herauszufinden, wie die Augen sich bewegten. Die dritte sollte unzerbrechlich sein, aber als ich sie zur Probe vom dritten Stock herunterwarf, stellte sich heraus, daß auch sie sterblich war. Nach diesen Erfahrungen gab meine Tante Lili es auf, mir Puppen zu kaufen. Ich spielte sehr gerne mit den Matador- und Meccano-Baukästen meines Bruders oder bastelte mit kleinen Materialresten. Ich sah auch gerne meinem Vater bei der Reparatur des Bügeleisens oder der Schreibmaschine oder anderer Dinge zu. Das war in Ungarn ein sehr ungewöhnliches Hobby für den Angehörigen eines gehobenen Berufsstandes. Andere seines Standes hielten solche Arbeiten gewöhnlich für unter ihrer Würde.

Onkel Rudolf mochte ich nicht besonders. Er und Tante Lili stritten sich oft lautstark. Ich fand diese Zusammenstöße sehr beunruhigend, denn ich war sicher, daß meine geliebte Tante solche Beschimpfungen nicht verdiente. Wenn ich wegen der Brüllwettkämpfe zu weinen anfing, schenkte Onkel Rudolf mir kleine Seifenmuster, um mich zu beruhigen. Diese Geschenke gefielen mir außerordentlich, denn ich war eine passionierte Sammlerin. Hauptsächlich sammelte ich Autogramme, daneben kosmetische Pröbchen, Seifen in allen Formen und Farben, winzige Zahnpastatuben und kleine Parfümfläschchen. Meine französische Tante schickte mir manche dieser Pröbchen, und ich verbrachte die meiste Zeit meiner letzten Ferien in Wien vor dem „Anschluß" im Jahre 1938 damit, in Drogerien um Kosmetikpröbchen zu bitten, die man leicht bekommen konnte. Mein Führer und Leiter war mein Cousin Gucki, der jüngste Sohn von Lili und Rudolf. Nichts war ihm zu anstrengend, wenn wir stundenlang zusammen durch die Geschäfte zogen. In den Pausen zwischen diesen Ausflügen nahm er mich mit zum Prater, dem Wiener Rummelplatz, und sah sich mit mir eine Vorstellung des Marionettentheaters an; am nächsten Morgen überraschte er mich mit Linolschnitten und Tintenzeichnungen sämtlicher Marionetten. Gucki war vier Jahre älter als ich und ein netter Junge. Ich erinnerte mich oft und gerne daran, wie lieb er in diesen lange zurückliegenden Tagen zu mir war. Wenn mein Gedächtnis mich nicht trügt, habe ich ihn vor dem Krieg 1936 zum letzten Mal gesehen. Hier stand er also nun vor meiner Tür.

Nach dem „Anschluß" gelang es Gucki, nach Palästina zu kommen. Dort trat er in die britische Armee ein. Bei Kriegsende ging er mit seiner Truppe nach Italien, und dort hörte er von meiner Notlage. Er bat um einige Tage Urlaub, „organisierte" sich einen Jeep, beschaffte Papiere für mich und reiste mit Bergen von Zigaretten und anderen guten Dingen an, um mich aus dem Gefängnis zu holen. Er kam eine Stunde nach meiner Entlassung an und folgte mir nach Chamoins-les-Bains. Ich verbrachte die nächsten Tage mit ihm und genoß Doughnuts in der NAAFI, einer Kantine der englischen Armee. Er versuchte mich zu überreden, mit nach Italien zu kommen, in ein Flüchtlingslager in der Nähe des Ortes, in dem er stationiert war, aber ich war fest entschlossen, in mein geliebtes Paris zu ziehen, und so kehrte Gucki ohne mich nach Italien zurück.

Ich blieb drei Wochen im Erholungsheim in Marseilles und wurde sehr verwöhnt. Es war ein sehr angenehmer Ort, und ich traf viele freundliche Leute. Ein netter amerikanischer Soldat wollte mich sogar heiraten, aber ich wollte nur nach Paris. Im Oktober kam ich dort an.

Mein Onkel, Gaston Vidie, war ein echter Franzose und ein passionierter Bohemien, der nichts vom Arbeiten hielt – wenn er nicht gerade Lust dazu hatte. 1945 war er 62 Jahre alt. Seine Frau Maud, die 35 Jahre alt war, nahm mich herzlich auf. Meiner Meinung nach führten sie ein sehr seltsames Leben. Sie hatten keine Kinder, aber zwei winzige, quietschende schwarze Hunde mit spindeldürren Beinen; ursprünglich waren es sieben Hunde gewesen. Diese waren ihre Babys. Damals konnte ich das nicht nachvollziehen, und es fiel mir schwer, meine Abneigung gegenüber diesen komischen, zu klein geratenen Tieren zu verbergen. Gaston war recht gutaussehend; ständig hing ihm eine Zigarette im Mundwinkel. Vor langer Zeit hatte er ein paar ausrangierte Flugzeuge an die Chinesen verkauft; vorher hatte er ein Import-Export Geschäft, mit Amerikanern als Hauptkunden. Er war einmal Rennbahnbesitzer in Casablanca gewesen. In den frühen 30er Jahren hatte Gaston einen Film mit nackten Schauspielern gedreht (darunter er selbst und Tante Emmy), der selbst für die libertären Franzosen als zu pornographisch eingestuft wurde! In den 60ern trat man jedoch wegen der Filmrechte an seine Witwe heran, und sie erhielt dringend benötigte Tantiemen dafür, daß er gezeigt werden konnte. Gaston hatte ein Buch mit dem Titel *„Amoureux de la mort"* (Verliebt in den Tod) veröffentlicht. Wann immer es einen Autorenwettbewerb in einer Zeitschrift gab, machte er mit und gewann häufig den ersten Preis. Die Vidies gaben den Gewinn üblicherweise dafür aus, alle ihre Schauspieler- und Schriftstellerfreunde zu Champagner und Kaviar einzuladen. Danach kehrten sie wieder in ihre gewohnte Armut zurück. Weil ihnen das Geld für Lebensmittel fehlte, blieben sie mit ihren Hunden im Bett, neben sich eine Kaffeemaschine. Ein lieber Freund brachte ihnen dann einen Laib Brot und die Zeitung, bis wieder etwas Geld verdient wurde oder hereinkam.

Die Vidies wohnten in einer düsteren Erdgeschoßwohnung, die mit interessanten Antiquitäten und überwiegend erotisch angehauchten Kuriositäten aus aller Welt angefüllt war. Alles befand sich in einem recht schmutzigen Zustand. Sie hatten nicht viel, aber was sie hatten, teilten sie bereitwillig mit mir. Ich genoß die Außergewöhnlichkeit des Ganzen sehr, und auch die geistreichen Unterhaltungen mit meinem Onkel. Maud muß es schwer gehabt haben: sie war Gastons vierte Frau. Ich weiß nichts über die ersten beiden, aber die Wohnung war mit Fotografien der dritten Frau angefüllt, die meine wirkliche Tante war. Gaston hatte immer den Kontakt zu unserer Familie gehalten und half seinen vielen jüdischen Neffen, die während des Krieges nach Paris gefunden hatten, so gut er konnte. Seine Freigebigkeit schien Maud nicht zu stören, und sie unterstützte ihn fröhlich in allem, was er für seine Verwandten tat.

Ich war den Vidies dankbar und wollte mich ihnen irgendwie

erkenntlich zeigen. In meiner Unschuld, vielleicht eher Dummheit, begann ich, die Wohnung gründlich sauberzumachen. Mein Onkel sah das mit Wohlwollen, aber meine Tante empfand es als persönlichen Vorwurf. Es verursachte Spannungen zwischen uns. Das belastete mich sehr, und da ich Arbeit suchte, um mir selbst meinen Lebensunterhalt zu verdienen, nahm ich die erstbeste Stelle an. Es war eine schlechte Wahl, aber dadurch konnte ich bei den Vidies ausziehen. Sobald ich nicht mehr dort wohnte, wurde Maud mir gegenüber wieder freundlich, war hilfsbereit und unterstützte mich in allem, was ich tat. Diese Freundschaft dauerte bis zu ihrem Tode, ungefähr 30 Jahre nach dem meines Onkels in den 60er Jahren.

Ich hatte Arbeit bei der Internationalen zionistischen Frauenorganisation (WIZO) gefunden. Ich sollte ein Kinderheim in Montmorency bei Paris leiten und bekam dafür wenig Gehalt, aber freie Kost und Logis. Mir wurden außerdem ein freier Tag und zwei freie Abende pro Woche versprochen, und nach einigen Wochen sollte ich eine Putzhilfe bekommen. Ein Sozialarbeiter sollte meine Arbeit überwachen und das Heim mit allem Nötigen versorgen.

Das Kinderheim war ein großes Haus mit zwei Stockwerken und ungefähr zehn Zimmern, in dem vorher zwei ältere französische Damen gewohnt hatten. Während des Krieges hatten sie 40 jüdische Kinder im Alter von zwei bis vierzehn versteckt und versorgt. Die Eltern dieser Kinder wurden alle deportiert, und nur einer von ihnen kam zurück. Der Vater eines Jungen, des ältesten Kindes im Heim, war ein deutscher SS-Offizier, der sein Kind sogar während des Krieges besucht hatte. Man munkelte, daß die Mutter, eine französische Jüdin, auf Veranlassung ihres Mannes hin deportiert worden sei. Als ich dort ankam, gab es in dem Heim keine Seife, sehr wenige Lebensmittel und keine Heizung. Weil es kein Badezimmer gab, mußten wir die Kinder immer in ein öffentliches Schwimmbad bringen. Während des gesamten Krieges hatten sich die zwei Frauen um die Kinder gekümmert. Eine hatte für sie gekocht, die andere gewaschen und geputzt. Obwohl sie sehr streng waren, waren sie ausgesprochen nett zu den Kindern. Leider hatten sie eine tiefe Abneigung gegen meine Vorgesetztenrolle im Heim, was ich jetzt rückblickend verstehen kann. Es war wirklich nicht besonders einfühlsam, ein 21jähriges Mädchen als Heimleiterin zu ihnen zu schicken. Aber damals machten die Damen mir das Leben sehr schwer.

Die Kinder waren sehr verstört, und der Junge mit dem deutschen Vater wollte ständig von mir vergewissert werden, daß die Deutschen gar nicht so schlimm seien. Ich versuchte es, so gut ich es konnte.

Obwohl meistens fünf bis acht Kinder im Krankenzimmer lagen, konnten wir keinen Arzt holen, und es fehlte die nötige Medizin. Nachts schlief ich mit den Kindern im Krankenzimmer, und morgens mußte ich die älteren Kinder rechtzeitig zur Schule schicken, sauber und entsprechend angezogen. Am Nachmittag überwachte ich ihre Hausaufgaben. Zusätzlich leitete ich eine Kindergartengruppe für die kleineren Kinder und versuchte, das Haus sauberzuhalten. Sechs Wochen lang hatte ich nicht eine Minute frei. Kein Sozialarbeiter kam. Die zwei Frauen, mit denen ich arbeitete, wandten sich immer mehr gegen mich und haßten sogar schon meinen Namen. Man rief mich noch immer mit meinem vollen Namen, „Gertrud". Die Französinnen fanden ihn zu deutsch, so daß sie anfingen, mich Germaine zu nennen. Weil „Germaine" „deutsch" bedeutet, fand ich das recht komisch. Ich mochte den Namen Gertrud selbst nicht. Germaine gefiel mir auch nicht besser, aber es machte mir nicht viel aus.

Jedesmal, wenn ich das WIZO-Büro anrief, bekam ich nur Versprechungen. Bald träfe Verstärkung und Hilfe ein. Obwohl ich sehr erschöpft war, wurde ich immer dicker. Schließlich entschloß ich mich, die für das Heim zuständigen Leute direkt anzusprechen. Ich war auf dem Weg nach Paris, als ich auf der Straße zusammenbrach. Dieser Umstand bewegte die WIZO endlich dazu, mir ein junges Mädchen zu schicken, das beim Putzen des Hauses helfen sollte. Sie war 16 Jahre alt, hatte nicht den geringsten Wunsch zu arbeiten und stand viel eher im Weg als zu helfen. Ich brach wieder vor Erschöpfung zusammen und mußte auf den Rat des Arztes hin aufhören zu arbeiten. Die Diagnose lautete auf akute Anämie. In den folgenden Monaten bekam ich dreimal pro Woche Spritzen, um meine Gesundheit wiederherzustellen und mein Herz zu stärken.

Als ich in Marseille war, hatte ich die Adresse einer französischen Jüdin namens Berthe Douet, jetzt Berthe Ghersin, bekommen, die in meinem Alter war und in Paris lebte. Ihre Eltern hatten dort eine kleine Marktbude, sprachen Jiddisch und waren herzensgute Leute. Sie waren ziemlich arm und lebten sehr bescheiden. Sie hatten drei Töchter. Die älteste, Berthe, hatte einen Franzosen geheiratet, der ihr im Krieg das Leben gerettet hatte. Sie hatte viele Freunde, und da ich nur für die Arbeit mit Kindern eine Arbeitserlaubnis hatte, dafür aber zu krank war, half Berthe mir, eine andere Stelle zu finden. Mein Arbeitgeber war ein Weber mit einem Webstuhl, und meine Aufgabe war es, acht Stunden am Tag die Spulen für ihn vorzubereiten. Weil ich jetzt illegal beschäftigt war, bekam ich wenig Lohn. Die Arbeit machte mir nichts aus, aber von mir wurden noch andere Gefälligkeiten erwartet, und als er seine Hände nicht bei sich behalten konnte, mußte ich die Stellung verlassen.

Die nächste Stelle, die ich bekam, war ein ziemlicher Schritt voran. Diesmal war es ein Weber, dessen gesamte Werkstatt mit Webrahmen und Spulen elektrisch betrieben wurde. Ich sollte die Spulen im Auge behalten und einen Knoten machen, wenn ein Faden zerriß. Darin war ich nicht sehr gut, weil meine Reaktionen zu langsam waren, und so behielt er mich nicht lange.

Inzwischen hatte ich als ehemaliger Häftling eines Konzentrationslagers einen Studienplatz für Spätstudierende an der Sorbonne bekommen. Ich wollte Psychopädagogik studieren und durfte an einem ausgezeichneten Seminar bei Professor Henri Wallon teilnehmen. Außerdem studierte ich Musikgeschichte, Ästhetik und Analyse bei Professor Paul-Marie Masson. Aber gleichzeitig mußte ich mir meinen Lebensunterhalt verdienen. Das Ungarische Haus, eine kulturelle Begegnungsstätte, bot mir eine Stelle als Bürohilfskraft an. Ich sollte Briefe adressieren und sonstige anfallende Kleinigkeiten erledigen. Dort hatte ich einen Fünftagejob, jeweils von zwei Uhr nachmittags bis Mitternacht, und obwohl ich schlecht bezahlt wurde, half es mir doch, über die Runden zu kommen.

Weil ich eine gute Stimme hatte, nahm mich jeder Chor, bei dem ich vorsang, selbst illegal, in welchem Land ich mich auch aufhielt. So war ich in Paris Mitglied zweier Chöre. Einer gehörte zur Synagoge in der Rue de la Victoire und wurde von dem bekannten Chorleiter Leon Algazi geführt; wir sangen jeden Freitag abend, Samstags und an Feiertagen. Der andere Chor war in Neuilly; unter der Leitung von Jacques Berlinski sangen wir bei Hochzeiten, zu besonderen Anlässen und in der Radiosendung „La Voix d´Israel". In beiden Chören war ich illegal beschäftigt und bekam deshalb weniger Geld als die anderen Sänger. Aber auch das half mir weiter.

Leider konnte ich Professor Wallons Vorlesungen nicht hören, weil sie am Nachmittag stattfanden, wenn ich arbeiten mußte. Dahingegen hatten die Vorlesungen von Professor Masson kein sehr hohes Niveau, denn er mochte nur die französischen Komponisten. Wir behandelten Rameaus Theorie der Harmonie, die Professor Massons Spezialgebiet war, und als Zugeständnis auch César Franck, der zwar in Belgien geboren war, den er aber für einen Ehrenfranzosen hielt. Zwei Jahre lang analysierten wir Francks Sonate für Geige und Klavier. Nur jeweils eine Stunde wurde Mozart, Bach und Beethoven gewidmet. Dafür lernte ich Méhul kennen, von dem ich niemals vorher gehört hatte und der mir in den folgenden 45 Jahren nur ein einziges Mal über den Weg lief.

Als ich mit den Webern arbeitete, aß ich in einer Kantine, die vom American Joint Distribution Committee (AJDC), genannt JOINT, betrieben wurde. Seit meinem Abenteuer mit Charles war ich bei jedem Mann, den ich traf, sehr auf der Hut. Beispielsweise nahm ich nie irgendwelche Einladungen an, mit Männern auszugehen, und lehnte es sogar ab, mir von jemandem einen Kaffee bezahlen zu lassen. Ich wohnte im fünften Stock eines schäbigen Hotels in der Rue St. Denis. Dort hatte ich mich etwas mit der Portiersfrau angefreundet, kannte aber keinen der anderen Hotelgäste.

In der Kantine saß häufig ein polnischer Flüchtling neben mir. Er lud mich oft ein, mit ihm auszugehen, aber ich lehnte immer ab. Er war ein intelligenter junger Mann, und wir unterhielten uns viel miteinander. Einmal redeten wir über ein Buch, das ich gerade gelesen hatte. Er wollte es lesen, und ich versprach, es ihm auszuleihen. Er begleitete mich zu meinem Hotel. Dort kam er mit hinauf in mein Zimmer. Ich gab ihm schnell das Buch und schickte ihn sofort wieder weg. Ich bot ihm noch nicht einmal einen Stuhl an, so viel Angst hatte ich vor einer Beziehung zu einem Mann. Fünf Minuten nachdem er gegangen war, klopfte es an meiner Tür. Ein gutaussehender Franzose bat um Einlaß. Als ich ihn fragte, was er von mir wolle, erzählte er, daß er einer der französischen Kriegsgefangenen sei, die aus Deutschland entkommen waren und in Ungarn Zuflucht gefunden hatten. Er sagte, er sei in Szombathely gewesen und fragte, ob ich mich an ihn erinnere, denn meine Familie sei so nett zu ihm und seinen Kameraden gewesen, und wir hätten ihn zu uns nach Hause eingeladen. Er hatte erfahren, daß ich in Paris lebte und wollte mich besuchen, um von alten Zeiten zu plaudern.

Ich war sehr gerührt von dem, was er erzählte, denn ich erinnerte mich an die französischen und polnischen Kriegsgefangenen. Meine Eltern hatten 1942-43 ein offenes Haus für viele Franzosen, die als Flüchtlinge in einer Fabrik unserer Stadt arbeiteten. Also ließ ich ihn in mein Zimmer. Im nächsten Moment hielt er mich fest und versuchte, sich mir sexuell zu nähern. Ich war empört über sein Benehmen und warf ihn hinaus.

Als ich das nächste Mal an der Portiersfrau vorbeikam, sagte sie mir, ich hätte viel Glück gehabt, denn der Mann sei von der französischen Sittenpolizei gewesen, und weil ich einen anderen Mann mit auf mein Zimmer genommen hätte, habe er herausfinden wollen, ob ich eine Prostituierte sei. Ich habe nie herausgefunden, wie er von meiner Vergangenheit erfahren hatte und ob er wirklich in Szombathely und bei uns zu Hause gewesen war. Ich war völlig am Boden zerstört, als ich aufgrund dieser negativen Erfahrung herausfinden mußte, daß das Hotel hauptsächlich von Prostituierten für ihr Gewerbe genutzt wurde. Schon am nächsten Tag zog ich aus und war in Zukunft noch ängstlicher und vorsichtiger beim Zusammentreffen mit Männern.

Der Neuilly-Chor probte oft in einem Raum neben der Kantine. Nach einiger Zeit entschied ich mich, ihm beizutreten, wußte aber nicht, daß es ein professioneller Chor war. Ich bekam einen Termin zum Vorsingen bei dem Dirigenten, Jacques Berlinski, wurde genommen und war froh, meine mageren Einkünfte aufbessern zu können. Eines Tages kam ich zu einer Probe und mußte feststellen, daß sie ausfiel; aber Berlinski war da. Er habe mich nicht benachrichtigt, sagte er, weil er mir einen Freund vorstellen wolle, einen ungarischen Geiger. Es war Stephan Deák. Er war groß, hatte volles dunkles Haar und war recht gutaussehend.

Als ich von 1942 bis 1944 in Budapest lebte, war ich häufig bei Konzerten, sang in Chören und war viel in Gesellschaft von Musikern. Musik war für mich lebensnotwendig, und sie war immer ein wesentlicher Teil meines Lebens. Die meisten meiner Freunde waren Musiker, und Stephan hatte sie entweder gekannt oder von ihnen gehört. Er war Jude, was mir damals allerdings nicht wichtig war, sprach Ungarisch und kannte die Literatur und die Gedichte, mit denen ich aufgewachsen war und die ich liebte. Also hatten wir etwas gemeinsam. Er hatte auch seine ganze Familie verloren. Jetzt hatte er nur noch eine Schwester, die in Ungarn lebte. Er war nicht in einem Konzentrationslager gewesen, hatte aber viele Monate versteckt gelebt. Als wir uns trafen, war er gerade auch verzweifelt und in ziemlich schlechter Verfassung. Ich war allein, und Stephan weckte einen mütterlichen Instinkt in mir. Mühsam verdiente ich genug, um die Miete für mein erbärmliches Zimmer zu bezahlen und ein sehr bescheidenes Leben zu führen, und hier war jemand, der meine Interessen teilte und dem es noch schlechter ging. Von Kindesbeinen an hatte ich gelernt, daß die Musik und auch die Musiker Achtung und jede mögliche Unterstützung verdienten und auf keinen Fall mit niedriger Arbeit ihre Hände in Gefahr bringen durften. In Stephan Deák hatte ich eine Aufgabe gefunden, und nun glaubte ich, ich sei verliebt.

Meine erste große Liebe war ein Cellist, den ich traf, als ich 17 Jahre alt war und im Collegium Musicum, dem jüdischen Orchester von Szombathely, spielte. Wir machten gerade Pause während der Generalprobe und warteten auf die Ankunft des Solisten. Als er eintrat und durch den Saal schritt, stand ich neben meinem Cello; er kam auf mich zu und begrüßte mich als eine Cellistenkollegin. Ich war überglücklich.

5 *Charles Oreste Paroldo, der Mann, der Trude 1945 „rettete" und sie mit nach Frankreich nahm.*

6 *Oktober 1945, Chamoins-les-Bains: Trude mit ihrem Wiener Cousin Gucki Berger (links), der kam, um sie nach Italien mitzunehmen.*

7 *Paris, im Juni 1946: Hochzeit mit Stephan Deák.*

Dann begannen wir Boccherinis Cellokonzert in B-Dur zu spielen, und als er die erste Saite zum Klingen brachte, fühlte ich auf unerklärliche Weise, daß er nur für mich spielte. Die unglaubliche Schönheit der Musik bewegte mich so stark, daß mir Tränen über die Wangen liefen. Ich habe seit meiner Kindheit schon viele großartige Musiker gehört, aber nie so tiefe Empfindungen dabei gehabt wie bei diesem Mal. Es war Liebe auf den ersten Blick – oder vielleicht auf den ersten Ton – und sie wurde erwidert. An den folgenden Tagen verbrachten wir jede Minute zusammen, die wir unserer Arbeit abringen konnten. Dann kehrte mein Geliebter nach Budapest zurück, und wir schrieben uns mindestens einen Brief pro Tag, oftmals zwei oder drei. Er widmete mir ein kleines Stück, das er unter Verwendung der Buchstaben meines Namens komponiert hatte. Es gelang mir in diesem Jahr, auch nach Budapest zu gehen, und wir waren im siebten Himmel. Händchenhaltend spazierten wir durch die Fischerbastei, einen der romantischsten und glanzvollsten Orte in Budapest. Es war alles völlig harmlos und unschuldig. Ich organisierte auch einen Soloauftritt für ihn in unserer Stadt, trotz des starken Widerstandes der Musikgesellschaft, und der Saal war brechend voll.

Plötzlich kamen keine Briefe mehr. Ich verstand nicht warum, bis ein Brief seiner Mutter eintraf. Sie forderte mich auf, ihn in Ruhe zu lassen, und unterstellte mir, ich sei eine gefährliche Verführerin! Ich war tief getroffen und konnte nicht begreifen, wie er sich so sehr seiner Mutter unterordnen konnte. Die Narbe blieb schmerzhaft, bis sie durch die Hilfe und Menschlichkeit von Charles geheilt wurde, der mich nach dem Krieg mit nach Frankreich nahm. Aber dann ließ Charles mich ins Gefängnis werfen und raubte mir die wenigen Dinge, die ich besaß. Es kostete viel Kraft, über dieses Trauma und die Desillusionierung hinwegzukommen.

Und dann traf ich Stephan. Wenn er Geige oder Bratsche spielte, war der Klang bezaubernd; Stil, Musikgeschmack und Technik hingegen waren recht dubios. Da er die höchsten Abschlüsse auf akademischem Gebiet und auch als Virtuose erreicht hatte, schrieb ich seine Mängel seinen Kriegserfahrungen zu, und dem, was er in diesen schrecklichen Jahren erduldet hatte. Vor dem Krieg wurde ich oft gebeten, bei Proben meiner Freunde dabei zu sein, und ihr Spiel zu beurteilen. Man sagte mir, ich hätte einen guten Sinn für Stil, obwohl ich selbst kaum eine Celloexpertin genannt werden konnte. Ich begann, mit Stephan zu arbeiten, wenn er übte, und das schuf einen Ausgleich zu meinem damaligen langweiligen Büroleben. Es gab noch mehr Gründe dafür, daß Stephan und ich uns näherkamen. Wir studierten dasselbe an der

Sorbonne, und außerdem war er nicht aggressiv wie alle anderen Männer, die ich bis dahin kennengelernt hatte.

Als ich sein Atelier sah, hätte ich vor dem Chaos, das ich antraf, weglaufen sollen. Stattdessen räumte ich auf und brachte seine Noten, seine Kleidungsstücke und alle seine Sachen in Ordnung. Obwohl er kein Einkommen hatte und das, was ich verdiente, kaum ausreichte, um mich selbst am Leben zu erhalten, beschlossen wir irgendwann zu heiraten. Aber dafür brauchten wir offizielle Papiere, die ich nicht besaß. Ohne eine Geburtsurkunde war es nicht möglich, das Band zu knüpfen. Unsere gesamte Existenz wurde durch das Fehlen von richtigen Dokumenten beeinträchtigt. Keiner von uns hatte eine Arbeitserlaubnis, und ich hatte keinen Paß und war staatenlos. Also zog Stephan in das Hotelzimmer, in dem ich wohnte. Ein Zimmer war auf jeden Fall billiger als zwei. Das Hotel lag in der Rue des Blancs Manteaux, im jüdischen Viertel von Paris.

7 • Hochzeit

Das Hotelzimmer im obersten Stock, dem fünften, war hell und hatte eine recht angenehme Größe, gemessen an anderen billigen Hotelzimmern in Paris. Ein schwerwiegender Nachteil waren die Mäuse. Wir hatten eine Mausefalle in jeder Ecke, und fast jeden Abend, wenn wir nach Hause kamen, waren die Fallen voll. Aber man gewöhnt sich an vieles, und wir waren recht glücklich. Stephan versuchte, Engagements zu bekommen. Weil er keine Arbeitserlaubnis hatte, konnte er nur bei jüdischen Hochzeiten und anderen besonderen Anlässen spielen, was selten genug vorkam. Einmal wagte er es, sich einer ungarischen Zigeunermusikgruppe anzuschließen, die äußerst großzügig zahlten, blieb aber nicht lange dabei, da er es für unter seiner Würde hielt, mit ihnen zu spielen. Ich konnte das verstehen, denn man hatte mich so erzogen, daß es mir für einen klassischen Musiker unangemessen erschien, Zigeunerweisen oder leichte Musik zu spielen. Heute habe ich derartige Vorurteile überwunden und erkenne nun, wie dumm es war, solche Gedanken zu hegen.

Neben dem Hotel gab es einen kleinen Lebensmittelladen, in dem ich einmal pro Monat alles kaufte, was wir uns von unseren Rationen leisten konnten. Ich kaufte fast nie etwas anderes als Grundnahrungsmittel, denn wir waren sehr arm. Nebenan war eine ungarische Bäckerei, in der ich mich bei den seltenen Gelegenheiten dazu kurz mit dem Eigentümer unterhielt. Als unsere Papiere schließlich eintrafen und der Tag für unsere Hochzeit festgesetzt worden war, bot mein Onkel an, nach der Hochzeit auf dem Standesamt bei sich zu Hause einen kleinen Empfang mit ein paar Freunden zu organisieren. Eine alte Freundin meiner Tante Lili, die ich manchmal besuchte, gab mir ein hübsches hellblaues Kleid von ihr, das ich tragen konnte, und jemand anderes besorgte ein Paar Strümpfe. Ein anderer Freund kaufte sogar ein paar Blumen, die Stephan mir geben konnte, denn wir hatten kein Geld für solche Feinheiten.

Wir nahmen die Hochzeit nicht so ernst, weil wir schon zusammen wohnten. Aber als ich meinem Bäcker erzählte, daß ich heiraten wolle, bot er an, mir Mohn zu mahlen und einen Kuchen zu backen, wenn ich den Teig vorbereitete, und gab mir zusätzliches Mehl dafür. Und so klapperte ich die Apotheken ab, bis ich genug Mohn hatte. Ich mußte in die Apotheken gehen, denn in Frankreich wird Mohn für Opium und somit für ein Gift gehalten, und kann deshalb nur in sehr geringen Mengen gekauft werden, die auf keinen Fall ausreichen, um einen Mohnkuchen von ungarischen Ausmaßen zu füllen. Nachdem ich diese Aufgabe bewältigt hatte, ging ich in den kleinen Lebensmittelladen, um Rosinen und Nüsse zu kaufen. Die Besitzerin – wir hatten vorher nie miteinander gesprochen – war überrascht, daß ich nach derartigen Luxusgütern fragte. Sie erkundigte sich, was es denn für einen besonderen Anlaß gebe, und ich erzählte ihr, daß Stephan und ich heiraten wollten und daß ich Mohn- und Nußkuchen backen werde. Sie fragte mich, wo wir herkämen, wo unsere Eltern seien, und so weiter. Als ich gehen wollte, bat sie mich, ihr den Gefallen zu tun, in einer Stunde noch einmal kurz vorbeizuschauen.

Als ich wiederkam, erzählte sie mir, daß sie und ihre Familie russische Juden seien, und weil wir keine Eltern hätten, habe sie zusammen mit ein paar Freunden beschlossen, uns eine Hochzeitsfeier auszurichten. Sie hatten schon einen Saal gemietet und schlugen uns nun vor, zehn unserer Freunde zu einem Festessen einzuladen. Das war sehr rührend, und nach leichtem Zögern nahmen Stephan und ich das Angebot an. Wir gingen am darauffolgenden Abend dort hin. Der Saal und ein hufeisenförmiger Tisch waren mit Blumen geschmückt. Ungefähr dreißig russische Juden und unsere Freunde waren gekommen und feierten uns mit Toasts und einem sehr guten Festmahl. Es war wirklich sehr ergreifend. Dann erschien ein Rabbiner, und die Gastgeber brachten ein Tablett mit goldenen Ringen, von denen ich einen aussuchte, der mir paßte. Eine *Chupa,* ein Baldachin, wurde errichtet, und Stephan und ich wurden nach jüdischem Ritus getraut. Wir waren etwas verlegen dabei, denn wir waren nicht religiös und betrachteten die Hochzeitszeremonie eher als Witz. Als das Glas, auf das Stephan treten mußte, nicht beim ersten Mal zerbrach, fragte er scherzhaft auf Ungarisch, wer ihm die Reparatur seiner Schuhe bezahlen würde! Nachdem wir die *Ketubah,* den Ehevertrag, unterzeichnet hatten, gaben alle russischen Juden uns Geschenke. Es wurde uns wirklich warm ums Herz, und obwohl wir es nicht sehr ernst nahmen, waren wir doch zutiefst dankbar für die uns erwiesene Freundlichkeit.

Am folgenden Tag hatte ich keine Zeit, in das Geschäft zu gehen, um mich zu bedanken. Leider wurde am zweiten Tag nach der Hochzeit in unserem Zimmer eingebrochen, und alle Geschenke, die wir von den Russen bekommen hatten, verschwanden, aber seltsamerweise nicht die von unseren eigenen Freunden. Ein paar Tage später ging ich zu dem Lebensmittelladen und mußte feststellen, daß er geschlossen und ausgeräumt war. Die Leute waren weggezogen. Wir sahen keinen der dreißig Russen, die mit uns gefeiert hatten, je wieder. Lange Zeit später, als ich zum ersten Mal daran dachte, mich von Stephan scheiden zu lassen, ging ich zum Zentralbüro des Pariser Rabbinats und fand heraus, daß die *Ketubah* und unsere religiöse Hochzeit nie eingetragen worden waren. Wenn die Freunde nicht wären, die bei der Hochzeit dabei waren und es bezeugen können, würde ich das Ganze für ein Hirngespinst halten. Meine Freundin Berthe erinnert sich heute noch daran.

Stephan weinte unsere ganze Hochzeitsnacht lang, und mir wurde erstmals klar, daß er nicht nur aufgrund seines Flüchtlingsschicksals an Depressionen litt, sondern mehr mit ihm nicht stimmte.

Zu dieser Zeit hatte die örtliche Jüdische Studentenorganisation den ersten Internationalen Jüdischen Studentenkongreß nach dem Krieg organisiert, in Uriage-les-Bains bei Grenoble. Weil Stephan und ich Mitglieder waren, boten sie uns eine Woche Urlaub auf dem Kongreß an, unter der Bedingung, daß Stephan für die Studenten spiele, wann immer sie es wollten. Wir reisten hin und hatten eine wunderbare Woche, und danach noch eine Woche, in der ich zwei kleine Mädchen eines der Dozenten betreute. Die Organisatoren mieteten extra einen Saal, um Stephan die Gelegenheit zu einem Soloauftritt zu bieten. Es war eine sehr angenehme Abwechslung von dem harten Kampf ums Überleben in Paris, wo wir ständig hungrig waren.

Kurze Zeit später, wieder in Paris, traf ich einen alten befreundeten ungarischen Cellisten, János Starker. Zusammen mit zwei Kollegen hatte man ihm ein Engagement als Quartett bei Radio Hilversum in Holland angeboten, und sie suchten einen Bratschisten, um das Ensemble zu vervollständigen. Er kannte Stephan, und als er erfuhr, daß ich mit ihm verheiratet war, fragte Jancsi, ob Stephan sich der Gruppe anschließen wolle. Geld war ein Problem. Aber selbst dieses wurde mit Hilfe eines Kredits von der Studentenorganisation gelöst, und wir zogen nach Cannes, wo wir in einem Hotel wohnten. Starker und seine Freunde hatten etwas Geld, wir hingegen besaßen sehr wenig, behalfen uns aber irgendwie. Natürlich mußte ich sowohl mein Studium als auch meine Jobs an den Nagel hängen. Es war so geplant, daß das Ensemble ungefähr vier Monate lang zusammen proben und dann das Engagement in Holland annehmen sollte. Der erste Geiger, Alfred Indig, ein alter Ungar mit einer wohlhabenden holländischen Frau, sollte das Engagement festmachen. Leider war sein Können von viel niedrigerem

Standard als das der anderen drei Musiker der Gruppe. Das Quartett gab einige Konzerte in Cannes und Umgebung, es war aber recht offensichtlich, daß die Aufführungen nicht allzu gut waren. Inzwischen war die anfängliche Euphorie vorüber, und man mußte sich den Mißerfolg eingestehen.

Nach dieser Enttäuschung kehrten Stephan und ich nach Paris zurück. Wir waren völlig pleite und in einer verzweifelten Lage. Zum Glück erließ die Studentenorganisation uns unsere Schulden, aber wir wußten nicht, was wir nun anfangen sollten. Die Notlage, in der wir uns befanden, war ausschließlich der Entwurzelung zuzuschreiben. Mit dem Holocaust waren wir „Flüchtlinge" geworden, und wir waren es immer noch. Stephan meinte, wir sollten versuchen, nach Ungarn zurückzukehren. Ich war sehr dagegen.

Man schrieb das Jahr 1947. Ich wußte, daß es Monate dauern würde, von den Russen und ihrem ungarischen Satellitenstaat die Erlaubnis zu erhalten, und hoffte noch immer, daß sich etwas anderes ergeben werde. In der Zwischenzeit nahm ich jede Arbeit an, die ich bekommen konnte, sogar das Nähen von Hemden im Akkord, für das ich vollkommen ungeeignet war. Ich war schon immer eine sehr genaue, aber langsame Arbeiterin, und für das Nähen von Hemden brauchte man Schnelligkeit, denn man wurde nach der Anzahl der fertigen Hemden bezahlt. Ich konnte kaum ein Hemd an einem Zwölfstundentag fertignähen und kam meistens völlig erschöpft und oft in Tränen aufgelöst nach Hause. Außerdem sang ich wieder und arbeitete ein bißchen im Ungarischen Haus. Mein Studiengang war unterbrochen, aber ich hatte ohnehin den Eindruck, als sei er ein totaler Reinfall. Jedenfalls konnte ich mein Hauptfach nicht weiterstudieren, und das Musikstudium erschien mir sowohl sinnlos als auch uninteressant. Ich nahm jede Arbeit an, die sich mir bot, aber es gab nicht viele freie Stellen, und unsere Art zu leben schien keine Zukunft zu haben – vor allem weil Stephan nichts verdiente. Wir waren hungrig und mußten Kleider von einer Wohltätigkeitsorganisation tragen. Ich konnte mir im Winter nicht einmal ein paar Strümpfe leisten.

Inzwischen wohnten wir im Hotel Welcome im Quartier Latin, an der Ecke von Boulevard St. Germain und Rue de Seine. Damals war das Hotel sehr heruntergekommen, obwohl es eine Spur besser war als das, in dem wir im jüdischen Viertel gewohnt hatten. Viele arme Musiker wohnten im Welcome, vor allem Ungarn, und die Umgebung war kongenial. In der Straße gab es einen Markt (es gibt ihn heute noch), auf dem man als preiswertestes Nahrungsmittel Herzmuscheln kaufen konnte. Also ernährten wir uns von Herzmuscheln und Eipulver, gelegentlich auch von Pferdefleisch. Wir konnten uns noch immer nichts leisten, was es nicht auf Zuteilung billiger gab. Sobald etwas zugeteilt wurde, vor allem Fleisch, verschwand es schnell aus den Läden und war nur noch auf dem Schwarzmarkt erhältlich. Wir gingen fast nie aus, denn wir konnten uns einfach keine Freizeitbeschäftigungen leisten. Eines Tages ging Stephan zu einem Konzert des Geigers Yehudi Menuhin. Er besuchte ihn in seiner Garderobe und bat um eine Freikarte. Menuhin gab sie ihm, und nachdem er sich mit ihm unterhalten hatte, gab er ihm zwei Freikarten für ein Konzert am folgenden Abend, so daß ich auch dabeisein konnte. Irgendwie gelang es uns, auch für das Konzert eines anderen berühmten Geigers, Jacques Thibaud, Karten zu bekommen.

Inzwischen waren wir wirklich verzweifelt, und es sah so aus, als würden wir doch nach Ungarn zurückkehren müssen. Stephan machte das nicht viel aus, weil er nicht in Ungarn gewesen war und dort wie ich den Antisemitismus erlebt hatte. Sein wohlhabender Vater hatte ihn klugerweise nach Brüssel geschickt, angeblich zu zusätzlichen Studien, aber in Wirklichkeit, um ihn vor dem Krieg aus Ungarn hinauszubringen. Als Belgien von den Deutschen besetzt wurde, floh Stephan nach Frankreich und suchte erst in Lyon und dann in Marseilles einen Zufluchtsort. Für den Rest des Krieges tauchte er in Marseilles unter, aber er besaß einen ungarischen Paß, in dem seine Religion gefälscht war, und hatte keine auffällig semitischen Züge. In Marseilles konnte er sogar unter Leitung des Dirigenten Paul Paray im Orchester spielen. Nur nach dem Krieg bekam er keine Arbeitserlaubnis.

Eines Tages erzählte Starker uns, daß er eine Anzeige gesehen habe, in der Musiker für das Symphonieorchester in Durban, Südafrika, gesucht wurden, und schlug vor, daß Stephan sich um ein Vorspiel bei dem Vertreter des Orchesters in Paris bemühen solle. Ich begleitete Stephan und freundete mich mit der Englischübersetzerin an, einer sehr netten älteren französischen Dame. Ich erzählte ihr, wie verzweifelt wir hofften, daß Stephan als Bratschist in das Orchester von Durban aufgenommen würde. Später erfuhr ich, daß Stephan für viel zu gut für die Stelle gehalten worden war, und daß Edward Dunn, der Musikdirektor des Durban Civic Orchestra, befürchtet hatte, er werde nicht lange dabei bleiben. Aber meine inständige Bitte hatte geholfen; Stephan erhielt einen Vertrag und sollte dem Orchester beitreten. Während wir warteten, durchlebten wir jedoch eine sehr schwere Zeit. Ein gewisser Tag im September 1947 war besonders hart. Ich kam am Ende meiner Kräfte im Hotel an. Stephan war im Zimmer unseres Nachbarn, des ungarischen Geigers Robert Gerle, und war in einer furchtbaren Verfassung. Er hatte am Morgen den Vertrag aus Durban erhalten, erklärte aber, daß er die Stelle nicht annehmen könne, weil er verrückt sei. Robert und ich versuchten, ihn zu überreden, aber er wiederholte nur immer wieder, daß er verrückt sei und nicht in der Lage, irgendeine Arbeit anzunehmen. Ich war mit meiner Weisheit am Ende. Wir hatten uns doch so lange umsonst bemüht; nun gab es Hoffnung auf eine Stelle und eine Zukunft, und Stephan weigerte sich, sie anzunehmen. Ein paar Tage später erklärte er sich dazu bereit, den Vertrag zu unterschreiben, aber von da an verhielt er sich sehr seltsam. Wie ich später herausfand, waren es die Symptome von Schizophrenie. Er unternahm auch Selbstmordversuche, stellte aber sicher, daß er keinen Erfolg haben würde.

Gleichzeitig hatte ich Glück. Obwohl ich nicht Schreibmaschine schreiben konnte, bewarb ich mich beim JOINT für eine ausgeschriebene Stelle als Sekretärin. Mit Hilfe des Empfangschefs, eines älteren Herrn, der mir beim Schreibmaschinentest half, bekam ich die Stelle. Zum Glück mußte ich nicht tippen und bekam alle möglichen anderen Aufgaben zugeteilt. Ich war die am schlechtesten bezahlte Angestellte, aber wenigstens war die Atmosphäre angenehm, und ich arbeitete mit freundlichen Leuten zusammen. Zu dieser Zeit hatte ich die Freundlichkeit bitter nötig, denn Stephans bizarre Einbildungen kannten keine Grenzen, und sie beschworen alle nur denkbaren beängstigenden Situationen herauf. Obwohl ich weiterhin Chorsängerin war, verdiente ich gerade genug, um eine Person zu ernähren. Ich begann zu schummeln. Den ganzen Tag über aß ich nichts, kochte abends für Stephan, nahm selbst aber nur sehr wenig und behauptete, ich hätte bei der Arbeit zu Mittag gegessen. Außerdem hätten die Ärzte mir gesagt, daß es wichtig für Stephan sei, gut ernährt zu sein. Das ging eine längere Zeit so, und ich wurde immer verzweifelter.

Eines nachts kam Stephan auf eine neue Art, Selbstmord zu begehen. Er würde mich töten, die Gerichtsbarkeit würde ihn hinrichten lassen und das wäre die Lösung aller Probleme. Ich wachte nachts auf, weil er mich würgte. Es gelang mir, mich aus seinem Griff zu befreien, aber es war mir sofort klar, daß ich ihn verlassen mußte. Er ängstigte mich so, daß ich ihn nicht länger ertragen konnte. Helen, eine wunderbare Frau, die auch beim JOINT in Paris arbeitete, nahm mich mit zu sich nach Hause. Sie kam ursprünglich aus Berlin und war jetzt Südafrikanerin. Nach ein paar Tagen wurde dort, wo sie wohnte, ein Zimmer frei, und ich zog ein. Ich kam jeden Tag nach der Arbeit zurück, um einzukaufen, zu kochen, zu waschen und alles zu tun, was Stephan brauchte, kehrte aber zum Schlafen in mein neues Zimmer zurück. Es war ein reizendes Zimmer in einem schönen Haus, das einer älteren Gräfin gehörte, und Helen und ihr Freund waren sehr hilfsbereit und mir eine große Stütze. Das machte das Leben natürlich angenehmer, löste aber meine Probleme nicht.

Ein befreundeter Psychiater, der Stephan untersuchte, riet mir, ihn entweder in eine psychiatrische Klinik einweisen zu lassen oder sicherzustellen, daß er seine Stelle in Südafrika antrat. Er glaubte, daß, wenn ich die Klinikalternative vorzöge, mittellos wie ich war, Stephan dort nur verkommen und vielleicht nie entlassen werden würde. Unser Freund erklärte, daß psychiatrische Kliniken in Frankreich äußerst schlecht seien, außer den privaten. Andererseits könnte die Tatsache, daß er Arbeit hätte und ein Orchestermitglied wäre, sein geistiges Gleichgewicht wiederherstellen. Es war ein Vabanquespiel, aber er meinte, ich hätte nichts zu verlieren und viel zu gewinnen. Deshalb entschied ich mich zugunsten von Südafrika.

Stephan bestand jedoch darauf, nicht fahren zu können. Eine Überfahrt der ersten Dringlichkeitsstufe war für ihn gebucht worden, und als es im November 1947 so weit war, daß er abreisen sollte, mußte ich ihn aus dem Zimmer in ein Taxi locken, vom Taxi in den Zug und dann auf die Fähre. Ich redete ihm gut zu, bis wir zur Einschiffung in Southampton ankamen. Es war eine grauenhafte Angelegenheit; wann immer wir anhielten, setzte Stephan sich und weigerte sich weiterzugehen. Es wurde dadurch noch schlimmer, daß ich ständig hungrig war, denn die Sonderausgaben für die Reise hatten mich einen Großteil meines Gehalts gekostet, und es war kaum Geld für auch nur die wichtigsten Lebensmittel übrig. Stephans Anreise war bezahlt worden, nicht aber, daß ich ihn zum Schiff begleitete. Außerdem hatte ich in den letzten Wochen zweifach Miete zahlen müssen. Aber ich hatte meine Rückfahrkarte nach Paris.

1947 waren Schiffsplätze streng begrenzt. In sechs Monaten, wenn mein Antrag durchkam, sollte ich Stephan folgen. Obwohl es so ausgemacht war, hatte ich mich schon entschieden, nicht nach Südafrika zu ziehen, sondern die Scheidung einzureichen. Nicht allein Stephans Krankheit bewog mich dazu, unsere Heirat als Fehler zu betrachten. Unsere Ansichten über Reinlichkeit, unsere Prinzipien und unser ästhetisches Empfinden waren ganz verschieden. Noch dazu fand ich Stephans ständige Wortspielchen unerträglich. Ich hatte das Gefühl, durch die Ermordung und den Verlust fast meiner ganzen Familie und meiner Freunde durch die Deutschen in diese Ehe getrieben worden zu sein, und glaubte, daß ich ihn unter normalen Umständen nie geheiratet hätte.

An dem Tag, als ich Stephan auf sein Schiff brachte, schlossen sich die französischen Seeleute einem Generalstreik an, und es gab keine Fähre, mit der ich nach Paris zurückfahren konnte. Es gelang mir, einige ungarische Freunde in London zu erreichen, und sie nahmen mich für ein paar Tage auf. Ich hatte Angst, daß ich meine Stelle verlieren würde. Während ich in London war, wurde mir eine Stelle im Coram-Kindergarten angeboten, aber ich mußte nach Paris zurückkehren, um auf eine britische Arbeitserlaubnis zu warten; und ich war noch nicht einmal sicher, ob ich aus Paris wegziehen wollte. Obwohl ich dort eine schwere Zeit gehabt hatte, hatte ich in dieser Stadt viele Freunde. Auch war ich immer hingerissen von der Schönheit der Stadt und liebte die französische Sprache.

Nach sechs Tagen dauerte der Streik noch immer an. Ein Freund aus meiner Kindheit bezahlte mir einen Flug nach Paris, und eines Morgens im November trat ich die Reise in die französische Hauptstadt an. Es war mein erster Flug, und er sollte eineinhalb Stunden dauern. Ich hatte weder Geld noch eine Uhr. Als das Flugzeug abhob, war es um uns herum grau in grau. Die Stewardeß fragte mich, ob ich frühstücken wolle, was ich verneinte, weil mir nicht klar war, daß ich dafür nicht bezahlen mußte. Wir flogen durch schwere Wolken, und ich konnte nichts sehen. Die Zeit schritt sehr langsam voran, und es schien viel länger zu dauern als anderthalb Stunden. Als die Stewardeß Mittagessen anbot, war ich verwundert, daß es in so kurzer Zeit zwei Mahlzeiten geben sollte. Wegen meiner finanziellen Situation lehnte ich wieder ab. Wir schienen im Kreis zu fliegen. Schließlich landeten wir nach fünf Flugstunden und waren wieder in London! Offensichtlich hatten wir die Reise zweimal gemacht; wegen des Nebels konnten wir nicht in Paris landen und hatten gerade noch genug Treibstoff, um wieder nach London zu kommen. Uns wurde gesagt, wir sollten abends wiederkommen, wenn die Fluglinie es noch einmal versuchen werde. Aber bis zum Abend hatte sich der Nebel verdichtet, und kein Flugzeug konnte starten.

Während ich darauf wartete, in ein Flugzeug zu steigen, traf ich drei meiner Kollegen vom JOINT, die für das Wochenende nach London gekommen waren und auch festsaßen. Ein Mann sprach uns an und sagte, daß er auch nach Paris wolle und einen Freund mit einem sechssitzigen Privatflugzeug habe. Wenn wir uns ihm anschlössen, könnte er es mit seinem Freund ausmachen, uns mitzunehmen. Wir nahmen das Angebot an und gingen in ein Hotel, wo wir auf seinen Anruf warteten. Meine Kollegen streckten etwas Geld für ein Zimmer vor. Ziemlich spät am nächsten Morgen rief er an und sagte, wir sollten nach Folkstone kommen, weil die Maschine nicht in London landen könne. Bis wir in Folkstone waren, war es dort auch zu neblig geworden, und wir mußten eine weitere Nacht im Hotel verbringen. Am folgenden Tag kam das Flugzeug endlich an, und wir verabredeten, daß der Pilot uns nach Le Touquet bringen sollte, wo ein Auto auf uns warten würde, da die Züge nicht fuhren. Das Flugzeug war nur ein winziger Viersitzer, und der Pilot mußte zweimal fliegen. Obwohl es aufregend war, mit einem kleinen Glaskasten von Flugzeug zu fliegen, fühlte ich mich dabei auch unbehaglich und nicht sicher. Bei unserer Ankunft in Le Touquet wartete dort kein Auto auf uns. Wir warteten ab, was passieren würde. Ein paar Stunden später hörten wir, daß in einigen Minuten ein Zug führe. In wilder Eile stürmten wir in den Zug, der so überfüllt war, daß er aus allen Nähten zu platzen drohte. Wir kamen zehn Minuten früher als vom Schaffner angekündigt in Paris an, und sobald wir ausgestiegen waren, fuhr der Zug mit vollem Tempo wieder ab. Acht Minuten danach wurde er von Streikenden in die Luft gesprengt. Wir konnten wirklich von Glück sagen, daß das Schicksal auf unserer Seite war.

Nach meiner Rückkehr aus London fühlte ich mich sehr schwach und krank. Ein Arzt, den ich aufsuchte, riet mir, in ein Erholungsheim zu gehen, um mich auszuruhen und vernünftig ernährt zu werden, denn ich litt an Unterernährung. Ich konnte mir einen Platz in einem Studentenerholungsheim in Combloux in der Haute Savoie sichern und blieb dort einen Monat lang. Was für eine phantastische Zeit ich dort hatte! Noch dazu traf ich ein französisches Mädchen, Françoise, die eine Freundin fürs Leben wurde. In den Weihnachtsferien fand in Combloux ein internationaler Studentenkongreß statt. Er war intellektuell sehr anregend, es gab hervorragendes Essen und ebensolche Musik. Das Végh-Quartett probte in unserem Chalet des Etudiants, und ich schloß eine enge Freundschaft mit Éva Czakó, der Frau des Bratschisten Janzer. Éva war selbst eine exzellente Cellistin, die ich als sehr junge Schülerin von János Starker kennengelernt hatte. In einer der Wochen durfte ich ein Schallplattenprogramm für unsere hauseigene Sendestation planen und moderieren, was mich sehr freute. Draußen lag Schnee, aber wir hatten es warm und unternahmen lange Spaziergänge; ich fühlte mich wieder jung und war überzeugt, daß ich einen neuen Anlauf im Leben nehmen könnte. Ich blieb einen Monat in Combloux, war Mitte Januar 1948 wieder in Paris und arbeitete beim JOINT.

Ich hatte angefangen, für diese Organisation zu arbeiten, als Stephan noch in Paris war. Zuerst wurden mir Aufgaben zugewiesen, bei denen man keine Fremdsprachenkenntnisse außer Englisch brauchte. Ich vertrat auch den Empfangschef, wenn er das Büro verließ, und erledigte einfache Büroarbeiten für ihn. Aber als meine Arbeitgeber merkten, daß ich verschiedene Sprachen sprach, wurde ich bald dazu eingesetzt, Zeitungen zu überfliegen und alles auszuschneiden, was mit dem JOINT zu tun hatte. Diese Arbeit bot großen Einblick in die Aufgaben der Organisation, und ich sammelte Erfahrung mit Büroleitung, die ich bisher nur im Ungarischen Haus gehabt hatte. Es ergänzte auch mein Wissen über die Weltpolitik. Ich arbeitete gerne mit meinen Kollegen und mit dem sehr netten und intelligenten polnischen Leiter unserer Abteilung.

Im Büro freundete ich mich mit einer Ungarin an, die etwas älter war als ich. Sie war gerade geschieden und lebte allein. Sie kam aus bescheidenen Verhältnissen, war intelligent, sachkundig und sehr darauf aus, zu lernen und viel zu lesen. Alice war eine warmherzige, liebenswerte Person, und wir lernten uns gegenseitig sehr schätzen.

Es gab etwas, das seltsam an ihr war: Jedesmal, wenn sie von einer fiktiven Figur gelesen hatte, schien sie für eine Weile selbst die Rolle anzunehmen. Einmal erzählte sie mir von einem Buch, das sie sehr beeindruckt hatte. Ich erinnere mich nicht an dessen Titel, aber es war die Geschichte eines Mannes, der Selbstmord begangen hatte. Niemand konnte verstehen, warum. Er war sehr erfolgreich gewesen, schien mit seiner Frau und seinem fünfjährigen Sohn glücklich zu sein und hatte eine Mutter, an der er sehr hing und die er oft besuchte. Er hatte auch einen Bruder, zu dem er ein sehr enges Verhältnis hatte; er hatte sogar eine reizende Freundin. Der Mann hatte keine Sorgen und führte ein wohlgeordnetes Leben. In dem Buch entwickelte jeder eine These und erzählte, was der Grund für den Tod des Mannes gewesen sein könnte. Selbst der Polizist des Ortes, der ihm großen Respekt entgegenbrachte, hatte eine Theorie. Trotzdem wußte niemand den wirklichen Grund, warum er sich umgebracht hatte.

Eines Tages saß sein kleiner Sohn mit einem Freund am Straßenrand und sagte, daß sein Vater ihm vor seinem Tod eine spannende orientalische Geschichte von einer kleinen Maus erzählt habe. Die Maus lebte mit ihrer Familie zusammen und war sehr glücklich, bis auf eines. Immer wenn sie die Vögel über sich hinwegfliegen sah, wollte sie auch fliegen können. Ihr Wunsch wurde gewährt, und sie konnte plötzlich fliegen. Sie war so glücklich! Sie flog mit den Vögeln und sah all die wunderbaren Dinge, die die Vögel von oben am Himmel sehen können: die Städte, Kathedralen, Wälder und Schlösser. Es war wunderbar, aber es wurde recht einsam. Also lernte die Maus die Sprache der Vögel, um sich mit ihnen unterhalten zu können. Aber obwohl sie jetzt mit den Vögeln sprechen konnte, war sie offensichtlich kein richtiger Vogel, und unabsichtlich ließen die Vögel sie spüren, daß sie nicht wirklich eine der ihren war. Nun bekam die Maus Heimweh und dachte daran, wie schön es sein würde, wenn sie den anderen Mäusen von all den wundervollen Dingen, die sie gesehen hatte, berichten könnte. Deshalb ging sie nach Hause, und die Mäuse freuten sich, sie zu sehen, aber schon bald merkte sie, daß sie nicht mehr wirklich zu ihnen gehörte. Und sie war sehr traurig.

Diese Geschichte beschäftigte Alice sehr, sie erzählte sie jedem und spielte sie nach, als sei sie selbst in erster Linie davon betroffen. Ich begann, mir ihretwegen Sorgen zu machen. Kurze Zeit später hatten wir ein langes Wochenende, und ich verabredete mich am zweiten Tag mit ihr in einer Gemäldegalerie. Leider war Stephan in dieser Zeit besonders schwierig und ich zögerte, ihn allein zu lassen. Es gelang mir nicht, Alice eine Nachricht zukommen zu lassen, hauptsächlich deshalb, weil sie ziemlich weit von uns entfernt wohnte und kein Telefon hatte. Noch dazu wurden die öffentlichen Verkehrsmittel bestreikt. Schließlich kam ich zu unserem Treffpunkt, der von unserem Hotel aus zu Fuß zu erreichen war, doch sie war nicht dort, und ich konnte nicht sehr lange auf sie warten. Ich hatte eine Vorahnung, daß ihr etwas zugestoßen war, und diese wurde bestätigt, als sie am nächsten Tag nicht im Büro erschien. Ungefähr nach der Hälfte des Vormittags klingelte das Telefon, und ich wußte instinktiv, daß es Neuigkeiten von Alice waren. Sie hatte den Gashahn aufgedreht und war tot. Ich war sehr traurig, aber nicht überrascht. Alice war ein weiteres, spätes Opfer des Holocaust. Sie war eine Jüdin, die in Ungarn geboren war und sich wegen der Verfolgung dort unerwünscht gefühlt hatte. Sie emigrierte nach Paris, konnte sich aber auch da nicht zu Hause fühlen, wie die kleine Maus, obwohl ihr Französisch makellos war. Niemand schien es gemerkt zu haben, daß etwas sie bedrückte.

Eines Tages war unser Leiter sehr aufgeregt; seine Schwester wollte nach Paris kommen. Sie war eine Auschwitzüberlebende, und er hatte sie seit dem Krieg nicht mehr gesehen. Er war sicher, daß ich sie mögen würde und daß wir viel gemeinsam hätten. Als sie ins Büro kam, war ich schockiert: Ich kannte sie nur zu gut. Sie war eine der bösen polnisch-jüdischen Kapos, unter denen ich in Auschwitz-Birkenau zu leiden hatte!

In Birkenau bekamen wir kaum deutsche SS-Aufseherinnen zu Gesicht, weil die Leitung es nicht nötig hatte, sie einzusetzen. Die polnisch-jüdischen Gefangenen waren drei oder vier Jahre früher in das Lager gebracht worden. Viele waren erst 15 oder 16 Jahre alt oder noch jünger, als sie eingesperrt wurden. Die meisten Mädchen starben nach kurzer Zeit der Gefangenschaft. Diejenigen, die überlebten, waren äußerst zäh. Hart und selbstsüchtig waren sie, kümmerten sich nur um sich selbst und waren einzig und allein darauf bedacht zu überleben. Sie waren sehr wohl dazu fähig, uns zu quälen, und waren immer bereit, die Befehle ihrer deutschen Vorgesetzten auszuführen. Sie hatten allen Sinn für Humanität verloren. Bestimmt beruhte ihr Verhalten uns gegenüber zum Teil auch auf Eifersucht, und zwar darauf, daß wir noch wohlgenährt waren, als wir ankamen, und so viel später in das Lager gekommen waren. Sie waren so gehässig und boshaft, daß bei Kriegsende einige dieser Frauen von den Überlebenden gelyncht wurden. Ich nahm nie an Lynch- oder Racheaktionen teil, weil ich nie glaubte, daß es gerechtfertigt sei, sich anderen gegenüber so zu verhalten, wie sie sich einem selbst gegenüber verhalten hatten. Trotzdem konnte ich den Zorn meiner Mitgefangenen gut verstehen. Heutzutage kann ich sogar das Verhalten jener polnischen Mädchen verstehen. Wer auch immer mehr als ein paar Monate unter so furchtbaren Umständen überleben konnte, mußte verrohen, gleichgültig und selbstsüchtig werden. Nur mit einem äußerst starken Überlebenswillen – koste es, was es wolle – konnte man länger durchhalten, als die ursprünglichen Kräfte es erlaubten.

So war es wirklich traumatisch, eine meiner ehemaligen Peinigerinnen wiederzutreffen, noch in gesteigertem Maße, weil ich meinen Chef gern mochte und ihn nicht verletzen wollte. Außerdem war ich sehr ungeschickt darin, meine Gefühle zu verbergen. Deshalb versuchte ich, höflich zu sein. Glücklicherweise kam die Schwester nie mehr mit ins Büro. Ich habe ihm nie von meinen Erfahrungen mit ihr erzählt – welchen Sinn hätte es gehabt, ihm die Wahrheit zu sagen?

Im Büro lernte ich viel über Archivarbeit. Später wurde ich versetzt und wurde die Assistentin der Hauptarchivarin des Zentralbüros, Frau Helen Tennenbaum. Sie war eine schroffe Amerikanerin, die die meisten Leute wegen ihres cholerischen Temperaments und ihrer aggressiven und manchmal verletzenden Art nicht leiden konnten. Aber ich kam gut mit ihr aus, und wir wurden gute Freundinnen. Sie hielt das Archiv dieser gewaltigen internationalen Organisation in bester Ordnung und brachte mir sehr viel über die Pflege von und den Umgang mit Dokumenten bei.

8 • Südafrika

Der JOINT hatte zwei Arten von Mitarbeitern: ausländische und einheimische. Die ausländischen wurden gut bezahlt und erhielten jeden Monat ein besonderes Lebensmittelpaket. Weil ich staatenlos war, aber eine Aufenthaltserlaubnis für Frankreich hatte, gehörte ich zu den einheimischen französischen Mitarbeitern, die sehr schlecht bezahlt wurden, und von den Sonderrationen ausgeschlossen waren. Wir ärgerten uns über diese Handhabung, denn wir brauchten wirklich Lebensmittelpakete, um unseren mageren Speiseplan aufzubessern. Außerdem stand mir als ehemaliger Deportierter gleich als ich aus Marseilles nach Paris zog eine kleine Geldsumme zur Rehabilitation zu, aber ich hatte das Geld nicht angenommen, weil ich dachte, jung und frei wie ich war, könne ich mir selbst meinen Lebensunterhalt verdienen, und müsse nicht von der Wohlfahrt leben.

Als ich später selbst beim JOINT arbeitete und sah, wieviel Geld für Empfänge und Gehälter ausgegeben wurde, anstatt in die Rehabilitation zu fließen, bereute ich es, das Geld abgelehnt zu haben, und hatte keine Skrupel mehr, wenn es darum ging, etwas von dieser Organisation anzunehmen.

Nach meiner Rückkehr von der Reise, die ich unternommen hatte, um Stephan zu seinem Schiff zu bringen, reichte ich sofort die Scheidung ein. Ich war entschlossen, ihm nicht nach Südafrika nachzufolgen. Trotz meiner Armut, der geringen offiziellen Rationen und der knappen Lebensmittel fühlte ich mich nicht allein, sondern hatte den Eindruck, daß es viele gab, denen es ähnlich ging. Ich hatte viele gute Freunde, liebte Paris sehr und wollte die Stadt nicht verlassen. Damals erschien es mir, als sei ich plötzlich reich; weil Stephan nicht mehr da war, reichten meine Einkünfte jetzt für mich aus. Andererseits war mir schon 1948 klar, daß ich beim JOINT keine Zukunft hatte, denn die Organisation schraubte ihre Aktivitäten langsam zurück. Tausende von Leuten bemühten sich um Visa für irgendwelche Länder – ich hatte ein Visum für Südafrika. Man drängte mich, es nicht verfallen zu lassen. Im Gegenteil, viele meiner Kolleginnen, Amerikanerinnen und Südafrikanerinnen, hörten von meinen Problemen und machten es sich zur

Aufgabe, mir zu helfen. Sie versicherten mir, daß ich nicht in Durban bleiben müsse, und besorgten mir sogar eine Stelle als Kindergärtnerin in einem jüdischen Kindergarten in Kapstadt. Und sie versprachen, daß sie für meine Rückfahrt nach Frankreich aufkommen würden, sollte es mir in Südafrika nicht gefallen. Sie bestanden darauf, daß ich es wenigstens probieren müsse, und abwarten, wie es mir in Südafrika erginge.

Ich fühlte mich frei und ungebunden und sagte mir, ich hätte nichts zu verlieren. Man versicherte mir, daß alle nötigen Schritte zur Vorbereitung meiner Abreise vom JOINT unternommen würden. Die südafrikanische Regierung werde mich jedoch nur mit einem gültigen Paß ins Land lassen. Ich hatte keinen, und so beantragte ich einen bei der ungarischen Botschaft – nur um gesagt zu bekommen, ich habe meine Nationalität aufgegeben, weil ich nach dem Krieg nicht nach Ungarn zurückgekehrt sei. Während ich meinen Standpunkt verteidigte, kam András Havas, der Sekretär des Botschafters Graf Mihály Károlyi, ins Zimmer. Havas war ein berühmter Altkommunist, der kurze Zeit später nach Ungarn zurückkehrte, nur um dort auf Befehl der Rákosi-Regierung hingerichtet zu werden. Als er fragte, was es denn für Schwierigkeiten gebe, und mich nach meinem Namen fragte, sagte ich ihm, mein Mädchenname sei Mosonyi. Er erkundigte sich sofort, ob ich mit Dr. Dezsö Mosonyi verwandt sei, und ich antwortete, daß er mein Vater war. Er erinnerte sich an meinen Vater als aktiven Sozialisten, der nach dem Zusammenbruch der kurzlebigen Bolschewistenregierung von Béla Kun im Jahre 1919 für kurze Zeit im Gefängnis gesessen hatte. Havas sagte, er wolle sehen, was sich tun ließe, und bat mich, in ein paar Tagen wiederzukommen. Ein paar Tage später sprach ich wieder vor und bekam einen ungarischen Paß, der ein Jahr gültig war und von der südafrikanischen Botschaft anerkannt wurde. Man gab mir eine begrenzte Aufenthaltserlaubnis, die für drei Wochen galt, und versicherte mir, daß ich sie nach Ablauf der Frist gegen eine uneingeschränkte Aufenthaltserlaubnis eintauschen könne, mit der ich auch arbeiten dürfe.

Beim JOINT interessierten sich jetzt alle für mich und meine Situation, und ich wurde so etwas wie ein *cause célèbre*. Als ich im März 1948 abreiste, kamen ungefähr 50 Leute mit zum Bahnhof, um mich zu verabschieden. In dem Moment, als der Zug anfuhr, fragte ich Herrn Pines, den Leiter der Emigrationsabteilung des JOINT, was ich tun solle, wenn mich um Mitternacht, bei meiner Ankunft im Einschiffungshafen Genua, niemand vom JOINT erwarten sollte. Er sagte, ich solle mir keine Sorgen machen – wenn mich niemand abhole, solle ich in das

Hotel Bristol gehen. Ich in meiner Naivität verstand nicht, daß er es nicht ernst meinte: das Bristol war eines der nobelsten Hotels am Ort.

Ich kam mit umgerechnet ungefähr 15 DM in der Tasche in Genua an. Niemand erwartete mich. Weil ich mich nicht auskannte und es nach Mitternacht war, ging ich in das Hotel Bristol. Ich war verblüfft, daß es ein Luxushotel war, fühlte mich aber dafür nicht verantwortlich und genoß es, die Nacht in dem vernünftigen Bett eines luxuriösen Zimmers zu verbringen.

Am nächsten Morgen ging ich zum örtlichen JOINT-Büro. Als ich ihnen erzählte, wo ich übernachtet hatte, waren sie sehr empört. Gerade in diesem Moment rief Herr Pines aus Paris an, um zu erfahren, ob ich sicher angekommen sei, und rügte sie entschieden, weil sie niemanden entsandt hatten, um mich vom Bahnhof abzuholen. Herr Pines trug ihnen außerdem auf, gut auf mich aufzupassen und sicherzustellen, daß ich mit dem richtigen Schiff weiterreiste. Nach dieser strengen Zurechtweisung durch Herrn Pines behandelten die JOINT-Funktionäre in Genua mich wie eine Prominente, sehr zu meiner Belustigung. Ich bot an, im Büro zu helfen, und zog vor meiner Abreise für ein paar Tage in ein hübsches kleines italienisches Gästehaus.

Dreizehn Personen reisten unter der Schirmherrschaft des JOINT in der Touristenklasse der *SS Toscana*. Später stellte sich heraus, daß es eine südafrikanische Person gab, die in der ersten Klasse reiste und für uns alle verantwortlich war. Als wir an Bord gingen, war mein Koffer verschwunden. Herr Schwarz, der Leiter des JOINT-Büros in Genua, war sehr beunruhigt. Kurz vor der Abfahrt wurde mein Koffer in einem anderen Schiff gefunden und schnell zur *Toscana* gebracht, sehr zu seiner Erleichterung. Er konnte sich nun entspannen, weil er mich wirklich gut auf den Weg gebracht hatte.

Die *SS Toscana* war ein italienisches Schiff, das vor dem Krieg ein Frachter gewesen war. Im Krieg hatte es als Truppenbeförderungsmittel für 400 Soldaten gedient; jetzt war es zu einem Emigrantenschiff geworden und hatte 1200 Passagiere. Es war sehr überfüllt. Außer unserer kleinen Gruppe waren die meisten der Passagiere englische Emigranten nach Südafrika oder italienische Emigranten in ostafrikanische Länder, die sie im Krieg als Soldaten kennengelernt hatten. Da fremde Sprachen mich schon immer fasziniert hatten, schloß ich mich einer Gruppe Italiener an und ging am nächsten Tag, als das Schiff in Neapel ankam, mit ihnen an Land.

In meinem gedruckten Schiffsfahrplan, den ich von der Lloyd Triestino Gesellschaft bekommen hatte, stand als Abfahrtszeit unseres Schiffes aus Neapel Mitternacht. Meine Gefährten waren nicht besonders interessant, aber sehr lustig, und ich genoß es, mit ihnen durch Neapel zu streifen. Irgendwo, irgendwie verlor ich zusammen mit einem Mann namens Pietro Rambaldo den Rest der Gruppe. Ungefähr um sieben Uhr abends, beschlossen wir, zum Essen auf das Schiff zurückzukehren, und dann bis zur Abfahrt wieder ein paar Stunden an Land zu gehen. Aber – oh Schreck! – als wir dort ankamen, wo das Schiff gelegen hatte, war es verschwunden! Anscheinend war die Abfahrtszeit auf sechs Uhr verschoben worden. Das war am schwarzen Brett des Schiffes angeschlagen gewesen, als wir an Land gingen, war aber niemandem von uns aufgefallen. Es war meine erste Reise mit einem großen Schiff (10000 BRT), und ich wußte nicht, daß die Zeiten vom gedruckten Fahrplan abweichen konnten, ohne daß die Passagiere benachrichtigt wurden. Ich hatte einen Fotoapparat bei mir, aber kein Geld, und Pietro hatte das, was er dabeigehabt hatte, ausgegeben. Unsere Pässe waren an Bord, und weil wir kein Geld hatten, mußten wir die Nacht auf einer Parkbank verbringen. Zum Glück war das Wetter recht mild.

Inzwischen hatte sich Pietro in mich verliebt, und unsere Beziehung wurde ein einziger Witz. Ich hatte es nicht eilig, nach Südafrika zu kommen, und war für jedes Abenteuer zu haben. Pietro hingegen war überzeugt, daß die meisten Frauen in dieser Situation weinen oder hysterisch werden würden, ich aber lachte nur. Ich ermutigte ihn nicht in seinen Annäherungsversuchen, obwohl er angenehm und nett war, denn er war nicht sehr intelligent. Am nächsten Tag gingen wir ins Büro der Lloyd Triestino, wo man uns sagte, wir müßten nach Rom fahren und von dort aus nach Port Said fliegen, wo wir in fünf Tagen wieder an Bord unseres Schiffes gehen könnten. Wir gingen auch zur Neapeler Zweigstelle der Firma, für die Pietro in Kenia als Zeichner arbeiten wollte. Sie willigten ein, für Pietros Reise nach Rom und den Flug nach Port Said zu bezahlen, und gaben ihm genug Geld, um bis Rom damit auszukommen. Die Firma fand sich auch dazu bereit, Pietros Bürgschaft für meinen Flug nach Port Said zu übernehmen, und so reisten wir weiter nach Rom. Wie ich mich über diesen ersten und unerwarteten Besuch der italienischen Hauptstadt freute!

Nach zwei Tagen verschaffte Pietros Firma uns einen Flug nach Kairo. Das war keine leichte Aufgabe im März 1948; es gab wenige Flüge, und sie waren alle lange Zeit vorher ausgebucht. Aber es gab noch ein Problem: die Fluglinie verlangte eine Bezahlung in Dollars, und die einzigen Devisen der Firma waren Pfund Sterling. Was war zu tun? Obwohl ich mich vorher entschlossen hatte, nicht zum JOINT-Büro in Rom zu gehen, entschied ich mich jetzt doch dafür vorbeizuschauen, weil ich sie nicht um Geld bitten mußte, sondern nur darum, Pfund Sterling in Dollars umzutauschen. Pietro wollte meinen Flug bezahlen, und ich hatte ihm zugesichert, das Geld zurückzuzahlen, sobald ich in Kapstadt zu arbeiten anfinge. Also ging ich zum Büro in Rom. Als ich dort ankam, fand ich ungefähr 50 Leute vor, die darauf warteten, ihre Anliegen vorzubringen. Ich ging zur Rezeption und erklärte, daß ich nicht warten könne, weil es sich um eine sehr dringende Angelegenheit handele. Als der Empfangschef meinen Namen hörte, sagte er sofort, daß sie mich überall gesucht hätten. Anscheinend hatte die in der ersten Klasse reisende Beauftragte des JOINT die Büros in Paris, Genua, Rom und Südafrika benachrichtigt, daß ich nicht aufzufinden sei. Sie waren über mein Verschwinden sehr besorgt.

Ich wurde sofort zum Leiter des Büros in Rom gebracht, und gerade als ich mit ihm redete, kam ein Anruf aus Paris mit der Anfrage, ob sie irgend etwas von mir gehört hätten. Das Büro in Rom veranlaßte schnell den Dollartausch für Pietro und bezahlte meinen Flug, unter der Bedingung, daß ich das Geld von Südafrika aus zurückzahlen würde, wenn ich wieder arbeitete. Ich erzählte ihnen nicht, daß wir in den letzten drei Tagen kein Geld für Nahrungsmittel und Hotelübernachtungen gehabt und im Freien auf Parkbänken geschlafen hatten.

Als nächstes brauchte ich ein Einreisevisum für Ägypten, wozu auch der JOINT mir nicht verhelfen konnte. Ich wurde angewiesen, zur ägyptischen Botschaft zu gehen und meine Lage zu schildern, aber nicht zu sagen, daß ich Jüdin sei. Es war März 1948, nicht die beste Zeit dafür, als Jüdin ohne Papiere in Kairo anzukommen. Aber der ägyptische Botschafter war ein freundlicher Mann; wir führten ein langes Gespräch miteinander, und aus unerfindlichen Gründen sang ich sogar einige französische Studentenlieder für ihn. Er rief das Außenministerium in Kairo an, informierte sie von unserer baldigen Ankunft und verlangte ägyptischen Polizeigeleitschutz für uns bis nach Port Said, wo wir wieder an Bord der *Toscana* gehen konnten. Nun war alles in die Wege geleitet, und am folgenden Tag gingen wir zum Flughafen. Es gab noch ein paar Schwierigkeiten: Mein Paß befand sich auf dem Schiff, und ich hatte keine Einreiseerlaubnis nach Italien. Wie konnten die Italiener es mir erlauben, offiziell abzureisen, wo ich mich doch illegal in ihrem Land aufhielt? Als das Schiff in Neapel anlegte, waren uns nur Pässe für einen Aufenthalt von wenigen Stunden in Italien ausgestellt worden. So einfach konnten sie mich nun nicht aus dem Land lassen. Erst nachdem sie mich zweimal an Bord des Flugzeugs gelassen und wieder herausgeholt hatten, gaben die Italiener schließlich nach und ließen mich ausreisen. Ich vermute, daß sie sich gesagt haben, es bedeute mehr Probleme für sie, mich festzuhalten, als mich gehen zu lassen, und so – eine Sorge weniger!

Im Flugzeug nach Kairo schlief ich tief und fest. Bei der Ankunft, um fünf Uhr morgens, kam die ägyptische Polizei an Bord und nahm mich mit, bevor irgend jemand anderes das Flugzeug verlassen konnte. Sie führten mich und Pietro in ihre Hauptwache und sagten, sie würden uns nach Port Said zum Schiff bringen. Dann traf die Mitteilung ein, daß das Schiff schon aus Port Said abgefahren war. Wir wurden nach Port Suez gebracht, und auf dem Weg dorthin sah ich zum ersten Mal im Leben die Wüste und Kamele und fand die Reise sehr interessant, obwohl sie im Geländewagen sehr holperig war. Dem armen Pietro wurde übel, und er fühlte sich die ganze Fahrt über elend, während ich mit dem ägyptischen Polizisten französische Lieder sang. Nach einer gründlichen Körperkontrolle – denn sie weigerten sich zu glauben, daß ich weder Geld noch Papiere, sondern nur einen Fotoapparat hatte – übergaben sie uns dem Chef der Hafenpolizei. Mehrere Male wurde ich von den Ägyptern gefragt, ob ich Jüdin sei, aber zum ersten Mal in meinem Leben bestritt ich das standhaft.

Wir redeten lange mit dem Hafenpolizisten, für den ich auch französische Lieder sang. Er mochte das so gerne, daß er mit mir eine Besichtigungstour durch Suez unternehmen wollte. Ich hätte dem sehr gerne zugestimmt, aber da er nur mich und nicht auch Pietro mitnehmen wollte, ahnte ich seine Beweggründe.

Die Polizei in Kairo hatte uns bei der Ankunft ein phantastisches Frühstück bereitet, aber in Port Suez bekamen wir nur Kaffee. Gegen elf Uhr abends mußte der Hafenpolizist zur Inspektion an Bord des Luxusliners *Canberra* gehen und nahm uns mit. Ich hatte Spaß daran, aber Pietro war wieder übel. Er war sehr niedergeschlagen. Um zwei Uhr morgens kam endlich die *Toscana* an, und wir wurden an Bord gebracht. Es stellte sich heraus, daß sie, als wir in Port Said nicht aufgetaucht waren, unsere Kojen anderen Passagieren zugewiesen und unsere Sachen in den Lagerraum verbannt hatten. Noch schlimmer, sie hatten meinen Paß in Port Said gelassen. Wir konnten nichts anderes tun, als auf dem Fußboden des Speisesaals zu schlafen und ein paar übriggebliebene kalte Kartoffeln zu essen.

In der Touristenklasse bestanden die Mahlzeiten zum größten Teil aus Bohnengerichten und Kartoffeln. Die ganze Reise über aßen wir weder Obst noch frisches Gemüse und kaum Fleisch. Wir hatten wirklich ziemliches Glück, diese Etappe der Reise verpaßt zu haben, denn das Schiff hatte eine sehr stürmische Überfahrt gehabt, bevor es in den Suezkanal eingefahren war, und seine mangelnde Sauberkeit war während unserer sechstägigen Abwesenheit noch deutlicher geworden.

Bis zum nächsten Morgen hatte es sich herumgesprochen, daß wir wieder da waren, und ich wurde gefeiert. Was für ein Spaß! Jeder wollte mit mir tanzen, und es ging mir prima, trotz des schlechten Essens und der erst jetzt wiederbeschafften Unterkunft. Eines Tages hörte ich wunderschönen Gesang. Es war der Barkeeper, der eine hervorragende Tenorstimme hatte. Einige englische Passagiere gründeten einen Chor. Ihr Gesang war von hohem Niveau und inspirierte die Italiener, es ihnen gleichzutun. Aber es zeigte sich, daß ihr Chor ein einziges Chaos war – obwohl die meisten Einzelstimmen der Mehrheit der englischen Chorsänger weit überlegen waren. Als wir uns dem Äquator näherten, wurden unsere Kabinen unerträglich. Wir brachten unsere Decken an Deck und schliefen Kopf an Kopf und Körper an Körper nebeneinander, wie die Sardinen – jede Nacht, bis wir in Durban ankamen. Das Schiff wurde von Tag zu Tag dreckiger, und in der letzten Woche an Bord hatten wir schließlich alle die Krätze. Wir erfuhren später, daß die *Toscana* nach ihrer nächsten Fahrt keine Passagiere mehr befördern durfte, weil es etwa zwanzig Fälle von Typhus an Bord gegeben hatte. Mittlerweile machten wir einige interessante Zwischenstops auf der Reise, bei denen wir von Bord gehen durften. In Mogadischu, der Hauptstadt von Somaliland, sah ich unwahrscheinlich große schwarze Männer und sehr schöne Eingeborenenfrauen; in Mombasa, Kenia, wurden wir zu einem Tanzfest geführt, bei dem die Frauen durch Abwesenheit glänzten. Wir tanzten auf einer Tanzfläche, die über das Meer ragte und von zauberhafter Landschaft eingerahmt war, die Nacht durch. Am Morgen sahen wir, wie die Stiere zum Stierkampf gebracht wurden. Nach dem Aufenthalt in Mombasa hatten wir zwei Tage lang stürmisches Wetter, das – wie sich herausstellen sollte zu meinem Glück – unsere Ankunft in Durban verzögerte. Wir fanden den Hafen sehr hübsch, umgeben von grünen Hügeln mit üppig grüner Vegetation. Der Zahlmeister des Schiffes hatte die Behörden in Port Said angewiesen, meinen Paß nach Durban zu schicken, aber als das Schiff am 7. April um sechs Uhr morgens anlegte, war er noch immer nicht angekommen.

Am Kai stand die Familie einer der südafrikanischen JOINT-Sekretärinnen, Lucy Hoddes, und erwartete meine Ankunft. Lucy hatte ihnen von mir erzählt, und sie waren alle sehr nett und hilfsbereit. Lucys Mutter, die liebe „Ma", nahm mich unter ihre Fittiche und behandelte mich während meines Aufenthaltes in Durban wie eine Tochter. Ich werde nie vergessen, wie gut sie zu mir war. Stephan war auch am Kai, war unrasiert und schrie mir auf Ungarisch eine Flut von Obszönitäten entgegen. Zum Glück verstanden außer mir nur ein paar Leute Ungarisch, und die waren entrüstet über sein Benehmen. Ich durfte nicht an Land gehen, bis am späten Nachmittag mein Paß eintraf. Wäre er nicht angekommen, so wäre ich an das Schiff gefesselt gewesen, das planmäßig am nächsten Tag auslaufen sollte.

Weil mein Visum mit Stephans Arbeitsstelle gekoppelt war, mußte ich mich mit ihm treffen, und man sagte mir, daß ich in Durban bleiben müsse, bis in drei Wochen meine ständige Aufenthaltserlaubnis da sei. Das war Anfang April 1948. In der Woche nach meiner Ankunft fiel die Smutsregierung und wurde von Malans Nationalisten abgelöst. Meine begrenzte Aufenthaltserlaubnis lief aus und wurde nicht erneuert. Nun hatte ich weder eine Bleibe, noch eine Arbeitserlaubnis und mußte in Durban bleiben. So konnte ich nie die Stelle in Kapstadt antreten.

Als ich aus Paris abreiste, hatten die Scheidungsformalitäten gerade begonnen. Zum Glück hatte Stephan nur ein kleines Zimmer. Es war ihm nicht erlaubt, jemanden dort mit wohnen zu lassen. Übergangsweise wurde ich in einem Hotel untergebracht. Ich bin eine Nachteule und schlafe lieber morgens lange, und weil ich auf dem Schiff wenig geschlafen hatte, freute ich mich sehr bei der Aussicht auf eine lange friedliche Nachtruhe in einem sauberen Bett. Man stelle sich mein Entsetzen vor, als es um fünf Uhr früh an meiner Tür klopfte und jemand mir Tee ans Bett brachte! Ich konnte mich nie an diesen Brauch gewöhnen, und es dauerte einige Tage, bis ich allen Mut zusammennahm und sagte, daß ich am Morgen weder Tee noch Kaffee wolle. Es vergingen noch einige weitere Tage, bis ich das Hotelpersonal überzeugen konnte, daß ich es ernst meinte und in den frühen Morgenstunden nicht gestört werden wollte. Sicherlich wurde ich deshalb für sehr unzivilisiert gehalten. Aber das Wichtigste war, erst einmal die Krätze loszuwerden. Die vom Arzt verschriebene Salbe heilte mich innerhalb nur einer Woche.

Stephan war in einer furchtbaren Verfassung, als ich ankam. Das Orchester hatte Urlaub, also kam er mich jeden Tag besuchen, und wir wurden häufig eingeladen. Die südafrikanische Gastfreundschaft war sehr großzügig. Bei seiner Ankunft war Stephan von einer Zeitung interviewt worden und hatte erwähnt, daß seine Frau, die in Auschwitz gewesen war, ihm so bald wie möglich nachfolgen werde. Ich hatte die Ehre, die erste Überlebende eines Konzentrationslagers in Durban zu sein, und jeder wollte von meinen Erlebnissen während des Holocausts hören. In der zweiten Woche wurde ich gebeten, vor einer jüdischen Frauengruppe zu sprechen. Ich sprach ungefähr zwei Stunden lang und beantwortete anschließend noch Fragen. Am Ende meines Vortrags kam eine Frau auf mich zu und sagte: „Mein armes liebes Mädchen, ich bin sicher, daß du eine schwere Zeit durchgemacht hast – aber bestimmt ist doch deine Phantasie etwas mit dir durchgegangen?" Eine andere meinte: „Wenn du dich etwas besser kleiden würdest, wärst du recht hübsch." Das ärgerte mich sehr; erst viel später verstand ich ganz die Unfähigkeit der Leute, sich die nackten Schrecken der Konzentrationslager und die Brutalität gegen die hilflosen Opfer vorzustellen. Was den unentgeltlichen Ratschlag meine Kleidung betreffend anging: Damals besaß ich nur Kleidungsstücke, die die Reicheren abgelegt hatten. Ich hatte keine andere Wahl als das zu tragen, was ich bekam. Es dauerte noch eine ganze Zeit, bis ich zum ersten Mal wieder ein Kleid tragen konnte, das ich mir selbst gekauft hatte.

Man sagte mir, daß Stephan bei seiner Ankunft in Durban sehr depressiv gewesen sei und in keiner Weise für sich selbst sorgen konnte, außer im Orchester zu spielen. Das Orchester hatte einen sehr netten jungen Schwarzen eingestellt, der sich um ihn kümmern sollte: ihn rasieren, ihn anziehen und ihn zu den Proben und Konzerten bringen. Sobald er auf der Bühne stand, war alles in Ordnung. Weil bei meiner Ankunft das Orchester Urlaub hatte, stand ihm sein Kammerdiener nicht zur Verfügung – daher sein ungekämmtes Aussehen auf dem Kai. Aber vom Zeitpunkt meiner Ankunft an schien es ihm besser zu gehen, und nach ein paar Tagen benahm er sich fast normal.

Als das Orchester wieder spielte, brauchte er keinen Kammerdiener mehr. Stephan war jetzt freundlich und rücksichtsvoll, und er war offensichtlich glücklich, daß ich da war. Weil mir die nötigen Papiere fehlten, konnte ich nicht weiterreisen. Ich mußte das beste aus meiner Lage machen. Stephan war so froh darüber, daß ich da war, und verhielt sich so anständig und verantwortungsvoll, daß wir beschlossen, versuchsweise wieder zusammenzuziehen. Ich bin nicht sicher, daß ich es – auch nur vor mir selbst – rechtfertigen kann, daß ich zu ihm zurückkehrte, außer aus den schon erwähnten Gründen. Obwohl Stephan ein gutaussehender Mann war, fühlte ich mich nie körperlich zu ihm hingezogen. Außerdem konnte er keine zufriedenstellenden zwischenmenschlichen Beziehungen aufbauen. Ich vermute, daß ich deshalb so handelte, weil ich in einer vollkommen fremden Umgebung war – ohne Familie, ohne Sicherheit und ohne Aufenthalts- oder Arbeitserlaubnis. Ich hatte wirklich kaum eine Alternative. Unter den gegebenen Umständen hoffte ich, daß das Zusammenleben mit Stephan diesmal besser klappen würde als beim letzten Mal. Ich bekam noch immer die Auswirkungen des Krieges zu spüren! Wir versuchten, eine preiswerte

Wohnung zu finden, aber das war schwierig. Ein Musiker des Durban Civic Orchestra verdiente genausoviel wie ein schlecht bezahlter Busfahrer, und ich durfte nicht arbeiten.

Als ich nach meiner Entlassung aus dem Marseiller Gefängnis bei den Vidies in Paris wohnte, faszinierte mich die Auslage eines kleinen, aber exklusiven Restaurants gegenüber. Es lag immer eine große Ananas im Fenster – und ich sehnte mich so danach, sie zu probieren! Aber ich war viel zu arm, um an solchen Luxus auch nur zu denken. Jetzt, in Durban, war ich zwar noch immer sehr arm, aber eine Ananas war nicht länger ein Luxusgut. Man konnte für einen Schilling, also ungefähr 15 Pfennig, eine kaufen. Natürlich kaufte ich bei der ersten Gelegenheit eine Ananas. Ich genoß ihren herrlichen Geschmack nur einen Moment – dann war mein Mund voller schmerzhafter Bläschen. Wahrscheinlich entzündeten die Enzyme, die Fleisch zart machen, wenn es mit Ananassaft behandelt wird, meine Mundschleimhäute, und ich hatte große Schmerzen.

Nach meiner Abreise aus Frankreich stellte ich fest, daß Münzgeld nirgends etwas wert war. Bei der Ankunft in Durban gab Stephan mir etwas Geld. Als ich die Banknoten in Münzen eintauschte, hatte ich überhaupt keine Vorstellung von ihrem Gegenwert. Weil ich so lange auf Süßigkeiten und Schokolade hatte verzichten müssen, war das Schaufenster von Woolworths viel zu verlockend für mich. Ich entdeckte eine Süßigkeit, der ich nicht widerstehen konnte: eine Nuß, umgeben von Marshmallow, das Ganze mit Schokolade überzogen und in Form einer Pyramide. Jeden Tag ging ich hin und kaufte und kaufte immer wieder meine Lieblingssüßigkeiten. Ich war so abhängig davon, daß ich noch nicht einmal warten konnte, bis ich das Geschäft verlassen hatte, bevor ich die ersten in den Mund steckte. Erst viel später wurde mir plötzlich klar, daß ich in einer Woche fast zwanzig Mark für diese Süßigkeiten ausgegeben hatte und daß Half-a-crown viel Geld ist. Die Sache wurde dadurch noch schlimmer, daß ich zu dieser Zeit erstmals überhaupt nichts verdiente und Stephan für mich zahlte, außer für meine Unterkunft. Solange ich allein wohnte, bezahlte der JOINT meine Miete.

Der Wohnungsmarkt in Durban war sehr gespannt. Zwar war die Stadt nicht bombardiert worden und kam dem Kriegsgeschehen am nächsten, als einmal meilenweit entfernt vom Hafen ein japanisches Schiff gesichtet wurde, aber während des Krieges konnte nicht gebaut werden, und viele Flüchtlinge waren in die Stadt geströmt. Wenig Geld zu haben, half uns unter diesen Umständen nicht gerade. Ich begab mich auf die Suche nach einer geeigneten Unterkunft. Wohin ich auch kam, überall wurde mir eine Tasse Tee angeboten. Da ich keine große Teetrinkerin bin, war es für mich zuviel des Guten, aber es wäre unhöflich gewesen, eine solche Geste abzulehnen. Es gelang mir lange nicht, ein geeignetes Zimmer zu finden. Eines Tages war ich wieder einmal auf dem Weg zu einem Zimmer, das ich in den Anzeigen gefunden hatte und nun besichtigen wollte. An einer Bushaltestelle kam ich mit einer Frau ins Gespräch. Als sie von unserer Notlage hörte, bot sie an, ihre Wohnung mit uns zu teilen, was eine sehr praktische Idee war. Ich war überglücklich, und wir zogen bei Frau Evans ein. Nach einiger Zeit beschloß sie, für sich selbst ein Bett in der Wohnung ihres Sohnes aufzustellen, die sich im selben Haus befand, so daß wir ihre Wohnung für uns haben konnten. Wir waren unendlich dankbar, aber unsere Freude war kurzlebig. Es war eine Sozialwohnung, und Frau Evans, die von uns übrigens nur die Miete verlangte, die sie selbst zahlen mußte, durfte ihre Wohnung nicht untervermieten. Jemand informierte die Stadtverwaltung, und wir wurden zusammen mit der armen Frau Evans hinausgeworfen. Unsere Not war noch mitleiderregender, weil ich inzwischen im sechsten Monat schwanger war. Stephan erlitt wiederholt Zusammenbrüche und kam wieder und wieder in ein Sanatorium, das von der jüdischen Gemeinde bezahlt wurde.

Zuerst machte meine Schwangerschaft mich trotz unserer Armut sehr glücklich. Alles sah hoffnungsvoll aus, denn Stephan ging es immer besser, und er schien wieder normal zu sein. Er hatte seine ersten Soloauftritte und fand große Anerkennung. Das Orchester von Durban war allerdings nicht besonders gut, und er haßte dessen Konzerte mit leichter Musik; am meisten die, die am Strand stattfanden. Wir kauften mit einem Kleinkredit einen billigen und einfachen Küchentisch und vier Stühle. Es waren unsere ersten eigenen Sachen. Leider bereitete gerade das mir später schwere Sorgen. Es war das erste Mal überhaupt, daß ich etwas auf Kredit kaufte, und seitdem habe ich es nie wieder getan. Alles schien gutzugehen, und wir waren recht glücklich. Wir gewannen viele neue Freunde und schmiedeten Pläne für die Zukunft. Obwohl es viele Dinge gab, die uns in Südafrika nicht gefielen, waren wir doch der Meinung, daß es sich die nächsten fünf Jahre dort aushalten ließe. Dann könnten wir südafrikanische Staatsbürger werden, mit Pässen, die uns eine Emigration nach England ermöglichen würden. Wir wollten wirklich unbedingt nach Europa zurückkehren – Stephan hauptsächlich deshalb, weil er die Hitze in Durban unerträglich fand, und ich wegen der politischen Lage und der provinziellen Atmosphäre in Südafrika. In der Zwischenzeit führten wir kein schlechtes Leben.

Wenigstens hungerten wir nicht, obwohl wir noch immer jeden Pfennig umdrehen mußten, besonders weil ich auf illegaler Basis nur Gelegenheitsjobs fand, beispielsweise das Adressieren von Briefen der Zionistischen Gesellschaft und andere einfache Arbeiten.

Leider nahmen die Dinge eine schlechte Wendung. Stephan ging es immer besser, bis es ihm so gut ging, daß er sich für ein Genie, dann für den Messias und schließlich für Gott selbst hielt. Er schrieb seine Gebote nieder und verteilte sie. Ich war im fünften Monat schwanger, und jeden Tag gab es eine neue Krise. Stephan mußte wieder gepflegt werden. Aber vor seinem endgültigen Zusammenbruch spielte er eine Interpretation von Beethovens Violinkonzert, wie ich nie etwas Vergleichbares gehört hatte oder seitdem gehört habe. Ich dachte, daß ich es mir eingebildet hätte, aber vor ein paar Jahren bestätigte eine Cellistin, die damals im Orchester von Durban spielte, meinen Eindruck, daß Stephans Spiel unvergleichlich und unvergeßlich war. Am Tag nach dem Konzert mußte er gewaltsam ins Sanatorium gebracht werden, wo Elektroschocks und andere Behandlungen auf ihn warteten. Da das Sanatorium sehr teuer war, wurde er nach Hause geschickt, sobald es ihm ein wenig besser ging.

Zu Hause war er oft gewalttätig und drohte mir an, mich mitten in der Nacht hinauszuwerfen. Ein andermal eröffnete er mit unseren letzten acht Mark ein Konto und kaufte für ungefähr 800 Mark ein, alles an einem Tag! Er wurde wieder ins Krankenhaus gebracht, weil er nicht wußte, was er tat, und aggressiv wurde, wenn man ihm sagte, er solle damit aufhören. Als ich am folgenden Tag in die Geschäfte ging, um die unberührten Waren zurückzubringen, weil kein Geld zur Deckung des Schecks auf dem Konto sei und weil er geistesgestört sei, sagten sie dort unfreundlich zu mir: „Hassen Sie ihn so, daß sie uns weismachen wollen, er sei nicht normal? Uns kam er völlig normal vor." Ich mußte all meine Überredungskünste anwenden, um sie dazu zu bringen, sich mit dem Psychiater in Verbindung zu setzen, der bestätigte, daß Stephan wirklich geisteskrank war und ich die Wahrheit gesagt hatte. Manchmal war er für einen Tag zu Hause und manchmal für eine Woche, aber er mußte unweigerlich wieder ins Sanatorium.

Ich lebte von der Sozialhilfe der jüdischen Gemeinde, weil die Regierung mir nicht erlaubte zu arbeiten. Deshalb begann ich, Hüte zu machen und für besondere Anlässe zu backen. Die Kuchen und Kekse, die ich backte, waren aus den besten Zutaten gemacht, und weil ich es nicht wagte, zu viel am Rezept zu ändern, um meine Kundschaft nicht zu verlieren, verdiente ich fast nichts. Meine ersten beiden Hüte waren für das große Pferderennen von Durban, das „July Handicap". Es war der Höhepunkt der Saison, und meine Hüte wurden sogar gefilmt. Aber wieder verdiente ich sehr wenig. Dann hatte ich eine andere Idee, um Geld zu verdienen, wenigstens etwas Geld, und zwar durch die Teilnahme an einem Rezeptwettbewerb, der vom *Natal Mercury* ausgeschrieben worden war. Ungezogenerweise gab ich die Namen von Freunden an und schickte verschiedenste Rezepte ein. Viele Wochen lang gewann ich alle Preise. Eines Tages schickte ich das Rezept einer ungarischen Käsemischung ein, für die man Paprika als Zutat brauchte. Es gab nur einen versteckt in einer Einkaufspassage gelegenen winzigen schweizerischen Laden in Durban, der echte Paprika hatte. Ich dachte, daß es unfair sei, ein Rezept einzusenden, ohne darauf hinzuweisen, wo man die Zutaten bekommen könne, und so gab ich die Adresse dieses bescheidenen Ladens an. Als ich ein paar Wochen später dorthin kam, um Paprika zu kaufen, sagte man mir, daß der Laden eine sehr hohe Nachfrage gehabt habe, weil jemand in der Zeitung über ihn geschrieben habe, und daß ihnen nun die Waren ausgegangen seien.

Wenn Stephan zu Hause war, spielte er im Orchester und wurde bezahlt, wenn er nicht gerade eine manische Phase hatte. Zu dieser Zeit wurde die Diagnose gestellt, daß er schizophren war. In einer manischen Phase konnte er alles tun – bei einem Konzert aufstehen, dem ersten Geiger die Geige aus der Hand nehmen und anfangen, Solo zu spielen. Ein andermal trat er nackt auf die Bühne und begann zu spielen.

Als ich im achten Monat war, ging ich zu meiner üblichen Kontrolluntersuchung und erfuhr, daß ich Nierenprobleme hatte und man sofort die Wehen einleiten müsse, selbst wenn das das Leben des Kindes in Gefahr bringen könne. Stephan war gerade zu Hause, konnte aber nicht richtig verstehen, was passierte. Immer wenn es eine Krise gab, fing er wie wild an zu üben, und keiner konnte ihn unterbrechen. Wunderbare Freunde – die Chiats, mit denen ich heute noch gut befreundet bin – kamen und brachten mich ins Krankenhaus, wo meine Fruchtblase aufgestochen wurde; aber weil das Kind noch lange nicht darauf vorbereitet war, lag ich fünf Tage und Nächte lang in schweren Wehen. Schließlich, am 14. Februar 1949, bekam ich einen Sohn. Während ich im Krankenhaus war, lief Stephan Amok, tauchte ab und zu beim Krankenhaus auf, auch mitten in der Nacht, und machte einen Aufstand.

Stephan hatte sich eine Tochter gewünscht. Er hatte eine viel jüngere Schwester, Ági, die er wie sein eigenes Baby behandelt hatte. Sie war außerordentlich musikalisch, und er brachte ihr Geigespielen bei. Er kam nie richtig darüber hinweg, daß er sie verlassen mußte. Ági hatte überlebt – als einzige aus seiner Familie – aber er hatte sie seit 1937 nicht mehr gesehen. Jetzt wollte er eine Tochter als Ersatz für diese Schwester. Aus unerfindlichen Gründen hatte ich auch geglaubt, das Kind werde eine Tochter sein, und deshalb hatten wir uns nur Mädchennamen ausgesucht. Als unser Sohn geboren wurde, konnte Stephan es nicht richtig akzeptieren, daß es ein Junge war. Man sagte mir, ich müsse dem Kind sofort einen Namen geben, und so mußte ich allein einen Namen finden. Stephan kam am Morgen nach der Geburt ins Krankenhaus, sah einen kleinen Jungen, sagte nichts, und ging zum Einwohnermeldeamt, wo er verkündete, er sei gekommen, um ein neugeborenes Baby eintragen zu lassen. Als sie ihn nach dem Namen des Vaters fragten, antwortete Stephan, den wüßte er nicht. Zur Person der Mutter sagte er, das sei seine Frau. Als sie ihn daraufhin fragten, ob er annehme, ich hätte sexuelle Beziehungen zu anderen Männern gehabt, antwortete er, er sei überzeugt, daß das nicht der Fall sei. Aber weil er angenommen habe, er werde Vater eines Mädchens werden und ich ihm einen Jungen geboren habe – wie könne er wissen, daß er der Vater sei? Wie auch immer, der erste Name, der mir einfiel, war Ivan. Ich hatte in meiner Kindheit zwei sehr liebe Freunde mit diesem Namen und wollte, daß mein Sohn auch so hieß.

9 • Ein Sohn – und Israel

Schon vor der Geburt von Ivan sagten die Psychiater mir, wenn Stephans Gesundheitszustand sich nicht bessere, würden sie, um ihm zu helfen, versuchen, eine Leukotomie durchzuführen. Ich konnte keine Besserung feststellen, und nachdem ich Rat eingeholt hatte, stimmte ich der Gehirnoperation zu. Es schien so, als gebe es wenig zu verlieren. Aber was sie mir nicht sagten, war, daß diese Art der Operation sich noch im experimentellen Stadium befand und daß das Ergebnis nicht vorhersagbar war. Wir hatten jedoch Glück, denn Stephan war nach der Operation ruhiger, allerdings nicht ausgeglichener. Alle anderen Patienten, an denen damals im Psychiatrischen Krankenhaus Pietermaritzburg diese Operation vorgenommen wurde, starben entweder oder vegetierten nur noch vor sich hin. Stephan schien der einzige Patient zu sein, der fast ungeschoren davonkam. Während er im Krankenhaus lag, wohnte ich bei einer ausgesprochen netten Familie in Pietermaritzburg. Trotz der Leukotomie hatte Stephan weiterhin gute und schlechte Phasen und lebte wieder mehr im Sanatorium als zu Hause.

In dieser Zeit wurden wir aus der Wohnung von Frau Evans herausgeworfen, und die jüdische Gemeinde fand nur unter größten Schwierigkeiten eine Unterkunft für mich. Es war eine hübsche Einzimmerwohnung mit einer Trennwand aus Glas. Einige Zeit nach der Geburt von Ivan war ich wieder gezwungen umzuziehen, diesmal in ein elendes Zimmer mit Gemeinschaftsbadezimmer und der Toilette auf dem Hof. Es war nicht einfach, ein Baby zu pflegen, wenn es im Hof Ratten und im Haus kein fließendes Wasser gab. Zum Glück ließ man mich später wieder in die reizende kleine Wohnung einziehen. Die jüdische Gemeinde war wirklich aufmerksam, auch wenn ihre gutgemeinten Taten mich manchmal verletzten. Ich hätte jede Stelle angenommen, wenn ich nur hätte arbeiten dürfen, anstatt als Sozialfall zu gelten. Damals war ich, soviel ich weiß, der einzige jüdische Flüchtling in Durban, und alle wohltätigen Damen des Ortes überschütteten mich mit ihrer Zuwendung.

Wie ich schon sagte, hatte ich bei meiner Ankunft in Südafrika keine eigene Kleidung und konnte es mir auch nicht leisten, welche zu kaufen. Es sprach sich schnell herum, daß ich Kleidungsstücke bräuchte. Am nächsten Tag kamen in meiner Wohnung zwei Schrankkoffer voller alter Kleider an. In dem ganzen Berg fand sich fast nichts, das ich tragen konnte. Dasselbe passierte, als jemand den Eindruck hatte, daß ein Küchentisch, den wir auf Kredit gekauft hatten und nicht bezahlen konnten, nicht gut genug für mich sei. Wir hatten ihn in einem jüdischen Geschäft gekauft, und als ich erzählte, daß ich ihn zurückbringen müsse, kümmerten sie sich darum, die Bezahlung für mich zu übernehmen. Plötzlich kam ein riesiger viktorianischer Tisch an, der mir kaum genug Platz ließ, um mich im Zimmer bewegen zu können. Ein andermal sprach es sich herum, daß ich kein Geld für Lebensmittel hätte, und nach einem Fest im jüdischen Club von Durban wurden kartonweise übriggebliebene, eingetrocknete Sandwiches vom Vorabend und beutelweise gekochte Kartoffeln bei mir abgegeben. Obwohl ich ihre gute Absicht würdigte, brachten mich solche Geschenke zum Weinen. „Krumen, die von der Herren Tische fallen."

Eines Tages hatte ich etwas in der Stadt zu erledigen. In der Nähe des Rathauses traf ich eine nichtjüdische Dame, die ich kannte. Sie schien erfreut zu sein, mich zu sehen, und lud mich zu einer Tasse Tee ein. Es war um die Mittagszeit, nicht gerade die Zeit zum Teetrinken. Wir gingen in ein nahegelegenes Hotelcafé. Sie flüsterte dem Ober etwas zu, aber er entschuldigte sich, er könne uns nicht weiterhelfen. Ich wußte überhaupt nicht, worum es ging. Danach gingen wir in eine Teestube, und sie bestellte am Tresen. Wir unterhielten uns lange, bis der Ober kam und zwei Doppelportionen überbackene Käsetoasts brachte. Sobald sie kamen, stand sie auf und sagte: „Meine Liebe, ich habe das für Dich bestellt. Du mußt sehr hungrig sein. Ich muß jetzt gehen." Und weg war sie. Ich brach in Tränen aus und konnte das Essen nicht anrühren; es war äußerst kränkend, wie eine Bettlerin behandelt zu werden, auch wenn die Frau noch so gute Absichten hatte.

Aber die liebe Lil Cohen war anders. Sie lud mich oft zu sich ein und behandelte mich als ihre Freundin, nicht als Sozialfall. Einmal führte sie mich in ein Modegeschäft und ließ mich ein Kleid aussuchen, das sie für mich bezahlte. Es war ein hübsches, hellbraunes Schwangerschaftskleid mit weißen Punkten – das erste Kleid, das ich mir jemals selbst ausgesucht hatte. Das war im Dezember 1948, und erst Ende 1951 konnte ich mir wieder selbst ein Kleid aussuchen; diesmal bezahlte ich es endlich mit selbstverdientem Geld.

Es erinnerte mich an eine Zeit im Jahre 1944, als ich in Budapest arbeitete und sehr wenig verdiente, und über Weihnachten nach Hause fuhr. Mein Vater, der mich bis dahin sehr knapp gehalten hatte, beschloß, mich von Kopf bis Fuß neu einkleiden zu lassen, weil mein zwanzigster Geburtstag näherrückte. Ich verbrachte fast die gesamten Weihnachtsferien damit, Stoffe auszusuchen, mich mit einer erstklassigen Damenschneiderin über Schnitte zu unterhalten und meine Füße für Schuhe vermessen zu lassen. Ich war bestimmt nicht eitel, aber ich war sehr aufgeregt darüber, daß ich eine komplette neue Ausstattung bekommen sollte.

Weil ich das einzige Mädchen in der Familie meiner Mutter war, schickten die Verwandten meistens die überschüssigen Frauenkleider zu uns, die dann geändert wurden, so daß sie zugegebenermaßen sehr hübsche Kleider abgaben; aber ich hatte sie mir nicht ausgesucht. Ich besaß nie ein Kleid, das ich mir selbst ausgesucht hatte oder das neu war. Wir hatten eine sehr gute Schneiderin, die einmal im Monat zu uns kam, und eine andere Frau kümmerte sich einmal im Vierteljahr um Unter- und Bettwäsche. Die Schneiderin, Ilonka, war im zarten Alter von sechzehn Jahren als Näherin zu uns gekommen. Sie war fröhlich, intelligent und freundlich, und ich kannte sie schon solange ich denken konnte. Ich liebte sie innig und freute mich immer auf ihren Besuch. Meine Mutter empfahl Ilonka all ihren Freundinnen. Beide verband bald eine enge Freundschaft. Ilonka wurde fast wie ein Familienmitglied behandelt, und als sie heiratete, führten meine Eltern sie zum Altar. Als sie einen Sohn bekam, war es mein Vater, der bei der Geburt assistierte. Ilonka hatte sehr geschickte Hände, guten Geschmack und gute Ideen, wie man alte Stücke neu und hübsch aussehen lassen konnte. Später, als Ungarn von den Deutschen besetzt wurde, gaben wir Ilonka ein paar Familienerbstücke, die sie für uns aufbewahren sollte, für den Fall, daß wir aus der Gefangenschaft zurückkehren würden. Aber als mein Bruder nach dem Krieg zurückkam und sie nach den Dingen fragte, leugnete Ilonka, sie je erhalten zu haben.

Wir trugen immer maßgeschneiderte Schuhe, nicht nur aus Gesundheitsgründen, sondern auch weil ein Patient meines Vaters, dessen Frau ihm fast jährlich ein Kind schenkte, ihre Arztrechnungen bezahlte, indem er die gesamte Familie mit Schuhen versorgte. Also gingen wir zweimal pro Jahr zum guten alten Herrn Hidvégi, um Maß nehmen zu lassen. Ich kann mich noch an den Geruch in seinem Laden erinnern. Mein Schuhwerk war immer praktisch, meistens waren es Schnürstiefel. Diesmal, zu meinem zwanzigsten Geburtstag, sollte ich richtige Damenschuhe bekommen, in verschiedenen Farben – hauptsächlich blau, denn das war meine Lieblingsfarbe. All diese wunderbaren Geschenke sollten zu meinem Geburtstag im April 1944 fertig sein...

Noch vor diesem Tag wurde Ungarn jedoch von den Deutschen besetzt. Mein Vater wurde festgenommen und weggebracht. Das war keine Zeit für neue Kleider.

Ivan wog bei der Geburt nur ungefähr 1500 Gramm, aber er war gesund. Ich versuchte, ihn zu stillen, mußte es aber am fünften Tag aufgeben. Meine Milch bekam ihm nicht gut; sie machte das Kind zunehmend unruhig. Genau am Tag von Ivans Geburt mußte Stephan wieder ins Sanatorium, und ich wußte nicht, wie es weitergehen sollte. Ich hatte ein Kind, aber keine Aufenthalts- oder Arbeitserlaubnis, und einen Ehemann, der die meiste Zeit im Sanatorium verbrachte. Ich machte mir auch Sorgen, daß Stephan dem Kind etwas antun könnte, und daher ließ ich ihn kurze Zeit später für unzurechnungsfähig erklären. Er wurde in das psychiatrische Krankenhaus in Pietermaritzburg eingeliefert, wo ich ihn einmal pro Woche besuchte.

Während ich mich nach Arbeit umsah, noch immer illegal, und jede Woche Stephan besuchte, kam manchmal ein reizendes sechzehnjähriges Zulumädchen, um sich ein paar Stunden um Ivan zu kümmern. Sie war sehr klug, lächelnd und süß, besaß viel Charme und ihr Englisch war makellos. Sie hatte in einer Missionsschule eine gute Ausbildung genossen, und ihr Vater und ihre Brüder waren Kopfarbeiter. Es war schön, wenn sie da war, und sie schien Ivan liebzuhaben. Inzwischen war er drei Monate alt und hatte gerade erst gelernt zu lächeln, was er nun ständig tat.

Eines Tages ließ ich Ivan mit dem Mädchen allein, mußte aber unerwartet noch einmal zurückkehren, weil ich etwas vergessen hatte. Ich war entsetzt bei dem Anblick, der sich mir bot. Dieses Mädchen, das den geschulten Intellekt einer europäischen Frau hatte, stand halb nackt da, mit dem Kind auf dem Arm und einer Schere in der Hand. Sie war in Trance und bemerkte noch nicht einmal meine Rückkehr; sie schnitt sich gerade Schnipsel von ihren Haaren ab und ließ sie auf den Körper des Kindes fallen. Ihr primitives Verhalten ängstigte mich. Ich entließ sie sofort. Später erfuhr ich, daß es ein Stammesritual war, um ihre Liebe zu dem Kind auszudrücken. Es kann gut sein, daß es ein Fehler war, sie zu entlassen.

Inzwischen wurde ich immer deprimierter. Die Ärzte hatten mir schriftlich mitgeteilt, daß es bei Stephan keine Hoffnung auf eine vollständige Gesundung gebe. Aber jedesmal, wenn sein Zustand etwas besser wurde, schickten sie ihn zu mir nach Hause. Als ich die Ärzte fragte, ob sie meinten, daß es Stephan viel ausmachen würde, wenn ich mit dem Kind wegginge, sagten sie, in Anbetracht meines depressiven Zustands wäre es am besten für mich, ihn zu verlassen. Sie befürchteten, daß der Streß mir zu viel werden könnte. Ich hatte keine richtige Erholungspause gehabt, seit ich aus dem Konzentrationslager entlassen worden war. Deshalb beschloß ich, die jüdische Gemeinde ein letztes Mal um Hilfe zu bitten – eigentlich war es das allererste Mal, daß ich um Unterstützung bat, sonst war mir alles angeboten worden, ohne daß ich hätte bitten müssen. Ich brauchte Geld, um für Ivan und mich die Kosten einer Emigration nach Israel zu bestreiten, wo ich hoffte, ein neues Leben anfangen zu können. Die Gemeinde zeigte sich sehr großzügig, und ein ganzer Container wurde mit geeigneten Möbeln gefüllt, die wir mitnehmen sollten.

Nach seinen sehr schwierigen ersten Monaten hatte Ivan schnell aufgeholt und war jetzt sechs Monate alt, ein großes und schönes Baby, das ständig lächelte und gut gelaunt war. Er war wirklich eine große Freude und ein Trost für mich. Das war um so erstaunlicher, weil er bei der Geburt mit Haaren bedeckt und furchtbar häßlich war. Da ich eine ausgebildete Kinderpflegerin war, hatte ich die üblichen Schwierigkeiten oder Ängste mit dem ersten Kind nicht, denn ich wußte, was zu tun war, und hatte sehr feste Vorstellungen von der Kindererziehung. Im vierten Monat nahm Ivan menschliche Formen an und war offensichtlich ein hübsches Kind. Am Tag nach meiner Entlassung aus dem Krankenhaus kam eine Frau an meine Tür, die sagte, sie sei Frau Dr. Sophie Jackson, Ärztin für Allgemeinmedizin und Kinderheilkunde, und wolle nach dem neugeborenen Baby sehen. Sie forderte mich auf, einmal pro Woche in ihre Sprechstunde zu kommen und sie zu benachrichtigen, wann immer ich glaubte, mit dem Kind stimme etwas nicht. Als Ivan dreieinhalb Monate alt war, ging ich in die Sprechstunde. Eine der anderen Mütter zeigte sich erstaunt, was für ein schönes Baby Ivan geworden war, und erinnerte mich daran, daß sie und andere sich wirklich um mich Sorgen gemacht hatten, als der häßliche kleine Ivan geboren wurde! Sophie Jackson, später Beecham, war mir eine enorme Hilfe und Unterstützung, und sie ist immer eine gute Freundin geblieben.

Im Verlauf meiner noch immer illegalen Arbeitsuche ging ich in eine Hutmacherei, um zu fragen, ob ich etwas Heimarbeit bekommen könne. Der Besitzer war nicht da, aber ein nettes junges Mädchen, Nina, hörte mich an und sagte dann, sie hätte vielleicht eine Idee. Sie fragte, ob sie mich zu Hause besuchen dürfe. Nina kam und erklärte mir, daß sie Hüte für Privatkunden machen wolle und mich einstellen könne, wenn meine Wohnung als Werkstatt herhalten würde. Das schien eine ausgezeichnete Idee zu unser beider Nutzen zu sein, und wir entwikkelten einen Schlachtplan. In den nächsten Monaten kam Nina jeden Tag, und ich verdiente auch etwas Geld. Jetzt konnte ich ausgehen, andere Sachen erledigen oder Stephan besuchen, ohne mich darum kümmern zu müssen, wo Ivan in dieser Zeit bleiben konnte. Es war eine nahezu ideale Lösung, und wir wurden enge Freundinnen.

Eines Tages wurde mir eine Eintrittskarte zu einem Konzert des Pianisten Julius Katchen angeboten. Es war ein jüdisches Wohltätigkeitskonzert, und die Juden von Durban hatten generell kein großes Interesse an klassischer Musik. Katchen muß die Gleichgültigkeit gespürt haben. Er antwortete darauf mit einem extravaganten Auftritt. Den langsamen Satz von Beethovens Appassionata nahm er im Schneckentempo, und der schnelle Satz war viel zu protzig. Als Zugabe spielte er einige der Ungarischen Tänze von Brahms in einer Weise, die nicht sehr nach meinem Geschmack war. Ich war recht ärgerlich, denn ich hatte ihn auf Schallplatten und im Radio gehört und wußte, daß er ein außerordentlich guter Musiker war. Nach dem Konzert wurde ich ihm von jemandem vorgestellt, der anmerkte, ich sei Ungarin und hätte es bestimmt sehr genossen, daß er ungarische Musik gespielt habe. Ich fürchte, ich sagte ihm unverblümt, wie enttäuscht ich von seinem Konzert war und erklärte, daß ein guter Musiker sich nicht auf das Niveau seines Publikums herunterbegeben dürfe. Wir führten eine lange Diskussion darüber. Katchen war sehr charmant und nahm mir meine Kritik nicht übel. Viele Jahre später hörte ich ihn in London wieder. Weil er dort mit Starker zusammen spielte, ging ich nach dem Konzert in das Künstlerzimmer. Ich dankte Katchen für sein bezauberndes Spiel und erinnerte ihn daran, daß wir uns vor Jahren in Durban getroffen hatten. Er sah mich an und erinnerte sich sofort an unser Gespräch von vor ungefähr 25 Jahren, ohne daß ich ihn darauf ansprechen mußte. Er sagte mir, daß ich absolut recht gehabt habe, und daß er sich nie wieder auf das Niveau des Publikums hinabbegeben habe. Er war ein hervorragender Künstler, und ich bewunderte ihn sehr. Zu dieser Zeit war Katchen schon sehr krank; er starb wenige Monate später.

Nina bekam Gäste, zwei Herren aus Johannesburg, die sie in einen Nachtclub einluden. Sie fragte mich, ob ich mitkommen wolle. Wir nahmen einen Babysitter, und ich freute mich sehr auf einen erholsamen Abend. Wie sich herausstellte, war es aber ausgesprochen langweilig. Nachtclub bedeutete damals in Durban gedämpftes Licht, ein mäßig gutes Essen – die Getränke mußten wir selbst mitbringen – und Tanzen. Die Männer waren todlangweilig, und wir blieben nicht lange. Am folgenden Tag kamen zwei Frauen aus der jüdischen Gemeinde zu mir und sagten, sie hätten gehört, ich sei in einem Nachtclub gewesen. Sie fänden es nicht richtig für mich, so etwas zu tun. Ich ärgerte mich darüber sehr, denn es wirkte so, als müßte ich als Gegenleistung für die Hilfe der Gemeinde über alles, was ich tat, Rechenschaft ablegen. Ich hatte nur ein Minimum an kommunaler Unterstützung angenommen und nur um Hilfe bei der Arbeitsuche gebeten, der Suche nach irgendeiner Arbeit, mit der ich mir meinen Lebensunterhalt verdienen konnte. Ich konnte es nicht ertragen, bei meinen Wohltätern in der Schuld zu stehen. Das machte mich noch entschlossener, aus Südafrika auszuwandern, und ich verdoppelte meine Anstrengungen für eine Emigration nach Israel. Es würde so sein, als sei ein lange schon vergessener Traum doch noch in Erfüllung gegangen.

Ivan war am 14. Februar 1949, am Valentinstag, geboren worden. Genau sechs Monate später, am 14. August, reisten wir ab nach Israel. In Johannesburg hatte ich einige liebe und hilfsbereite Freunde. Dort stiegen wir in ein Flugzeug vom Typ Dakota, das uns nach Israel bringen sollte. Ivan war das einzige Kind an Bord, und da er fast immer lächelte, wenn er nicht schlief, schlossen unsere Mitreisenden ihn ins Herz. Wir flogen sehr tief über das Land hinweg, das damals Rhodesien hieß, und sahen eine geschwärzte Landschaft mit abgebrannten Stoppelfeldern. Nach einer Zwischenlandung in Ndola mußten wir schon bald wieder auf einer Waldlichtung notlanden. Die Notlandung war gut unter Kontrolle, und niemand wurde verletzt. Für die Nacht wurden wir nach Lusaka, der Hauptstadt von Sambia, gebracht, wo wir warteten, bis das Flugzeug repariert war. Unsere nächste Station war Entebbe in Uganda. Auf dem Weg dorthin flogen wir sehr tief, und ich freute mich über den aufregenden Blick aus dem Fenster: Büffelherden, Elefanten, Zebras und Giraffen waren klar zu erkennen. Wir sahen die Viktoriafälle und den schönen Viktoriasee. In Entebbe hatten wir ein paar Stunden Aufenthalt. Die Nacht verbrachten wir in Khartoum und reisten am nächsten Tag weiter zum Wadi Halfa, ebenfalls im Sudan, wo es so heiß war, daß ich beim Verlassen des Flugzeugs in Ohnmacht fiel. Ich erinnere mich noch genau: mir war, als hätte mich jemand oder etwas im Nacken getroffen. Währenddessen lächelte Ivan ständig in seinem Körbchen, das eigentlich nur ein Wäschekorb war. Dann kamen wir endlich in Lydda an – und waren in Israel! Es war ein sehr aufregender Moment. Mein Cousin Gucki, der damals mit seiner Frau und einem Sohn in Holon wohnte, kam mich abholen. Es war wundervoll, ihn wiederzusehen. Ich wurde von der südafrikanischen Zweigstelle der zionistischen Gesellschaft für die erste Nacht in einem Hotel untergebracht; sie halfen mir sehr. Am nächsten Tag besuchte ich eine entfernte Verwandte, Anita Cohen-Müller. Sie stammte ursprünglich aus Wien und war als die erste weibliche Zionistin, die aus Österreich ausgewandert war, eine berühmte Persönlichkeit in der Riege der alten Zionisten. Zunächst war sie eher kurz angebunden, wurde aber bald freundlicher, überhäufte mich mit guten Ratschlägen und gab mir einen Brief an Schwester Rosa, die Leiterin des WIZO-Kinderheims in Jerusalem. Man hielt es für das Beste für mich, Ivan für kurze Zeit dort zu lassen, bis ich eine geeignete Unterkunft gefunden und mich eingelebt hätte. Tante Anita meinte, daß Ivan einen hebräischen Namen bekommen solle und schlug mir vor, ihn Ilan zu nennen: ein dichterisches Wort für einen Baum. Ich fand den Namen wunderschön und nahm ihren Vorschlag sofort an. Ein paar Jahre später fiel mir ein Kalender des Jahres 1949 in die Hände, in dem ich entdeckte, daß Ilan am Festtag Hag Ha-Ilanot geboren war, dem Neujahrstag der Bäume, der auch Tu Bi-shvat (15. Tag des hebräischen Monats Shvat) genannt und in Israel mit dem Pflanzen junger Bäume gefeiert wird. Der Name war deshalb also um so passender. Tante Anita gab mir auch ein Empfehlungsschreiben für das Beth-ha-Chalutsot, ein Frauenwohnheim in Jerusalem. Am nächsten Tag reiste ich nach Jerusalem. Zunächst wohnte ich kurz in einem nicht sehr sauberen Hotel, wo ich unerbittlich von Läusen geplagt wurde, was noch weitere Folgen nach sich ziehen sollte.

Ich war sehr traurig, als ich Ilan im Kinderheim der WIZO abgeben mußte, und Schwester Rosa sagte mir, daß ich ihn gerne jeden Tag besuchen dürfe. Das war ein Trost für mich, denn die Trennung fiel mir schwer. Ich hatte die Hoffnung, daß es nicht lange dauern würde, bis ich ihn wieder zu mir nehmen könnte. Damals hatte ich allerdings keine andere Wahl, und hatte noch Glück, denn es war nicht einfach, für ein Baby einen Platz im Kinderheim zu bekommen. Im Beth-ha-Chalutsot Wohnheim hatte ich ein Zimmer zusammen mit drei jungen Frauen, einem freundlichen amerikanischen Mädchen und zwei bulgarischen Medizinstudentinnen, die von Hygiene bedauerlicherweise wenig Ahnung hatten. Aus diesem Grund hatten wir erhebliche Schwierigkeiten mit ihnen. Das war schade, denn sie waren eigentlich sehr nett. Sie zogen nie ihre Unterwäsche aus, weder beim Waschen noch zum Schlafen, und da wir uns mit dem Putzen des Zimmers abwechselten, stellten die Bulgarinnen ein Problem dar.

Währenddessen standen meine Chancen gut: Kindergärtnerinnen wurden gesucht. Aber um in einem Kindergarten zu arbeiten, mußte ich so schnell wie möglich Hebräisch lernen. Zu meinem Glück hatte Dr. Mordechai Kamerat, ein unternehmungslustiger russischer

Hebräischlehrer, das Amt für Erziehung und Unterricht dazu gebracht, eine seiner Erfindungen auszuprobieren, und zwar eine Methode zum schnellen Erlernen des Hebräischen. So wurde der erste Ulpan (Hebräisch-Intensivkurs), der Etsion in Bak´a, Jerusalem, eingerichtet. Es ging darum, Leuten, die einen nützlichen Beruf gelernt hatten, ihn aber ohne Hebräischkenntnisse nicht ausüben konnten, die Möglichkeit zu geben, die Sprache schnell und umfassend zu erlernen. Ich wurde eine Woche nach dessen Beginn zum ersten Probekurs zugelassen. Weil ich das hebräische Alphabet und ein paar Worte schon kannte, fing ich mit dem Fortgeschrittenenkurs an. Als ich am ersten Nachmittag bis zum nächsten Tag einen kurzen Zeitungsartikel übersetzen sollte und es mir nach stundenlangem Bemühen trotzdem nicht recht gelingen wollte, brach ich in Tränen aus. Kornel Lorand, ein jugoslawischer Rechtsanwalt für internationales Recht, der neben mir saß, ärgerte mich mit der Bemerkung, daß hübsches Aussehen allein niemanden dazu berechtige, am Kurs teilzunehmen. Darauf reagierte ich, indem ich mich zusammennahm und mich enorm anstrengte, die Aufgabe doch noch zu bewältigen, nur um es ihm zu zeigen. Bald lieferten Lorand und ich uns einen harten Konkurrenzkampf und wurden schnell gute Freunde. Später gab er zu, daß er sich genau diese Reaktion erhofft hatte, als er so unfreundlich zu mir war. Seine List half mir wirklich, mich beim Lernen anzustrengen.

Heutzutage ist der Ulpan ein fest etablierter Bestandteil des israelischen Alltags. Jeder, der genug Geld hat, um die Anmeldegebühr zu bezahlen, kann teilnehmen; es gibt etliche Kurse, bei denen persönliche Anwesenheit erforderlich ist, und auch Fernkurse. Aber der Kurs im Bak´a war der erste seiner Art. Man schrieb schon das Jahr 1949; vier Jahre waren seit Kriegsende vergangen, und ich versuchte immer noch, wieder in der Welt fußzufassen.

Der Ulpan fand in einem großen arabischen Gebäude statt, das im israelischen Unabhängigkeitskrieg durch Bomben beschädigt worden war. Der Kurs hatte 70 Teilnehmer, meistens vier pro Zimmer, und am Anfang mußten wir alle das einzige funktionsfähige Waschbecken benutzen. Im September 1949 waren die Auswirkungen des Befreiungskrieges noch immer zu spüren. Wir führten ein spartanisches Leben. Jeder von uns schlief in einem eisernen Bettgestell und hatte ein oder zwei Nägel, an denen er seine Kleidungsstücke aufhängen konnte. Das Essen war entsprechend: es bestand hauptsächlich aus verschiedenen Aubergine- und Fischfiletgerichten, wobei letzteres nicht gerade mit dem vergleichbar ist, was wir heute unter Filet verstehen. Der Fisch kam in Form von dicken Stücken in großen Kisten aus Skandinavien.

Die einzelnen Portionen wurden davon abgeschnitten, um auf unterschiedliche Weise zubereitet zu werden. Meistens wurden sie gebraten. Es gab Halva, Oliven und Brot im Überfluß, aber das war so ziemlich alles. Kein Fleisch, kein Gemüse, kein Salat – und auch keine Orangen, denn Zitrusfrüchte wurden nur für den Export angebaut. Ich hatte kein Geld, um meinen Speiseplan aufzubessern, aber das störte mich nicht sehr; ich blieb nie hungrig. Wir hatten jeden Morgen vier Stunden Unterricht und nach dem Mittagessen vier weitere Stunden, in denen wir unter Aufsicht die Hausaufgaben erledigten. Normalerweise ging ich danach zum Kinderheim und besuchte Ilan. Für den Weg brauchte man ungefähr eine halbe Stunde. Häufig begleiteten mich Lorand und meine französische Freundin Ora, die ich auch beim Ulpan kennengelernt hatte. Dann wurde wieder bis Mitternacht gelernt. Durchschnittlich lernte ich 12 bis 14 Stunden pro Tag.

Am Anfang der dritten Woche ging es mir sehr schlecht. Der Ulpan hatte einen Ausflug zur historischen Stätte der Festung von Massada organisiert, bei dem ich zusammenbrach und ins Krankenhaus eingeliefert wurde. Die Läuse, die mich in der ersten Nacht in Jerusalem gebissen hatten, hatten mich mit Fleckfieber infiziert, einer Form von Typhus. Ich verbrachte einen ganzen Monat im Krankenhaus und schwebte einige Male in Lebensgefahr. Sobald es mir etwas besser ging, brachte Lorand mir die Hausaufgaben des Ulpan und seine Aufzeichnungen, und ich schaffte es, mit der Lerngruppe mitzuhalten. Was mich unter anderem während der Krankheit am Leben hielt, war die Tatsache, daß ich immer genügend zu mir nahm, auch als ich sehr hohes Fieber hatte. Ich habe noch heute einen gesunden Appetit und bin ständig hungrig.

Nachdem ich aus dem Krankenhaus entlassen worden war, verbrachte ich nur noch sechs Wochen beim Ulpan. Dann wurde mir mitgeteilt, daß im Einwandererlager Talpioth eine Kindergärtnerin gebraucht wurde, und ich wurde zur Arbeit dort hingeschickt. Wie ursprünglich geplant, wohnte ich noch den Rest der fünf Monate beim Ulpan und lernte abends weiter.

In dieser Zeit besuchte ich Ilan fast jeden Tag. Es tat mir weh, ihn in seinem Bettchen liegen zu sehen – die Kinder wurden selten in den Garten hinunter und an die frische Luft gebracht. Er schien unter Kalziummangel zu leiden, denn die Wand hinter seinem Bett hatte ein Loch, das immer größer wurde, weil er den Kalk abkratzte und aß. Er war sehr dick, immer unruhig und schrie, wenn er hungrig war oder die Essenszeit näherrückte. Die Schwestern hatten ihn sehr gern, weil er immer fröhlich war und einen gesunden Schlaf hatte, aber sie fütterten ihn immer zuerst, um das Trara zu vermeiden, das er veranstaltete, wenn irgendein Kind vor ihm gefüttert wurde. Wie das Schicksal so spielt, ging zu dieser Zeit in Jerusalem Kinderlähmung um, deshalb wurden im Kinderheim keine Besuche zugelassen. Ilan war im dritten Stock untergebracht, und das einzige, was ich tun konnte, war im Garten zu stehen und zu warten, bis er auf den Balkon gebracht wurde, und ihm zuzuwinken. Es war schrecklich, nicht näher an ihn herankommen zu dürfen. Dann brachen in der Tagesstätte die Masern aus, und Ilan erkrankte an einer schwachen Form der Krankheit. Es folgte eine Windpockenepidemie, die auch nicht an Ilan vorbeiging. Allerdings erkrankte er wieder nur an einer schwachen Form. Das Ganze dauerte sechs Monate, in denen ich jeden Tag hinging, aber nicht zu meinem Kind gelassen wurde.

Inzwischen wohnte ich wieder im Wohnheim Beth-ha-Chalutsot, das ganz in der Nähe des Kinderheims lag. Zwei Kinderheimschwestern wohnten im Nachbarzimmer. Eines Tages rief ich im Kinderheim an, um mich nach Ilan zu erkundigen, und wie üblich wurde mir mitgeteilt, es gehe ihm gut. Den Schwestern im Nebenzimmer war es nicht erlaubt, mir etwas zu sagen, aber als ich am nächsten Tag eine von ihnen traf, erzählte sie mir ganz im Vertrauen, daß ich Ilan in ein Krankenhaus bringen müsse, denn er sei schwer krank. Ich stürmte los zu dem Heim, stürzte trotz der Proteste des netten alten jemenitischen Portiers hinein und rannte hinauf zu dem Zimmer, in dem Ilan untergebracht war. Er war äußerst dünn und blaß, hatte gerötete Wangen und weit aufgerissene Augen und war offensichtlich schwer krank. Eine Schwester hielt ihn im Arm. Als er mich sah, begrüßte er mich mit einem innigen Lächeln und streckte seine Arme aus. Aber dann stieß er einen lauten Schrei aus, fing an zu weinen und stieß mich von sich. Er hatte Hirnhautentzündung. Ich war furchtbar ärgerlich und aufgebracht, machte eine Szene und zwang das Personal, das Kind sofort ins Krankenhaus zu bringen. Dort durfte ich ihn jeden Tag besuchen, aber er wollte mich nicht sehen. Er ließ mich noch nicht einmal in die Nähe seines Bettes, und sobald er sah, daß ich die Station betrat, fing er an zu schreien. Es dauerte zwei Monate, bis er es zuließ, von mir hochgehoben zu werden. Ich hatte das Gefühl, daß er mir böse war, weil ich ihn allein gelassen hatte: zuerst als ich krank war, und später wegen des Besuchsverbots des Kinderheims. Ich konnte nichts dafür, und ich war sehr verbittert darüber, daß Ilan mich zurückwies. In der kritischsten Entwicklungsphase des Kindes gab es einen erzwungenen Bruch in unserer Beziehung, und das nur, weil wir voneinander getrennt wurden – eine weitere späte Folge meiner Deportation. Wegen des Holocaust hatte Ilan auch nicht den Rückhalt, den Großeltern und eine verzweigte Familie normalerweise bieten.

Ich sah noch immer keine Möglichkeit, ihn zu mir nach Hause zu nehmen, deshalb stimmte ich zu, daß er nach seiner Genesung wieder in das WIZO-Heim zurückkehren solle, obwohl ich eine schwache Hoffnung hatte, mir eine eigene Unterkunft zu beschaffen. Zum Glück hinterließ die Hirnhautentzündung bei Ilan keine sichtbaren bleibenden Schäden.

Als ich beim Ulpan ausziehen mußte, arbeitete ich weiterhin im Lagerkindergarten, aber weil meine Qualifikationen von meinen Arbeitgebern nicht anerkannt wurden, verdiente ich außergewöhnlich wenig. Noch dazu mußte ich ab jetzt für mein Zimmer beim Ulpan bezahlen. Zwar war es nur ein geringer Betrag, aber für mich trotzdem ein Vermögen. Ich nahm noch an den Nachmittagsstunden teil und studierte weiterhin bei Dr. Kamerat Hebräisch und die Bibel. Dieser Unterricht kostete nichts und machte mir viel Spaß; außerdem ermöglichte er mir, eine Staatsprüfung zu bestehen und eine Stelle als Archivkraft im Finanzministerium zu bekommen. Es war eine äußerst schlecht bezahlte Arbeit, aber ich verdiente mehr als im Kindergarten. Auf Dr. Kamerats Empfehlung hin bewarb ich mich auch um einen Studienplatz zur Lehrerausbildung, und nach einem Interview mit Dr. Martin Buber und anderen Lehrenden wurde ich angenommen. Mir wurde ein Stipendium angeboten. Allerdings mußte ich, wenn ich Geld erhielt, für Ilans Unterbringung im Heim monatlich zahlen, und dafür konnte ich keinen Zuschuß bekommen. Ich hätte sehr gerne an einem Kurs zur Lehrerausbildung teilgenommen, aber es sollte nicht sein. Und so nahm ich die Stelle im Finanzministerium an, was mir auch die Möglichkeit gab, mich statt des Zimmers, in dem ich jetzt wieder mit den drei anderen Mädchen zusammen wohnte, um eine eigene Mietwohnung zu bewerben.

Schließlich wurde mir eine eigene Unterkunft zugeteilt. Sie bestand aus zwei von vier Einzelhaftzellen, die früher zum britischen Militärgefängnis gehört hatten, das nun zu einem psychiatrischen Krankenhaus umgebaut worden war, und lag in Talbieh, einem Stadtteil von Jerusalem. Es waren vier Zellen und ein Duschraum mit Toilette, aber es gab weder fließend Wasser noch Elektrizität. In den anderen beiden Zellen wohnte Jean David, ein Immigrant aus Rumänien, der später als Maler berühmt wurde. Er lebte dort mit seiner bulgarischen Freundin zusammen. Wir teilten uns Bad und Toilette. Mit der Zeit ließen wir Wasser und Elektrizität legen und strichen das kleine Haus, das im Garten eines ehemaligen arabischen Hauses namens Beth Jamal (das Haus des

Jamal) stand. Die vergitterten Fenster und die schweren Eisentüren strichen wir grün. Es gab auch Skorpione, die ich tötete, indem ich den Zylinder der Paraffinlampe unter sie hielt und hoffte, daß sie in die Flamme fallen würden und nicht auf meine Hand.

Trotz meiner vielen Schwierigkeiten, in dem neuen Land Fuß zu fassen, war ich außerordentlich glücklich in Israel. Zum ersten Mal in meinem Leben fühlte ich, daß ich hierher gehörte und eine Heimat hatte. Ich liebte Jerusalem; es war eine sehr lebendige Stadt. Aber man spürte oft die Gefahr, wenn man außerhalb der Stadtmauer der Altstadt entlangging. Wir konnten nicht hineingehen, weil sie von Jordanien besetzt war. Oben von der Mauer herab schossen manchmal arabische Heckenschützen aufs Geratewohl auf Passanten. Trotzdem wußte ich, daß Israel das Land war, in dem ich leben wollte. Es gab viele Dinge, die mir hier nicht zusagten, und als ich ankam, wurde man nicht verhätschelt wie zu Zeiten späterer Einwandererwellen.

Die meisten Leute mußten sich anstrengen, um weiterzukommen, aber es gab Hoffnung, und nach und nach fand jeder von uns eine Möglichkeit, seinen Unterhalt zu verdienen. Man konnte sagen, was man dachte, und seltsamerweise war dies der erste Ort, wo niemand nachfragte, warum ich nicht in die Synagoge ging. Ich fühlte mich frei. Jedesmal wenn ich von Jerusalem nach Tel Aviv reiste, sah ich neue Straßen und Gebäude, und wo steiniges Land gewesen war, wuchsen jetzt Bäume. Ich fühlte mich lebendig und so als wäre ich ein Teil von etwas Großartigem. Natürlich gab es die üblichen und menschlichen Streitereien und auch Klatsch, aber das war nicht so schlimm. Hier wollte ich bleiben.

Nach jüdischem Recht kann eine Frau nur in sehr seltenen Fällen die Scheidung einreichen. Unter den psychischen Krankheiten, die das Gesetz als Scheidungsgrund anerkennt, ist auch Schizophrenie. Ich besaß einen Brief von den Ärzten, in dem stand, daß Stephan unheilbar schizophren war, und so leitete ich das Scheidungsverfahren ein. Mein Leben kam langsam wieder in rechte Bahnen.

In der Zwischenzeit hatte ich viele Freunde gefunden und begonnen, ein fast normales Leben zu führen, in der Hoffnung, eines Tages Ilan wieder bei mir haben zu können und vielleicht jemanden zu treffen, den ich gerne heiraten würde. Ich traf einige Männer und bekam sogar ein paar Heiratsanträge, fand aber keinen meiner Verehrer annehmbar. Leider schien ich emotional labile Männer anzuziehen, die sich an mich banden, weil sie mich für stark hielten. Es war alles recht beängstigend. Beispielsweise war da ein Ungar, den ich an dem Tag kennenlernte, an dem seine Scheidung durchkam. Wir wurden

Freunde. Als Freund fand ich ihn sehr angenehm, war aber an ihm als Mann überhaupt nicht interessiert. Bald drängte er mich, ihm zu versprechen, daß ich ihn heiraten würde, sobald ich geschieden sei. Ich sagte ihm recht deutlich, daß das nicht in Frage käme, und bat ihn, unsere Freundschaft nicht zu zerstören. Er belästigte mich trotzdem weiterhin damit und drohte mit Selbstmord, wenn ich ihn weiter zurückweisen sollte. Diese emotionale Erpressung war mehr als ich ertragen konnte, und wir stritten uns heftig. Am selben Abend noch brachte er sich um. Ich war sehr traurig, aber fühlte mich nicht schuldig.

Dann verliebte ich mich in einen verheirateten Mann, den ich seit meiner Kindheit gekannt hatte und der mich – wie sich herausstellte – schon damals geliebt hatte. Bis dahin hatte ich es mir zum Prinzip gemacht, mich nie mit einem verheirateten Mann einzulassen. Ich hatte ihn immer sehr gern gemocht, ihn aber nie auch nur in Gedanken als möglichen Liebhaber in Betracht gezogen. Und dann verliebte ich mich plötzlich. Ich wußte, daß seine Ehe nicht sehr glücklich war; seine Frau, eine recht aggressive Person, war jedoch sehr nett zu mir, und ich schämte mich meiner Gefühle für ihren Ehemann. Wir waren beide sehr verliebt, aber ich wollte nicht zwischen sie treten.

Die ganze Zeit über hatte ich keine Nachricht von Stephan. Ein Besucher aus Südafrika berichtete, daß er sich vor einigen Monaten plötzlich erholt habe. Er sei aus dem Krankenhaus entlassen worden, spiele wieder im Orchester und komme sehr gut zurecht. Mir wurde gesagt, daß er sehr traurig sei, Ilan und mich nicht bei sich zu haben, aber gleichzeitig zu stolz, uns zu bitten, zu ihm nach Südafrika zurückzukehren. Er versuchte weder, mit mir in Verbindung zu treten, noch bot er mir Hilfe bei der Unterstützung seines Kindes an – ein Gedanke, der mir erst viel später kam. Mein Informant meinte, ich solle zu Stephan zurückkehren.

Zur gleichen Zeit passierte etwas Interessantes im Büro. Weil es für mich wenig Arbeit gab und ich mich langweilte, stöberte ich ein wenig in den Räumen und fand in einem der Zimmer ein paar Kisten. Niemand wußte, was sie enthielten oder woher sie gekommen waren. Ich begann, ihren Inhalt zu sortieren, bemächtigte mich eines Regals und einiger Kartons und fing an, das Material nach einem selbst ausgedachten System zu ordnen, wobei mir das Fachwissen zugute kam, das ich mir im Hauptarchiv des JOINT angeeignet hatte. Als ich das gesamte Material geordnet hatte, zeigte ich es meinem Vorgesetzten. Die Dokumente, die aus der Zeit der britischen Mandatsherrschaft stammten, waren von ziemlicher Bedeutung, und man hatte sie verloren geglaubt. Meine Arbeitgeber waren mit meiner Arbeit sehr zufrieden und schickten mich in andere Abteilungen, wo ich mithelfen sollte, weitere Archive mit einem Register zu versehen.

Aber ich arbeitete noch immer auf der niedrigsten Lohnstufe, und brauchte wirklich mehr Geld, um Ilan zu mir nach Hause nehmen und jemanden bezahlen zu können, der sich um ihn kümmern würde, während ich unseren Unterhalt verdiente. Ich arbeitete sehr fleißig, hatte aber einen Fehler: ich hatte Schwierigkeiten, morgens früh aufzustehen und kam sehr langsam in die Gänge. Jeden Tag kam ich zu spät zur Arbeit, aber es gelang mir, meine Spuren zu verwischen, indem ich es mit dem Kollegen absprach, der das Anwesenheitsbuch verwaltete, so daß er es bis zu meiner verspäteten Ankunft zurückhielt. Das war nicht in Ordnung, ich weiß, aber normalerweise machte ich mehr als die nötigen Überstunden, um mein Zuspätkommen wieder wettzumachen.

Ich hatte ein kleines Transistorradio, das ich morgens immer anstellte. Wenn ich die Fanfare für die arabischen Nachrichten hörte, wußte ich, daß ich spät dran war. Ich mußte bergauf rennen, um meinen Bus zu erwischen. Der Busfahrer kannte mich und wartete auf mich. Jedesmal fuhr er an, wenn ich ein Bein auf dem Trittbrett hatte. Ein Herr saß immer neben der Bustür und jeden Tag fiel ich auf seinen Schoß, wenn das Gefährt mit einem Ruck anfuhr. Ich entschuldigte mich, und er lächelte, während ich mich setzte. Wir unterhielten uns nie. Man stelle sich vor, wie erstaunt ich war, als ich nach vielen Wochen die Erlaubnis bekam, mich dem Abteilungsleiter vorzustellen, um um eine Gehaltserhöhung zu bitten, und es derselbe Mann war, auf dessen Schoß ich jeden Morgen landete. Ich bekam die Gehaltserhöhung. Inzwischen war ich fast in der Lage, Ilan nach Hause holen zu können. Meine Liebesaffäre hatte keine Zukunft, hauptsächlich deshalb, weil ich keine Ehe brechen wollte.

Währenddessen – Anfang 1951, als ich sie nicht länger brauchte oder wünschte – bekam ich meine Aufenthalts- und Arbeitserlaubnis für Südafrika. Ich war allerdings immer noch staatenlos. Und so beschloß ich, um sechs Monate unbezahlten Urlaub zu bitten, vermietete meine Wohnung für diese Zeit und reiste zurück nach Durban, um Stephan zu besuchen. Die Vermietung der Wohnung verschaffte mir das Geld für die Reise. Ich hatte den Eindruck, daß ich Stephan als dem Vater des Kindes wenigstens die Chance geben müsse, Ilan zu sehen. Es war außerdem eine günstige Gelegenheit, meine unbefriedigende Beziehung abzubrechen.

10 • Rückkehr nach Südafrika

Ich vermietete die Wohnung sehr billig an Miki, einen Freund aus Kindertagen, der allerdings eine Generation älter war als ich und in Szombathely in der Hashomer-Hatzair-Bewegung aktiv gewesen war. Miki war ein liebenswürdiger Mensch, wenigstens glaubte ich das. Er war verheiratet und hatte zwei Töchter. Er beklagte sich, daß er keine Unterkunft fände und sagte, es würde ihm helfen, wenn er meine „Wohnung" benutzen könnte. Ich überließ sie ihm für sechs Monate für wenig Geld, gerade genug, um die Kosten der Reise nach Südafrika zu bestreiten. Ich glaubte, ihm als einem Mitglied meines alten Bekanntschaftskreises vertrauen zu können.

Weil ich Möbel und einige andere Sachen dortließ, bat ich meine beste Freundin Mia, auf sie aufzupassen, falls Miki früher auszöge als geplant, was er als Möglichkeit angedeutet hatte. Ein paar Wochen später ging Mia in meine Wohnung, um nach dem Rechten zu sehen, und berichtete mir sehr aufgebracht, daß Mikis Kinder meine Stühle zerbrochen und meine anderen Möbel beschädigt hätten, obwohl Miki selbst gar nicht eingezogen sei. Er antwortete auch auf meine Briefe nicht. Stattdessen verkaufte er meine Wohnung für gutes Geld, und so hatte ich keine Bleibe mehr, in die ich hätte zurückkehren können. Ich verfluchte ihn dafür. Ich halte es zwar für sehr unwahrscheinlich, daß meine Flüche etwas damit zu tun hatten, aber er starb noch im selben Jahr an einem Herzinfarkt. Seine Tat bewirkte, daß ich nicht nach Israel zurückkehren konnte, wenn ich nicht noch einmal einen Neubeginn wagen wollte. Das hätte wieder bedeutet, daß ich Ilan nicht hätte bei mir haben können, weil ich in ein Wohnheim zurück müßte. Das konnte ich einfach nicht noch einmal ertragen.

All dieses lag in der Zukunft. Mein letzter Abend in Israel war der Abend des Unabhängigkeitstages im Mai 1951, und ich tanzte auf den Straßen und Plätzen die Nacht durch und ertränkte meinen Abschiedsschmerz von Israel – obwohl ich glaubte, das Land nur kurze Zeit zu verlassen. Gleichzeitig war ich freudig erregt, endlich Ilan aus dem Heim holen zu können; nach fast zwei Jahren waren wir nun wieder vereint.

Am nächsten Morgen begleiteten mich einige Freunde und waren Zeuge meiner Freude, als ich Ilan mitnehmen konnte. Er war zwei Jahre alt und sprach nur wenige Worte Hebräisch, denn die Pflegerinnen hatten nicht viel Zeit, mit den Kindern zu sprechen. Er war sehr aufgeregt, die Autos auf den Straßen sehen zu können, lachte und zeigte auf sie. Es war phantastisch, ihn so glücklich zu sehen. Aber ich war traurig, am selben Nachmittag an Bord des Flugzeugs gehen zu müssen. Der Flug nach Südafrika verlief recht ereignislos, und Stephan holte uns in Johannesburg ab. Wir reisten zusammen zurück nach Durban. Unsere neue Bleibe war eine Kellerwohnung, und wir mußten bald feststellen, daß außer uns auch Ratten darin wohnten! Kurz nach meiner Ankunft mußte ich an Krampfadern operiert werden und hatte schreckliche Angst vor den Ratten, während ich mich davon erholte.

Zum Glück zogen wir bald in eine andere Wohnung, in der wir fast sechs Jahre lang wohnen sollten. Ich fand eine Stelle als Kindergärtnerin im örtlichen jüdischen Kindergarten und war verantwortlich für alle jüdischen Aktivitäten. Ilan kam mit mir und holte sehr schnell auf, lernte Englisch, verstand aber auch noch Hebräisch, was ich zu erhalten versuchte. Weil er ein freundlicher, ruhiger und intelligenter kleiner Junge war, war er sehr beliebt.

Stephan war glücklich in seinem Orchester, mit dem er oft als Solist auftrat. Er hatte auch Radio- und Kammermusikauftritte und reiste nach Johannesburg und in andere Städte zu Soloauftritten mit Geige oder Bratsche. Aber ich hatte Heimweh nach Israel, und obwohl wir nach außen hin zusammenblieben, lebte jeder sein eigenes Leben. Ich nahm Anteil an seiner Musik, indem ich zuhörte und kritisierte, und begann, im örtlichen Laienorchester und in Kammermusikgruppen wieder Cello zu spielen.

Eines Tages erkrankte die Lehrerin der Grundschule, und der Direktor bat mich einzuspringen. Später, als sie sich entschloß, nicht wiederzukommen, sollte ich ihre Stelle übernehmen. Ich brachte außerdem morgens anderen Kindern, die nicht-jüdische Schulen besuchten, Hebräisch und Religion bei und hatte mehrere Privatschüler. Jedes Jahr sollte ich eine höhere Klasse übernehmen. Einmal bereitete ich zwei Schüler auf ihr Abschlußexamen in Hebräisch vor. Ich übernahm sie nur widerstrebend, denn ich hatte selbst mein Examen nicht abschließen können. Aber der Direktor, Herr Sam Ernst, ein außergewöhnlicher Mann, den ich sehr achtete, drängte mich, sie zu nehmen und gleichzeitig mein eigenes Examen nachzuholen. Er bot an, mir zu helfen. Ich war schon immer vollkommen prüfungsuntauglich. Meine beiden Schüler schlossen mit Auszeichnung ab, während ich, die ihnen alles beigebracht und sie auf ihre Prüfung vorbereitet hatte, nur ganz knapp bestand! In Prüfungssituationen hatte ich unweigerlich ein Brett vor dem Kopf, und bis ich verstanden hatte, was ich schreiben sollte, blieb mir nie genug Zeit, um alle Fragen zu beantworten. Allerdings war das, was ich schrieb, ziemlich gut, so daß ich immer gerade so durchkam.

Damals hatten wir ein offenes Haus für unsere vielen Freunde, die wir gerne zum Essen einluden. Stephan wurde Leiter seines Orchesters. Immer wenn Musiker in die Stadt kamen, luden wir sie zum Essen ein oder richteten ein Fest zu ihren Ehren aus. Auf diese Weise lernte ich die Cellisten Pierre Fournier und Gaspar Cassadó, den Pianisten Louis Kentner und viele italienische Opernsänger und Dirigenten kennen und war ihre Gastgeberin. Wir führten ein sehr interessantes Leben, aber ich sehnte mich nach Israel. Wenn schon nicht nach Israel, dann wollte ich zurück nach Europa. Mit Stephan nach Israel zu gehen, war ein schwieriges Unterfangen, denn das einzige Orchester, das für ihn geeignet gewesen wäre, war das in Tel Aviv. Aber Tel Aviv hat dasselbe feuchtheiße Klima wie Durban, und in Durban schadete jeder Sommer seiner Gesundheit; er konnte die Hitze nicht ertragen und war ständig einem Zusammenbruch nahe. Das war ein Problem, das mich schon beschäftigt hatte, bevor ich nach Südafrika zurückkehrte, denn sonst hätte ich ihn gebeten, nach Israel zu kommen, als Ilan und ich da waren.

Auch Ilan machte Probleme. Anfangs aß er unablässig, so als wolle er das wettmachen, was ihm in Israel gefehlt hatte. Zweimal war er so krank, daß er ins Krankenhaus eingeliefert werden mußte, aber die Diagnose lautete immer: übermäßiges Essen. Meist war es aber möglich, mit ihm zu reden, und er verstand, daß er aufhören mußte, soviel zu essen. Als er etwa drei Jahre alt war, hatte er plötzlich Zucker im Urin. In Südafrika verzehrten die Kinder ungeheure Mengen von Süßigkeiten und Eis und tranken Coca-Cola und andere süße Getränke. Ilan wurde unentwegt eingeladen, mit anderen Kindern zu spielen, lehnte aber die ihm angebotenen Süßigkeiten ab. Er aß seine eigenen diabetischen Süßigkeiten und hatte rohes Gemüse, an dem er knabbern konnte, wohin er auch ging. Die Eltern der anderen Kinder waren erstaunt über diese Disziplin eines so kleinen Jungen.

Ilan fing nie einen Streit an und selbst aggressive Kinder stritten sich nicht, wenn er ihr Spielkamerad war. Er war bei den Müttern und Kindermädchen beliebt, weil sie wußten, daß sie sich keine Sorgen zu machen brauchten, wenn Ilan da war. Er war außerordentlich einfallsreich, und die anderen Kinder waren nie gelangweilt oder ungezogen, wenn sie mit ihm spielten. Für mich war das eine große Erleichterung. Ich arbeitete ganztags in zwei Schulen, die mehr als dreißig Kilometer voneinander entfernt lagen, und ich wußte, daß immer jemand gerne bereit war, Ilan den Nachmittag über zu sich zu nehmen.

Wir hatten einen bezaubernden fünfzehnjährigen Zulu namens Leonard eingestellt, der mir bei der Hausarbeit und mit Ilan helfen sollte. Er war ein gut erzogener, ordentlicher Junge, der, als er zu uns kam, kein Englisch sprach, aber sehr entgegenkommend war und ein fröhliches Wesen hatte. Wir mochten ihn bald sehr und betrachteten ihn als Familienmitglied. Wenn ich mit Ilan Hebräisch sprach, schnappte Leonard einzelne Worte und Sätze auf und merkte erst später, daß sie nicht zur englischen Sprache gehörten. Als er zu uns kam, konnte er nicht einmal ein Ei kochen, aber schaute mir gerne beim Kochen zu. Eines Tages kam ich später nach Hause als üblich und hatte das Essen noch nicht zubereitet – Leonard überraschte uns mit einem perfekt gekochten Mahl. Von diesem Tag an ließ ich ihn häufig kochen und brachte ihm bei, wie man verschiedenste Gerichte kocht. Er konnte nicht schreiben und notierte sich die Rezepte, indem er die Zutaten zeichnete, beispielsweise zwei Eier und einen Haufen, der für Mehl stehen sollte.

Nach einiger Zeit hörte ich auf, im Kindergarten zu arbeiten, und arbeitete morgens in der Grundschule, die sich ein Stockwerk höher im selben Gebäude befand. Ilan war vier Jahre alt, als er seine Kindergärtnerin um Erlaubnis bat, den Kindern zur Geschichtenzeit etwas vorzulesen. Sie gab ihm das Buch, und Ilan las eine Geschichte fehlerfrei vor. Weil die Gruppe die Geschichte schon kannte, dachte die Kindergärtnerin, daß er sie sich gemerkt habe. Als sie seine Fähigkeiten anzweifelte, bestand Ilan darauf, daß er die Geschichte vorgelesen habe. Um ihn auf die Probe zu stellen, gab sie ihm ein Buch, aus dem sie nie vorher vorgelesen hatte, und Ilan las auch daraus fließend vor. Am nächsten Tag sagte er, er wolle zählen. Er zählte bis 150 und addierte und subtrahierte einige schwierige Aufgaben. Die Kindergärtnerinnen waren sehr beeindruckt, besonders am dritten Tag, als er in den Kindergarten kam und verkündete, er wolle hinaufgehen in die Grundschule. Als man ihm sagte, daß das nicht möglich sei, bekam er einen furchtbaren Wutanfall. Die Kindergärtnerinnen wußten nicht, was sie mit ihm anfangen sollten. Schließlich sprachen sie mit dem Direktor, der entschied, daß Ilans Wunsch stattgegeben werden sollte, wobei er bei sich dachte, daß Ilan sich langweilen und bald in seine Kindergartengruppe zurückkehren würde.

Das Einschulungsalter war fünf, und das Schuljahr hatte im Januar angefangen. Ilan war im Februar vier geworden, und jetzt war es April. Er kam in meine Hebräischklasse. Weil die Kinder erst gerade begonnen hatten, Englisch lesen zu lernen, ging ich mit dem Hebräischlesen ausgesprochen langsam vor. Ich arbeitete mit einem attraktiven, aber sehr teuren Lehrbuch. Wir hatten nur genau so viele Exemplare, wie gebraucht wurden, und nicht eines zuviel. Die Kinder durften sie nicht mit nach Hause nehmen. Nach den Stunden wurden die Bücher eingeschlossen. Diesmal fehlte mir nach der Stunde ein Exemplar. Ich suchte überall danach, aber es war nicht aufzufinden.

Zu Hause hielt ich eine Regel sehr streng ein. Weil ich tagsüber schwer arbeitete und sehr beschäftigt war, hatte ich festgesetzt, daß die eine Stunde von sechs bis sieben Uhr Ilan gehören sollte. Er ging um sechs ins Bett, und dann saß ich bei ihm und las ihm vor, redete mit ihm oder wir spielten, was immer er wollte. Diese Abendstunde war mir heilig, und niemand durfte sie stören. Drei Tage nachdem er in die Grundschulklasse gekommen war, bat er beim Schlafengehen darum, daß wir an diesem Abend Hebräisch läsen. Ich stimmte zu, hatte aber kein Hebräischbuch mit nach Hause genommen. Nun eröffnete er mir, daß er das Buch habe, das verschwunden sei, und daß er es mir vorlesen wolle! In dem Buch gab es 60 Lektionen und einen Vokabelanhang, von dem ich den Kindern nichts gesagt hatte. In der Schule waren wir bis Lektion fünf gekommen, aber in den drei Tagen hatte Ilan, der die Vokabeln entdeckt hatte, sie alle gelernt und konnte sämtliche 60 Lektionen flüssig lesen.

Das war für mich eher beängstigend. Daß Ilan so weit voraus war, bedeutete für die Klasse ein Problem. Er forderte besondere Aufmerksamkeit, weil er so gut war; aber aus demselben Grund war gerade er derjenige, der sie nicht brauchte. Also machte ich ihn zu meinem Assistenten, und er zeigte sich äußerst geschickt darin, langsam lernenden Schülern zu helfen, wobei er eine Engelsgeduld mit seinen Klassenkameraden an den Tag legte. Mit dem anderen Lehrer der Klasse kam er genauso gut zurecht, deshalb blieb Ilan in der Grundschule. Nach vier Wochen war Ilan Klassenbester. Ich habe nie herausgefunden, wie und wo er lesen und rechnen gelernt hat.

Unser Zulujunge Leonard versuchte, mit Ilan Schritt zu halten, der ihm Lesen und Schreiben beibrachte. Sie hatten einander sehr gern und hatten viel Spaß zusammen. Stephan und ich mochten Leonard auch sehr. Da wir gegen die Ausbeutung der Schwarzen waren, zahlten wir ihm mehr als die meisten Leute getan hätten, und er schien sich bei uns wohlzufühlen. Leonard erledigte die Einkäufe, und ich sprach mit dem Lebensmittelgeschäft in der Nähe ab, daß er die Dinge kaufen konnte, die wir täglich brauchten. Ich schrieb eine Einkaufsliste, der Verkäufer notierte sich in einem Buch den Preis der erstandenen Waren, ich kontrollierte die Aufstellung und bezahlte pünktlich am Ende des Monats. Aber plötzlich standen dort Waren, die ich nicht bestellt hatte: eine Zigarettenmarke, die ich nicht rauchte, Nylonstrümpfe und andere Kleinigkeiten. Der zur Rede gestellte Verkäufer teilte mir mit, Leonard habe gesagt, ich hätte sie vergessen aufzuschreiben. Das war beunruhigend. Ich vertraute Leonard blind und wußte, daß er nicht rauchte. Als ich ihn befragte, fand ich heraus, daß er eine Freundin hatte, die ihn überredet hatte, die Dinge zu kaufen. Ich sagte, daß ich dieses eine Mal für seine Einkäufe bezahlen würde, aber er dürfe so etwas nie wieder tun. Ich erklärte ihm, daß ich es mir nicht leisten könne, für die Luxusgüter seiner Freundin aufzukommen. Er war ziemlich bestürzt und versprach, es nicht wieder zu tun. Leider hatte er bald einen Rückfall, und ich zog die zusätzlichen Dinge, die er gekauft hatte, von seinem Gehalt ab. Bald darauf mußte ich feststellen, daß Handtücher und andere Sachen aus der Wohnung fehlten, und hatte den Eindruck, es gebe keinen anderen Ausweg als ihn zu entlassen. Inzwischen hatte Leonard sich zu einem sehr guten Koch entwickelt, und er fand schnell eine Stelle in der Küche einer Pension. Seine neuen Arbeitgeber schätzten ihn, aber er war unglücklich und bat darum, zu uns zurückkehren zu dürfen, obwohl er jetzt mehr verdiente als wir ihm gezahlt hatten. Ich entschloß mich aber – wenn auch widerwillig – standhaft zu bleiben. Trotzdem besuchte Leonard uns oft, und wir blieben gute Freunde.

Vor Leonard hatten wir viele Hilfskräfte, aber niemand war wirklich geeignet, bis Tamara kam. Sie war eine attraktive Schwarze, vielleicht 28 oder 30 Jahre alt. Sie war clever und patent, aber etwas war seltsam: sie wurde häufig von jemandem in einem noblen Wagen gebracht und abgeholt – sicherlich nicht gerade üblich für ein südafrikanisches Kindermädchen. Wir glaubten, sie sei ein wahrhaftes Goldstück, denn sie war sehr zuvorkommend und immer gerne bereit, auf Ilan aufzupassen. Ilan sagte oft: „I love Tamara", und wir waren glücklich, daß wir jemanden gefunden hatten, der ihm so zusagte. Dann begann Ilan, der damals drei Jahre alt war, im Schlaf zu schreien, und es lag auf der Hand, daß er vor irgend etwas große Angst hatte. Wir begriffen nicht, was ihm zugestoßen sein könnte und warum er diese Alpträume hatte. Wir konnten nichts aus ihm herausbringen; deshalb beschlossen wir, ihn in eine Erziehungsberatungsstelle zu bringen und uns dort helfen zu lassen. Eine reizende junge Therapeutin namens Veronica nahm seinen Fall an und begann mit ihm eine Spieltherapie. Nach nur zwei oder drei Sitzungen hatte sie den Grund für seine Angst herausgefunden. Anscheinend brachte Tamara ihren Freund oder auch mehrere mit, wenn sie auf das Kind aufpaßte. Im Glauben, sexuelle Früherziehung sei wichtig für Ilan, weckte sie ihn und ließ ihn zuschauen, wenn sie sexuellen Verkehr hatte. Nachmittags sperrte sie ihn ein und schlug ihn. Sie brachte ihm auch bei, „I love Tamara“ zu sagen, und drohte ihm, daß er sterben würde, falls er jemandem erzähle, was sie tat. Das arme Kind war völlig verängstigt. Ich entließ sie sofort, und schalt sie für das, was sie dem Kind angetan hatte. Sie schien es nicht sehr schwer zu nehmen. Als sie fort war, erzählten meine Nachbarn mir, wie grausam sie sich Ilan gegenüber verhalten hatte. Ich fragte mich, warum sie mir das nicht früher gesagt hatten.

Tamaras Entlassung hatte weitere Konsequenzen: ich versuchte, wieder jemanden einzustellen, aber alle rannten wenige Stunden nach Arbeitsbeginn schreiend davon. Wir wußten nicht, woran das liegen könnte. Schließlich sagte mir einer von ihnen, in unserer Wohnung sei Schwarze Magie, weigerte sich aber, uns die genaue Stelle anzugeben. Viele Monate lang konnte ich keine Haushaltshilfe finden. Dann versuchte ich es erneut. Ich muß das Zeichen der Schwarzen Magie unbemerkt weggewischt haben, denn der „Bann“ war gebrochen. Aber für Ilan war der Schaden nicht ungeschehen zu machen, und ich war sehr aufgebracht darüber, was der Junge hatte durchmachen müssen. Das einzig Gute, das sich aus Ilans Mißgeschick entwickelte, war die bis heute andauernde Freundschaft mit der Therapeutin Veronica.

Eines der größten Probleme war Ilans Furcht vor seinem Vater. Stephan hatte keine Geduld mit ihm. Er schlug Ilan nie, aber starrte ihn finster an, und der Blick ängstigte das Kind. Es gab immer Spannungen zwischen ihnen, und sie überdauerten die Jahre. Ilan wollte Geige spielen lernen, und Stephan fing an, ihm Unterricht zu geben. Das freute mich sehr, denn ich dachte, die Unterrichtsstunden würden sie einander näherbringen. Wir waren ja nur nach Südafrika zurückgekehrt, weil Stephan Ilans Vater war, und nun gab es diese unerträglichen Spannungen. Stephan machte viel Wirbel um jedes kleine Mädchen in unserem Freundeskreis, aber für Ilan kaufte er nie Geschenke und hatte auch kein nettes Wort für ihn übrig. Die Geigenstunden hatten wenig Erfolg. Ilan spielte zwar ein bißchen und konnte Töne von recht guter Qualität hervorbringen, allerdings war das Ganze musikalisch überhaupt nicht überzeugend. Es gelang ihm nie, eine einzige Phrase richtig zu spielen. Es war traurig mitanzusehen. Aber obwohl Ilan seine Stunden wirklich haßte, wollte er nicht aufgeben. Irgendwo war da eine geistige Hemmung, und sie bezog sich auf die einzigen beiden Dinge, die Stephan und ich gemeinsam hatten, nämlich die Musik und die ungarische Sprache. Ilan konnte es nicht ertragen, jemanden ungarisch sprechen zu hören. Trotzdem war er ein außergewöhnlich liebes und pflegeleichtes Kind, das sich nie langweilte, sondern immer beschäftigt und immer neugierig war. Ich konnte ihn zu Freunden mitnehmen, und er machte keine Schwierigkeiten, wenn ich französisch oder hebräisch oder deutsch sprach, alle Sprachen, solange es nicht Ungarisch war – darauf reagierte er wie ein Stier auf ein rotes Tuch. Sobald er diese Sprache hörte, bekam er Wutanfälle und benahm sich ganz unerträglich. Dasselbe passierte häufig mit Musik; er konnte sie nicht ertragen.

In der Schule war Ilan den anderen Schülern meilenweit voraus, obwohl er der jüngste in der Klasse war. Da seine Beziehung zu Stephan sich verschlechterte und die Spannungen zunahmen, riet man mir, Ilan in ein Internat zu schicken. Ich traf ein sehr nettes Ehepaar, das ein solches leitete, King´s School, in dem Ort Nottingham Road in Natal. Ich beschloß, Ilan dort anzumelden. Zwar war ich sehr traurig über die erneute Trennung von Ilan, aber sein schlechtes Verhältnis zu Stephan ließ mir keine Wahl. Wir mußten für Ilan Schulgeld bezahlen, konnten es aber nicht in der vollen Höhe. Zum Glück wurde es für uns ermäßigt. Weil ich ihn so sehr vermißte, wie ich es befürchtet hatte, besuchte ich ihn oft.

Ilan war noch nicht einmal sieben Jahre alt, und ich hoffte, die richtige Entscheidung getroffen zu haben, als ich ihn in ein Internat schickte. Ich weiß noch immer nicht, ob ich das Richtige tat. Stephan überließ Entscheidungen immer mir. Wieder und wieder habe ich mich seither gefragt, ob ich damals richtig entschieden habe. Ich erwog die Möglichkeiten mit größter Sorgfalt, erkenne aber im Nachhinein, daß ich nichts Wesentliches hätte ändern können. Das einzige, was ich sicher weiß, ist, daß ich immer so entschieden habe, wie es meiner Meinung nach für Ilan am besten war.

King´s School lag inmitten ausgedehnter Ländereien, und da nicht so viele Jungen aufgenommen wurden, bekam jeder von ihnen viel persönliche Zuwendung. Ilan übersprang bald eine weitere Klassenstufe, so daß er seiner Altersgruppe jetzt zwei Jahre voraus war. Die schnelle Beförderung machte nicht so viel aus, weil die Klassen nicht voneinander getrennt wurden. Ilan schien sich in der Schule wohlzufühlen. Eine seiner Schwächen war jedoch seine Weigerung, an Spielen teilzunehmen, von denen er glaubte, sie vielleicht zu verlieren. Als er am ersten Samstag in der neuen Schule aufgefordert wurde, beim Kricket mitzuspielen, sagte er zum Direktor, daß er es nicht tun werde. Der Direktor erwiderte, daß er, wenn er nicht mitspielen wolle, auch zuschauen dürfe. Also sah er gemeinsam mit dem Direktor zu und beschwerte sich nach kurzer Zeit: „Ich spiele gar nicht mit!" Der

Direktor sagte, er könne vielleicht beim nächsten Mal mitspielen. So war es auch. Tatsächlich wurde er zu einem sehr enthusiastischen Kricketspieler, und war laut dem nächsten Zeugnisbericht „ein passabler Schlagmann", was immer das zu bedeuten hat. Leider ist mir nach all den Jahren noch immer nicht klar, wie man Kricket verstehen oder Spaß daran haben kann.

Stephan und ich hatten beide eher bescheidene Gehälter, besonders für südafrikanische Verhältnisse. Aber das beunruhigte uns nicht übermäßig. Mein ganzes Leben lang gab ich nie alles aus, was ich hatte. Selbst zu Zeiten, in denen ich ausgesprochen arm war, sparte ich immer etwas für Notfälle, falls es nur irgend möglich war. Im Sommer 1956 gab es Hoffnung, daß wir bald die nötigen Papiere bekämen, die es uns ermöglichen sollten, nach England zu ziehen. Dafür mußten wir Geld beiseite legen. Weil wir so viele Freunde hatten und unser Haus ihnen offen stand, verschlangen meine Haushaltsausgaben den größten Teil unseres Einkommens. Ilans Schulgeld und die Wohnungsmiete waren andere Kostenfaktoren. Also beschloß ich, daß es die beste Lösung sei, die Wohnung aufzugeben und in eine bescheidene Pension zu ziehen. Auf diese Weise konnten wir sparen, um die Reise bezahlen zu können und etwas Geld zu haben, das uns über Wasser hielte, bis wir in England beide wieder verdienen könnten.

Stephan hatte seinen alten ungarischen Paß und konnte ihn verlängern, als er ablief. Als ich hingegen meinen Paß verlängern lassen wollte, wurde mir mitgeteilt, daß er nicht gültig sei und mir nie hätte ausgestellt werden dürfen. Anstatt mir meinen Paß zurückzugeben, schickte das Amt mir einen Brief, daß ich keine ungarische Staatsbürgerin mehr sei. Jetzt hatte ich keine Papiere mehr und war eindeutig staatenlos, sogar ohne Nansenpaß.[14] Als ich nach Israel ging, wurde ein Foto auf ein Stück Papier geklebt, das als Ausweis diente, und auf dem mit Schreibmaschine Angaben zu meiner Person geschrieben waren. Das war das Dokument, mit dem ich reiste. Während meines Aufenthalts in Israel war das neue Gesetz zur israelischen Nationalität noch nicht herausgekommen, daher konnte ich keinen israelischen Paß bekommen und war mit demselben schreibmaschinengeschriebenen Bogen nach Südafrika zurückgekehrt. Aber dieser Ausweis berechtigte mich nicht dazu, irgendwo anders hin zu reisen, was ich mir sowieso nicht hätte leisten können. Ich konnte auch nirgends auf der Welt wählen, obwohl ich schon seit einigen Jahren vom Alter her wahlberechtigt war. Es war ein höchst unsicherer und unangenehmer Zustand. Inzwischen (1956) hatte ich meine Aufenthalts- und Arbeitserlaubnis, aber ich wollte eine Staatsbürgerin mit vollständigen politischen und staatsbürgerlichen Rechten sein. Außerdem wollte ich nicht in Südafrika leben, sondern in England. Damals gehörte Südafrika noch zum Commonwealth, und die südafrikanische Staatsbürgerschaft hätte uns berechtigt, in England zu wohnen und zu arbeiten und mit der Zeit britische Staatsbürger zu werden.

Es mag herzlos wirken, ein Land zu benutzen, um in ein anderes zu kommen, aber ich befand mich wegen meiner Abneigung gegen die Rassendiskriminierung in dieser Lage. Ich konnte ein Land nicht verteidigen, in dem es Rassendiskriminierung gab. Und es war ziemlich schwer, in einer Situation zu sein, in der man seine Meinung nicht frei äußern konnte. Ich wollte die nötigen Papiere, und um sie zu bekommen, konnte ich nichts über das sagen, was ich sah und hörte. Die meisten unserer Freunde waren politisch engagiert und durften deshalb ihren Beruf nicht ausüben, und einige saßen sogar wegen des berüchtigten Hochverratsprozesses im Gefängnis.[15] Aufstände in Durban wurden von der Regierung geschickt manipuliert, um sicherzustellen, daß die Schwarzen statt der Weißen die Inder angriffen. Trotz der Tatsache, daß Südafrika sehr gut zu mir gewesen war, wollte ich auswandern. Wenn ich nicht nach Israel gehen konnte, wohin mein Herz mich zog, dann war England das Land meiner Wahl. Aber die zur Emigration nötigen Papiere kamen nicht. Durch einflußreiche Freunde ließ ich Erkundigungen einziehen und erfuhr, daß der Grund für die Verzögerung Stephans unverantwortlicher Fahrstil war!

Stephan hatte einen belgischen Kollegen, der uns immer zur Seite stand, wenn wir in Not waren. Aber er hatte eine schlechte Eigenschaft: er konnte nicht widerstehen, wenn er eine Gelegenheit sah, Geld zu verdienen, und wann immer er in diese Versuchung kam, war alle Freundschaft vorbei. Diesmal sah er die Chance, Profit zu machen, indem er das Auto eines Freundes „verscheuerte", und überredete Stephan, es zu kaufen. Es sollte eine Überraschung für mich sein – nur konnte Stephan nicht fahren. Er nahm ein paar Fahrstunden, wurde aber ungeduldig und fing an, auf sehr unverantwortliche Weise herumzufahren, ohne die Prüfung bestanden zu haben. Es war beängstigend, ihn dabei zu beobachten, wie er beweisen wollte, daß er fahren konnte, ohne das Steuerrad zu berühren, und er vollführte auch andere tollkühne Tricks. Einmal, als ich nicht zu Hause war, nahm er Ilan im Auto mit und schaffte es gerade noch, das Auto am Rande eines Abgrunds zum Stehen zu bringen. Es war völlig verrückt und beängstigend; aber er war nicht zu bremsen. Das Auto war seine Leidenschaft. Schließlich fuhr er es gemeinsam mit dem Wagen eines anderen zu Schrott. Glücklicherweise wurde niemand verletzt. Aber er hatte nun einen

Eintrag wegen Fahrens ohne Führerschein in seiner polizeilichen Akte, der ihm nicht nur das Autofahren verbot, sondern auch die Bewilligung unserer Einbürgerung negativ beeinflußte.

Die übliche Bedingung für eine Einbürgerung ist der Aufenthalt in einem Land für fünf Jahre oder mehr. Stephan war seit 1947 in Südafrika, und ich war erstmals 1948 dorthin gereist. Nun schrieb man das Jahr 1957. Wir hätten schon vor längerer Zeit unsere Einbürgerungspapiere erhalten sollen. Sobald ich den Grund für die Verzögerung herausgefunden hatte, ließ ich einige Freunde die Fäden ziehen, und im Juli 1957 bekamen wir endlich unsere Papiere. Jetzt warteten wir auf südafrikanische Pässe, was wieder drei Wochen dauerte. Ein Schiff, die *Bloemfontein*, stach vier Tage später nach England in See, und wir waren an Bord.

Die letzten vier Tage waren hektisch: packen, Abschiedsfeste, ein Abschiedskonzert von Stephan und Abschiedsfeierlichkeiten in meinen Schulen. Der *Natal Mercury* interviewte uns, und Freunde und Schüler kamen mit Geschenken zum Schiff, um uns zu verabschieden. Es war sehr aufregend und gleichzeitig ziemlich traurig und beunruhigend. Wieder zerrissen wir unsere Bindungen und zogen weiter.

Ilan war außerordentlich aufgebracht, Südafrika verlassen zu müssen. Er hatte seine eigenen Freunde und stand auch einigen unserer erwachsenen Freunde sehr nahe, obwohl er irgendwie immer ein Außenseiter war. Andere Kinder hatten Großeltern, Onkel, Tanten, Cousins und Cousinen. Er hatte keine und vermißte das sehr. Aber wenigstens hatte er Freunde, und nun mußte er sie verlassen. In seinem kurzen und unsicheren Leben war das eine weitere Umwälzung. Auf dem Schiff war er extrem unruhig, und wir mußten mehrere seiner Wutanfälle ertragen. Wir schlossen Freundschaft mit einem wunderbaren Ehepaar, Jack und Stella. Stella war Engländerin und Jack Südafrikaner. Ilan gewann sie recht lieb. Es war der Beginn einer Freundschaft, die bis heute andauert.

Bei unserer Ankunft in Waterloo Station, London, hatten wir zusätzlich zu unseren Kisten 32 Pakete. Weil wir in solcher Eile aufgebrochen waren, hatte ich wenig Zeit zum Packen gehabt, und die Geschenke trugen viel zum Gepäck bei. Ich war noch nie sehr gut im Packen, und Stephan half überhaupt nicht dabei. Freunde hatten uns ein Zimmer in West Hampstead gemietet. In Waterloo standen wir nun in einer Schlange und warteten auf ein Taxi, das uns zu unserer neuen Bleibe bringen sollte. Als ein Polizist auf uns zutrat, waren wir mißtrauisch: Da wir in Ungarn, Frankreich und Südafrika gelebt hatten, wo die Polizei normalerweise nicht „dein Freund und Helfer" ist, konnten wir uns nicht vorstellen, was passieren würde. Aber der Polizist sagte, er nähme an, wir seien neue Immigranten, und fragte uns, ob wir wüßten, wohin wir uns wenden sollten. Als wir sagten, daß wir nach West Hampstead wollten, riet er uns, mit dem Taxifahrer vorher einen Preis zu vereinbaren – besonders deshalb, weil die Entfernung über sechs Meilen betrage. 1957 durfte ein Taxifahrer für eine über sechs Meilen weite Fahrt einen beliebigen Preis verlangen. Wir waren regelrecht hingerissen. Wir waren in ein zivilisiertes Land gekommen, in dem selbst die Polizisten menschliche Wesen waren!

11 • Eingewöhnung in London

Als wir Anfang September in London ankamen, fing das neue Schuljahr gerade an. Wir meldeten Ilan schnell in einer Schule an, die uns empfohlen worden war, und begannen, nach einer Wohnung in der Nähe zu suchen.

In West Hampstead hatten wir ein angenehmes, sauberes Zimmer und teilten die Küche und das Bad mit einer anderen Person. Bald fingen wir an, uns nach einer dauerhaften Bleibe umzusehen, keine leichte Aufgabe mit der stolzen Summe von 550 Pfund, unseren gesamten Ersparnissen. Man hatte uns geraten, lieber zu kaufen als zu mieten. Ein Makler, der uns empfohlen worden war, rief an und sagte, er hätte vielleicht genau die ideale Wohnung für uns. Am nächsten Tag zeigte er mir eine angenehme Drei-Zimmer-Wohnung, die zu Fuß ungefähr fünf Minuten von Ilans Schule entfernt war. Sie befand sich im zweiten Stock, hatte viel Licht und lag an einer Hauptstraße, was mich nicht weiter störte. Ich schlief immer besser, wenn es draußen laut war, und Stephan schlief überall gut. Ich war entzückt. Der Makler schickte mich zum Besitzer der Wohnung.

Herr F. war sehr freundlich. Er hatte gehört, daß mein Mann Musiker sei und fragte, ob wir in der Wohnung Musik machen würden. Ich erklärte, daß Stephan sehr diszipliniert sei und nicht mehr abends nach zehn Uhr übe, oder zu anderen Zeiten, wenn es die Nachbarn stören könnte. Herr F. sagte, das sei egal; Stephan könne spielen, soviel er wolle. Dann wollte er wissen, ob wir Haustiere hätten. Ich sagte, wir hätten keine, aber Ilan habe sich immer eine Katze gewünscht. Er sagte, er hätte nichts gegen Haustiere; kleine Jungen sollten Haustiere haben. Natürlich seien kleine Jungen selbst recht laut. Ich erzählte ihm, unser Ilan sei ein sehr ruhiger Junge, aber der Eigentümer versicherte mir, daß es ihn überhaupt nicht stören würde, wenn Ilan laut sei.

Wir redeten auch darüber, daß ich während des Krieges in einem Vernichtungslager gewesen war und daß dieses das erste Heim wäre, das uns gehören würde. Ich erwähnte, daß ich Hebräisch unterrichtete. Herr F. war wirklich ausgesprochen nett. Er sagte, daß ich für kurze Zeit einen Überbrückungskredit bräuchte, aber er werde ihn für mich besorgen, und wir könnten die Wohnung haben. Sie kostete £3000, und wir zahlten eine Kaution von £300. Uns wurde gesagt, wir könnten in zwei Wochen einziehen, und es wurde ein genaues Datum festgesetzt. Als es so weit war, kündigten wir den Eigentümern des Zimmers, in dem wir wohnten. Aber zu unser aller Enttäuschung war die neue Wohnung zum versprochenen Termin noch nicht bezugsfertig.

Inzwischen hatte unser Zimmer schon einen neuen Mieter, und wir mußten ausziehen. Anständige Räumlichkeiten für einen vernünftigen Mietpreis waren sehr selten. Eine ganze Woche verbrachten wir damit, uns jeden Tag umsonst nach einer Unterkunft umzusehen.Am selben Morgen, an dem wir das Zimmer räumen mußten, fanden wir ein anderes Zimmer, das nicht weit von dem ersten entfernt lag. Aber was war das für ein Abstieg! Es handelte sich um ein Erdgeschoßzimmer mit riesigen Ausmaßen in einem der alten Häuser in der West End Straße. Es war wohl früher einmal das Empfangszimmer einer gutsituierten Familie gewesen, den Möbeln nach zu urteilen. Da standen ein Tisch, der ausgezogen werden konnte, so daß 24 Leute daran Platz fanden, und zwei Büchervitrinen, die fast bis an die sehr hohe Decke reichten. Eine der beiden war weiß mit goldenen Verzierungen und zwei überlebensgroßen menschlichen Figuren zu beiden Seiten, die andere braun, vergoldet und wohl früher einmal mit rotem Plüsch ausgekleidet. Sie waren beide abgeschlossen.

Ein riesiger venezianischer Spiegel hing an der Wand, der – wie alles in diesem Zimmer – mit Spinnweben und Staub bedeckt war. Außerdem war es unmöglich, ohne eine Leiter zu ihm hinaufzureichen oder ihn zu putzen. Es gab auch eine Ansammlung von verschiedensten Stühlen, einige davon sehr hübsch, und in einer Ecke stand ein abgeschlossener Stutzflügel.

Es standen dort drei Betten für uns: das erste aus Eisen, das zweite groß, schwer, viktorianisch, braun und geschnitzt, und das dritte weiß gestrichen und sehr wackelig. Zum Kochen gab es eine einzige Gaskochplatte auf dem Boden, als Heizung ein gasbeheiztes Element im Kamin. Letzteres änderte kaum etwas an der Temperatur dieses riesigen Zimmers, es verschlang nur das Kleingeld, mit dem wir den Zähler füttern mußten. Das Badezimmer im zweiten Stock teilten sich sage und schreibe 32 Personen. Der Dreck, der sich dort angesammelt hatte, war unbeschreiblich. Das Bad war ein ständiger Anlaß zu Reibereien und Ärger für seine vielen Benutzer.

Jetzt war es Ende Oktober, der erste Winter, den wir nicht mehr in Südafrika verbrachten; es war kalt, neblig, feucht und ausgesprochen unfreundlich von Mitte November bis Anfang Januar, als wir endlich umziehen konnten. Wir waren restlos unglücklich in den Wochen des Wartens auf unsere neue Wohnung.

Endlich kam der Tag, an dem wir einziehen konnten. Die Gesellschaften, an die wir unsere Hypothekenabzahlungen leisten mußten, schienen häufig den Besitzer zu wechseln, aber das betraf uns nicht direkt. Wir zahlten regelmäßig und hatten ansonsten mit den Gesellschaften nichts zu tun. Es stellte sich heraus, daß wir die ersten waren, die in diesem Haus eine Wohnung kauften. Die anderen Wohnungen waren mit Verträgen vermietet, und die Mietverträge liefen noch lange nicht aus. Die Eigentümer wollten alle Wohnungen verkaufen und hofften deshalb, daß die derzeitigen Mieter schnell auszögen. Wir konnten dem Besitzer vielleicht nützlich sein – ein Musiker, der viel Lärm machte, ein kleiner Junge, von dem er hoffte, daß er ungezogen und laut sein werde, und Haustiere, die eine Plage für die anderen Bewohner darstellen würden. Uns war nicht klar, daß die Eigentümer solche Erwartungen an uns stellten, und wir erreichten sicherlich nicht annähernd den von uns erwarteten Ärgerniswert.

In Wirklichkeit wären wir selbst gern weggezogen, wenn wir es uns hätten leisten können. Die Leute in der Wohnung unter uns waren Jazzmusiker. Bevor wir kamen, hatte zwei Jahre lang niemand in unserer Wohnung gewohnt. Als wir einzogen, hatten wir kein Geld für einen Teppich und liefen auf den bloßen Dielen herum. Stephan war ein schwerer Mann, und wenn er umherging, hörte man unter uns jeden Schritt. Die Musiker ärgerten sich darüber, daß wir über ihnen wohnten, und fingen an, uns das Leben schwer zu machen. Nach jeder Bewegung in unserer Wohnung klopften sie unten an die Decke. Wenn Ilan nach Hause kam, lauerten sie ihm auf und bedrohten ihn oder jagten ihm Angst ein. Als ich mich beim Kinderschutzbund beschwerte, rächten sich die Jazzmusiker mit lauter Musik und Trommelwirbeln bis ein oder zwei Uhr morgens. Es war unerträglich, und wir hatten keine Ruhe.

Eines Nachts wurde es wirklich zuviel. Wir waren so verzweifelt, daß wir die Polizei riefen. Es war halb zwei Uhr morgens und sie spielten in voller Lautstärke ihren Jazz. Ein Polizist kam und war auch der Meinung, daß die Situation unzumutbar sei. Er sagte, er würde uns gerne helfen, und fragte, wie viele Bewohner sich beschwerten. Wir erzählten ihm, daß wir die einzigen seien, die durch die laute Musik gestört wurden. Die Wohnung unter den Jazzmusikern stand schon lange leer, und der Schall wurde nicht seitwärts getragen. Folglich waren wir die einzigen, die belästigt wurden. Der Polizist erklärte, daß wir mit einer Entschädigungsklage wenig Aussicht auf Erfolg hätten, weil sich dem Gesetz nach drei Wohnparteien beschweren müßten, um die Beschwerde rechtskräftig zu machen. Trotzdem versprach er zu tun, was er konnte. Er wollte mit den Mietern unter uns reden und dann wiederkommen. Als der Polizist zurückkam, sagte er, er habe den Leuten unter uns angekündigt, daß vielleicht gerichtlich gegen sie vorgegangen werde. Die Drohung reichte aus, und für begrenzte Zeit hatten wir Ruhe.

Viele Jahre später gab es einen Mietenschwindelskandal in London, die Rachmanaffäre. Der „Slumvermieter" Rachman war berüchtigt dafür, Mieter auszubeuten und sie mit hinterhältigen Methoden wieder zu vertreiben, um seine Besitzungen zu inflationären Preisen verkaufen zu können. Eine Liste der Hypothekengesellschaften wurde veröffentlicht, und wir stellten fest, daß Rachman sämtliche Gesellschaften unter seiner Kontrolle hatte, an die wir Abzahlungen geleistet hatten.

Wir hatten in England viele Beziehungen, mit deren Hilfe Stephan vielleicht hätte wieder anfangen können zu arbeiten. Aber er verdarb fast jedes Treffen mit diesen Leuten. Ob er das absichtlich tat oder ob er sich unweigerlich ungeschickt benahm, um seine Schüchternheit oder Verlegenheit nicht zu zeigen, habe ich nie herausgefunden. Jedesmal wenn wir uns mit Leuten trafen, die ihm helfen wollten und ihn deshalb nach seinem Lebenslauf und seiner Berufslaufbahn fragten, gelang es Stephan irgendwie, sie zu verärgern. Und wieder war ich am Ende meiner Weisheit.

Wir traten auch mit einigen alten Freunden aus Ungarn in Verbindung, zum Beispiel mit Vera Nordell. Ich erinnere mich: 1940 oder 1941 probten wir in Szombathely für eine Aufführung des „Judas Maccabaeus", eines Oratoriums von Händel. Weil ich Mitglied in Chor und Orchester war, wurde entschieden, daß ich für die Hälfte des Konzerts im Orchester Cello spielen und für die andere Hälfte im Chor singen sollte. Wir warteten auf die Ankunft des Dirigenten und der Solistin. Der Dirigent war Lászlo Weiner, der in Szombathely geboren war, aber damals in Budapest lebte. Er war ein talentierter Musiker und der Lieblingsschüler des ungarischen Komponisten Zoltán Kodály. Ich kannte ihn und seine Familie schon, solange ich denken konnte. Wenn er zu Hause Urlaub machte, besuchte er häufig meinen Vater, mit dem er eng befreundet war. Diesmal brachte er seine Verlobte mit, Vera Rózsa, eine begabte und schöne junge Sängerin. Vera hatte eine bezaubernde Mezzosopranstimme, und als ich sie singen hörte, wurde ich vom ersten Moment an ihre glühende Verehrerin. Von da an kam sie oft zu Gesangsaufführungen in die Stadt. Diese genoß ich sehr. Veras

Stimme, ihre Musikbegabung und ihr Charme waren unwiderstehlich. Mein Wissenshorizont wurde durch Veras weit gefächertes Repertoire an Volksliedern aus verschiedenen Ländern zusehends erweitert.

Im Krieg tauchte Vera unter. Laci Weiner wurde mit anderen jüdischen Männern im wehrfähigen Alter in ein Arbeitslager gebracht, und obwohl Kodály alles versuchte, gelang es ihm nicht, seine Entlassung zu erreichen. Als er endlich Erfolg hatte, war Laci schon in der Ukraine gestorben, wo Juden als Versuchskaninchen auf Minenfelder geschickt wurden, erfroren oder verhungerten. In der Zeit von 1942 bis 1944, als ich in Budapest lebte, ließ ich mir kein einziges Konzert, bei dem Vera sang, entgehen, und sie war immer eine wunderbare Freundin. Sie war natürlich der Liebling der gesamten musikalischen Welt in Ungarn und wurde sogar von den ungarischen Nichtjuden noch hoch gelobt, als sie in den Kriegsjahren schon nicht mehr in nichtjüdischen Kreisen auftreten durfte.

Nach dem Krieg heiratete Vera Ralph Nordell, einen Engländer, der mit den britischen Truppen nach Ungarn gekommen war. Eine Zeitlang trat sie in den Opernhäusern von Budapest und Wien mit so berühmten Dirigenten wie Otto Klemperer und Josef Krips auf. Sie und ihr Mann zogen dann nach Italien und von dort aus nach London. Als wir nach London kamen, waren Vera und Ralph diejenigen, die mich am meisten unterstützten. Zu jener Zeit begann sie sich langsam in England einen Namen zu machen. Später wurde sie eine international anerkannte Gesangslehrerin, die überall verehrt wurde. Sie unterrichtet Meisterklassen in aller Welt und ist heute als Jurymitglied bei internationalen Wettbewerben sehr gefragt.

Um zu meinen Bemühungen um eine Stelle für Stephan zurückzukommen: Endlich hatten wir Glück. Wieder einmal kam uns unser guter Freund, der ungarische Cellist János Starker, zu Hilfe. Er hielt sich in London auf, um ein Konzert zu geben und mit dem Philharmonia Orchestra Aufnahmen zu machen. Ich ging zur Aufnahme eines Cellokonzerts von Haydn, die er mit dem Dirigenten Giulini zusammen einspielte. Was für eine Freude war es, ihn wieder spielen zu hören! Es war ausgesprochen schwierig, beim Philharmonia Orchestra zur Aufnahmeprüfung zugelassen zu werden, das schon damals eines der berühmtesten Orchester der ganzen Welt war, aber János arrangierte einen Vorspieltermin für Stephan. Daraufhin wurde Stephan eine Stelle als Bratschist unter Walter Legge angeboten, und er blieb 27 Jahre lang in diesem Orchester.

Ich versuchte außerdem, eine Stelle als Hebräischlehrerin für mich zu bekommen. Ich hatte sehr gute Empfehlungen von Herrn Ernst, meinem ehemaligen Direktor in Südafrika, und Herrn Goss, dem dortigen Schulrat für jüdisches Erziehungswesen, der meine Arbeit an den Jüdischen Schulen von Durban lobte. Herr Ernst wußte, daß ich den aufrichtigen Glauben anderer Leute respektierte, obwohl ich selbst nicht religiös war, und daß ich nie versuchen würde, diesen starken Glauben zu untergraben. Ich hatte immer den Eindruck, als sei er mit meiner Arbeit zufrieden, und zwischen uns herrschte gegenseitiger Respekt.

In London befragten mich die Vereinigten synagogalen Erziehungsbehörden, an die ich mich wandte, zu meinem Privatleben. Sie fragten, ob ich am Sabbat reise und ob sie meine Küche auf *Kashrut*[16] überprüfen könnten. Ich verweigerte ihnen ein solches Eindringen in meine Privatsphäre und wandte mich stattdessen an die Gesellschaft für zionistische Erziehung, aber die stellte nur Israelis ein. Mir wurde jedoch Arbeit in der Reformsynagoge angeboten, allerdings nur sonntags, was kein ausreichendes Einkommen für mich darstellte. Doch nach gründlicher Überlegung nahm ich die Stelle in der Reformsynagoge an und arbeitete gerne dort. Später durfte ich in der Woche abends eine Hebräischklasse unterrichten.

Aber ich mußte noch mehr Geld für unseren Unterhalt verdienen und war bereit, jede Arbeit anzunehmen – das war nicht zum ersten Mal so. Die erste Stelle, die sich mir bot, war die einer Hauptbuchhalterin in einer Dachdeckerfirma. Ich hatte vorher noch nie ein Hauptbuch gesehen, aber ich brauchte nicht lange, um das Prinzip zu durchschauen. Die Bücher waren drei Monate lang nicht geführt worden, und es kostete mich zwei Wochen, sie auf den neuesten Stand zu bringen. Ich arbeitete vier Stunden am Tag, aber zur Firma und wieder nach Hause zu kommen, dauerte oftmals zwei Stunden. Es war Januar 1958. Für meine Arbeit erhielt ich die stolze Summe von drei Schillingen und Sixpence pro Stunde, umgerechnet etwa 50 Pfennig.

Nach den ersten zwei Wochen hatte ich kaum noch etwas zu tun. Ich saß in einem Büro, das für Buchführung und Gehaltsabrechnung zuständig war. Die Stellen waren wohl überbesetzt, denn die vier Leute in meinem Zimmer arbeiteten nur, wenn die Tür aufging und jemand aus einem anderen Büro hereinkam. Ich erledigte die anfallende Arbeit immer sofort, und dann saß ich da und drehte Däumchen. Meine Kollegen versuchten, mich zum langsamen Arbeiten zu überreden, damit es so aussähe, als gäbe es genug zu tun. Ständig wurde Tee gekocht, und die Gespräche waren nicht auszuhalten. Vielleicht war ich ein Snob, aber der unausgesetzte Gebrauch von Worten, die ich nie in den Mund genommen hätte, beleidigte meine Ohren. Um genau zu sein, bestand die Hälfte des Büroklatschs aus vulgären Ausdrücken. Einer der Angestellten war ein selbsternannter Experte für Mordfälle und las nur Zeitungen, die alle blutigen Einzelheiten druckten. Er analysierte sie dann und verglich sie mit anderen Morden, die innerhalb der letzten 60 Jahre verübt worden waren. Diese Verhältnisse waren für mich wirklich schwer zu ertragen. Ich gestand mir ein, daß ich sie nicht mehr lange auf mich nehmen konnte, und beschloß, mich nach einer anderen Stelle umzusehen.

Ich traf eine Dame vom BBC, die sich wegen meiner Sprachkenntnisse für mich interessierte, und die mich bat, für sie zu arbeiten. Aber die Stellenausschreibung verlangte Stenographiekenntnisse, und die hatte ich nicht. Sie versuchte, ihre Vorgesetzten zu überzeugen, daß Kurzschrift für diese Stelle wirklich unnötig sei, aber ohne Erfolg; Vorschriften waren Vorschriften und mußten eingehalten werden.

Immerhin regte diese Niederlage mich dazu an, Stenographie zu lernen. Inzwischen war ich von der Position einer Hauptbuchhalterin zu einer neuen Stelle als Adressiererin bei einem Wäschereiservice aufgestiegen. Die Arbeit war nicht besser als meine vorige, aber wenigstens war die Arbeitsstelle nicht so weit von unserer Wohnung entfernt, so daß ich weniger Zeit mit Pendeln verbrachte.

Zuerst lernte ich „Speedwriting", eine besondere Art der Stenographie, und konnte bald auch recht gut Schreibmaschine schreiben. Aber es gelang mir nicht, schnell genug zu schreiben, um ein Zertifikat zu bekommen. Folglich nahmen die Personalchefs mich nicht. Ich versuchte ungefähr drei Monate lang, mein „Speedwriting" zu verbessern, aber bei jeder Prüfung brach ich vor Nervosität in Tränen aus. Schließlich wurde mir nahegelegt, die Lerngruppe zu verlassen, weil ich die anderen Schüler sichtlich demoralisierte. Also gab ich es schweren Herzens auf, eine erstklassige Schnellschreiberin werden zu wollen.

Jemand vermutete, mir käme, da ich nun wenigstens tippen könne, vielleicht eine andere Art der Niederschrift mehr entgegen, und riet mir, es mit Palantype zu versuchen. Das war eine Form von Maschinenkurzschrift, die an einer anderen Berufsschule gelehrt wurde. Wieder lernte ich die Technik schnell, bestand aber keinen angemessenen Schnelligkeitstest. Ich freundete mich mit den Lehrern und Lehrerinnen an. Eine von ihnen bot mir eine Möglichkeit zur Lehrerausbildung an. Aber sie konnte mir nach Abschluß der Ausbildung nur eine Stelle als Abendschullehrerin versprechen.

Weil ich abends zu Hause bei Ilan sein wollte, kam Arbeit zu dieser späten Zeit für mich nicht in Frage. Ich hatte ziemlich viel Geld für die Berufsschulkurse ausgegeben, doch anscheinend mit wenig Erfolg.

Kurz bevor ich von der Palantypeschule abging, kam eine der früheren Schülerinnen, die jetzt in Israel lebte, zu Besuch. Sie fragte, ob dieselbe Technik für den Hebräischunterricht in Israel angewandt werden könne. Es gab schon deutsche und französische Varianten, und meine Lehrer fanden diese Anregung interessant. Da sie wußten, daß ich Hebräisch sprach und die Technik vollständig beherrschte, boten sie mir an, mir die Kursgebühren zurückzugeben, wenn ich die hebräische Variante für sie entwickeln würde. Das tat ich – und war sehr zufrieden mit mir.

Gleichzeitig nutzte ich wieder eine meiner alten Fähigkeiten: das Singen. Ich hatte einen Termin zum Vorsingen in einer Synagoge und wurde wie üblich in den Chor aufgenommen. Ich war nicht gläubig und wäre nicht in die Synagoge gegangen, wenn ich nicht als Chormitglied dafür bezahlt worden wäre. Diese spezielle orthodoxe Synagoge sollte eigentlich keinen gemischten Chor haben, und immer wenn der Oberrabbiner zu Besuch kam, wurden die weiblichen Mitglieder für ihr Nichterscheinen bezahlt.

Im Wäschereiservice war auch eine Frau als Adressenschreiberin beschäftigt, die ein tschechischer Flüchtling und ebenfalls in einem Vernichtungslager gewesen war. Wir waren recht gut befreundet. Einmal gingen wir zusammen und warteten auf den Bus. Vor uns in der Schlange stand eine Farbige. Als wir an der Reihe waren, in den Bus zu steigen, drängelte meine tschechische Kollegin sich an ihr vorbei und sagte dabei zu ihr, daß sie als Farbige andere in der Schlange vorlassen sollte! Ich war entsetzt und sagte ihr das auch. Ich sprach nie wieder mit ihr. Daß eine Jüdin, die aufgrund von Rassendiskriminierung selbst gelitten hatte, sich so verhalten konnte, war für mich unerträglich und abstoßend.

Unterdessen wurde mir vorgeschlagen, in einer Bibliothek zu arbeiten. Ich war fasziniert von der Idee. Ich wurde zur Wiener Library geschickt, der Londoner Bibliothek, die auf den Holocaust spezialisiert ist. Aber leider war dort keine Stelle frei. Während meiner Vorsprache bot man mir ein wenig Geld an, wenn ich einen Augenzeugenbericht über meine Deportation aus Ungarn schriebe. Man gab mir einen Bericht, den ich als Vorlage dafür nehmen sollte, was von mir erwartet wurde. Der Bericht war von einer Cellistin aus Deutschland, die im Orchester des Vernichtungslagers von Auschwitz gewesen war. Sie war jetzt mit dem guten Pianisten Peter Wallfisch verheiratet, und wie der Zufall es wollte, hatten wir sie erst vor ein paar Tagen besucht. Ich hatte schon immer ein gutes Gedächtnis für Gesichter, und als wir die Wallfischs besuchten, kam mir Anitas Gesicht bekannt vor. Aber es schien ausgeschlossen, daß wir uns begegnet sein könnten, wie ich glaubte. Jetzt, aufgrund ihres Augenzeugenberichts, wurde mir klar, daß sie die Cellistin war, mit der ich mich unterhalten hatte, einen Tag bevor wir aus Auschwitz weggebracht wurden.

Ich versuchte weiterhin, eine Vollzeitstelle als Lehrerin zu bekommen, aber das, was meinem Ziel am nächsten kam, war eine Stelle als Schulsekretärin im Hasmonäischen Mädchengymnasium. Die Schulleiterin, Phyllis Dimson, war eine reizende Person, und wir kamen gut miteinander aus. Als ich meine Arbeit aufnahm, war das Sekretariat ein einziges Chaos. Ich hatte es schnell wieder aufgeräumt und hatte dann sogar Zeit, einigen Mädchen in Französisch oder Deutsch und bei ihren persönlichen Problemen zu helfen. Bald kannte ich jedes Kind mit Namen, und sie kamen mit ihren kleinen Sorgen zu mir. Ich leistete auch Erste Hilfe. Wenn ich auch schlecht bezahlt wurde und nur Anspruch auf zwei Wochen Ferien im Jahr hatte, arbeitete ich doch gerne dort. Allerdings hatte ich das Gefühl, ausgebeutet zu werden. Ich verdiente nur sieben Pfund pro Woche! Als dem Direktor, dem Vorgesetzten der Schulleiterin, die Tochter einer Freundin empfohlen wurde und das junges Mädchen, das gerade seinen Schreibmaschinenkurs abgeschlossen hatte, bereit war, für ein Pfund weniger pro Woche zu arbeiten als ich, wurde ich eines Montagmorgens zum Ende der Woche entlassen. Die neue „Sekretärin" war nur drei Wochen lang dort und war, wie ich hörte, völlig unfähig, ihren Pflichten nachzukommen. Frau Dimson kämpfte um mich, aber vergebens; ich ging und war sehr verärgert und verletzt.

Noch viele Jahre lang traf ich ehemalige Schülerinnen, und wir unterhielten uns nett miteinander. Ein lustiges Beispiel des hohen Ansehens, das ich bei den Mädchen genoß, war, daß eine Elfjährige glaubte, ich könne ihre Frostbeulen heilen, obwohl ihr Arzt es nicht konnte. Ich mußte sie enttäuschen.

Nicht lange nachdem ich meine Stelle in der Schule verloren hatte, erhielt ich einen Anruf von der Wiener Library, daß sie eine Stelle als Assistentin der Bibliothekarin für mich hätten. Die Bibliothekarin erzählte mir, daß sie in Erwägung zog, nur noch halbtags zu arbeiten, und daß sie mich dazu ausbilden werde, ihre Stellvertretung zu übernehmen, wenn sie selbst nicht verfügbar sei. Ich schrieb mich für Abendkurse in Bibliothekswesen an der North Western Polytechnic ein und absolvierte einen einjährigen Einführungskurs. Soviel ich weiß, hielt mein Lehrer große Stücke auf mich, aber die Prüfungen bestand ich wie üblich nur mit Ach und Krach. Der Kurs machte mir viel Spaß. Auch die Arbeit in der Bibliothek gefiel mir, und ich fand sie äußerst interessant, allerdings in gewisser Weise auch erschütternd. Der Schwerpunkt lag auf der Geschichte des Nationalsozialismus und des Holocausts, und da ich die einzige Bibliotheksangestellte war, die eine Gefangenschaft in Konzentrationslagern überlebt hatte, schien es mir so, als würde ich als Versuchskaninchen betrachtet, das den Journalisten Informationen liefern konnte.

Inzwischen hatte mein Privatleben sich wieder verkompliziert. Ilan war sehr unglücklich in seiner neuen Schule. Er war in seine eigene Altersgruppe zurückgestuft worden und langweilte sich. Bisher war er immer in kleinen Klassen von höchstens zwölf Schülern gewesen. Plötzlich fand er sich in einer Klasse mit 45 Kindern wieder, deren Lehrerin weder die Zeit noch die Phantasie hatte, sich um ein hochintelligentes Kind zu kümmern.

In Südafrika war Ilan eine Leseratte und ging oft in die öffentliche Bibliothek. Vor allem Gedichtbände waren seine Lieblingsbücher. Wenn ihm ein Gedicht gefiel, lernte er es auswendig und ließ sich alle möglichen Illustrationen dazu einfallen. Während er Gedichte rezitierte, zeichnete er oder malte oder knetete Plastilin oder Teig oder machte Skulpturen aus Sand, sogar aus Pappe oder Holz, um den Gehalt der Gedichte zu veranschaulichen. In Durban hatte er einen großen Tisch in seinem Zimmer, den er so bemalte, daß er wie Felder, Wälder und Parks aussah. Diese bevölkerte er mit Tieren und Bauersleuten, mit landwirtschaftlichen Geräten und Bauernhöfen, die er aus Papier zuschnitt. Er begann diese neue Beschäftigung, als er vier Jahre alt war, und arbeitete weiter daran, bis er acht war und wir aus Durban wegzogen. In den Ferien nahm er an Kunstkursen teil, und seine Arbeiten wurden für so außergewöhnlich gut gehalten, daß – kurz bevor wir aus Südafrika emigrierten – ein ganzer Raum einer Ausstellung seinen Kreationen gewidmet wurde.

Er war so ein fröhlicher kleiner Kerl gewesen, aber nun, in seiner neuen Schule, änderte sich alles für ihn. Als seine Lehrerin ihn bat, ein Gedicht aufzusagen, tat er das gerne. Anschließend sagte sie ihm, das sei kein geeignetes Gedicht für einen kleinen Jungen. Nach dieser Erfahrung las er nie wieder ein Gedicht, bis er Student war. Dasselbe passierte, als er einen Baum malen sollte; der Lehrerin gefiel er nicht, und er zeichnete danach keinen einzigen Strich mehr. Es ging ihm sehr schlecht, und er wurde gereizt und verärgert und geriet in Streit mit den anderen Kindern. Er war schrecklich einsam, denn obwohl er Freunde fand, waren diese an den Wochenenden bei ihren Verwandten, und er hatte keine. Er wurde zum Bettnässer und hatte Alpträume.

Wieder sprach ich bei unserer Freundin Veronica vor, die jetzt in

London lebte und bei Anna Freud studierte. Sie erreichte für Ilan, daß er einen Termin in der Anna-Freud-Klinik bekam, wo man nach einigen Tests herausfand, daß er einen IQ von 167 hatte. Es war offensichtlich, daß sein Hauptproblem in der Schule reine Langeweile war, obwohl das alte Problem seines schlechten Verhältnisses zu Stephan auch noch dazukam.

Zwei Jahre vergingen, und Ilan ging es immer schlechter. Er haßte die Schule bitterlich, und in der Freud-Klinik riet man uns, ihn auf eine Schule zu schicken, wo er in seinem eigenen Tempo arbeiten und lernen dürfte. Dartington Hall war im Gespräch. Inzwischen hätte er einen Platz in der Haberdashers´ Schule bekommen können, aber uns wurde davon abgeraten, ihn dort anzumelden. Die Leute in der Klinik glaubten, daß wegen seiner hohen Intelligenz zu viel Druck in Richtung auf schulische Leistungen auf ihn ausgeübt werden könnte. Sie meinten, es sei am besten für Ilan, eine Schule zu besuchen, die ihm eine größere Vielfalt an Kursen und Aktivitäten bot und kleinere Klassen hatte.

Und so reiste ich mit ihm zur Dartington Hall Schule in South Devon. Wir waren hocherfreut darüber, was wir dort sahen. Ilan war fasziniert, denn es gab die Möglichkeit, etwas Zeit auf dem der Schule angeschlossenen Bauernhof zu verbringen. Er war schon immer gerne auf Bauernhöfen und hatte in Südafrika oft geholfen, Eier einzusammeln, Tiere zu füttern und Ställe auszumisten. Überall machte er mit.

Dartington schien mir ein Paradies für Kinder zu sein. Es gab Laborräume, eine Bibliothek, ein Kunstatelier und ein Theater, in denen die Kinder alles benutzen und ihrer Phantasie freien Lauf lassen konnten. Sie durften auch Haustiere halten. Es gab Anlagen für die meisten Sportarten. Die zugrundeliegende Idee war, daß ein intelligentes Kind in dieser Umgebung selbst wählen und seinen rechten Platz in der Gesellschaft finden würde. Leider ging dieser Plan in der Zeit, als Ilan dort zur Schule ging, nicht ganz auf. Kinder brauchen eben doch ein Gerüst an Disziplin; sehr wenige können ihre eigene Routine entwikkeln und beibehalten, wie Ilan es tat, und „schlagen nicht über die Stränge".

In den niedrigeren Klassen gab es einige Pflichtfächer, später wurde die Fächerauswahl den Kindern völlig freigestellt. Prüfungen wurden naserümpfend abgelehnt. Die Räumlichkeiten waren angenehm, und die Schule lag in der schönsten Gegend. Aber es war eine teure Schule. Wir hatten noch immer mit unseren Hypothekenabzahlungen zu kämpfen und auch eine zweite Hypothek aufgenommen, deshalb konnten wir uns sonst wenig leisten. Obwohl mir die Schule außerordentlich gut gefiel, mußte ich darauf hinweisen, daß sie außerhalb unserer finanziellen Möglichkeiten lag. Folglich freuten wir uns sehr, als einige Tage nach unserem Besuch in Dartington ein Brief ankam, daß Ilan ein Stipendium verliehen wurde und er vom Elms´Trust einen kostenlosen Schulplatz erhielt. Ilan war auch freudig erregt und wartete ungeduldig darauf, ein Internatsschüler in Dartington zu werden.

Seit wir in London wohnten, war Ilan häufig krank. Er hatte eine gerissene Milz, die glücklicherweise operativ gerichtet werden konnte, und seine Mandeln wurden herausgenommen. Die Hals-Nasen-Ohren-Klinik, in der die Mandeloperation stattfand, war mir ein Rätsel. Wie üblich durfte Ilan am Tag vor der Operation nichts essen, aber die Operation wurde um 24 Stunden verschoben, und wieder bekam er nichts. Bis er operiert worden war und ihm etwas zu essen gebracht wurde, waren 48 Stunden vergangen. Was gab eine Spezialklinik einem Kind mit sehr leerem Magen nach einer Tonsillektomie? Baked Beans auf Toast! Der arme Junge hatte solche Magenkrämpfe, daß er kaum seine Halsschmerzen spürte. War das der Grund für eine derartige Behandlung? Er tat mir sehr leid. Danach bekam er das übliche Speiseeis, aber der Schaden ließ sich nicht mehr rückgängig machen. Er hatte auch verschiedene andere Leiden; kaum war er aus dem Krankenhaus entlassen, wurde er auch schon wieder eingeliefert. Es war wirklich höchste Zeit, daß er aufs Land ging und gesündere Luft atmete.

In Dartington war er zuerst in der Grundschule – er war damals noch nicht einmal elf Jahre alt – und war sehr glücklich. Alle Kinder mußten bei der Wartung des Grundstücks helfen, und Ilan verbrachte mindestens eine Stunde pro Tag damit, auf seinem geliebten Bauernhof zu arbeiten. Er fing auch an, Holzarbeiten zu machen, und baute einen Stall für zwei Kaninchen. Ich erhielt eine Anfrage von der Schule, ob er Kaninchen als Haustiere halten dürfe. Ich erlaubte es gerne, bis die Hausmutter mir zu bedenken gab, daß er die Kaninchen in den Schulferien mit nach Hause nehmen müßte. Da wir es nicht gut fanden, Kaninchen in einer Wohnung im zweiten Stock zu halten, verhandelte ich mit Ilan. Er hatte schon eine Katze, deren voller Name Timothy Maccabee Deák lautete, kurz Timmy. Wir hatten sie Ilan zum ersten Chanukkafest in der neuen Wohnung geschenkt, und wir alle hatten viel Freude an diesem schönen und anhänglichen Geschöpf, das Angst hatte, sich aus der Wohnung zu wagen. Natürlich blieb die Katze zu Hause, als Ilan nach Dartington ging. Außerdem leistete uns ein Goldhamster Gesellschaft, den Veronica Ilan zum Geburtstag geschenkt hatte. Er war ein niedliches kleines Tier, und Veronica war überzeugt davon, daß es unnötig sei, ihn im Käfig zu halten. Sie hatte ihn einige Tage in ihrem Schrank gehalten, bevor sie ihn Ilan schenkte, und versicherte uns, daß der Hamster zahm und pflegeleicht sei. Ich glaubte ihr nicht ganz und sperrte das Tier in einen Käfig. Als Veronica das nächste Mal ihr teures und schönes Wollkleid tragen wollte, wurde ihr klar, warum der Hamster bei ihr so friedlich gewesen war; er war sehr beschäftigt damit, Löcher in ihr bestes Kleid zu nagen!

Anstelle von Kaninchen begnügte Ilan sich also mit Goldfischen, Sumpfschildkröten, einem Wellensittich und zwei Mäusen. Das war ein echter Kompromiß. Wenn wir ihn nach den Ferien zur Bahn brachten, um uns dort von ihm zu verabschieden, hatten einige Kinder Papageien mit und eines sogar einen Affen. Was für einen Anblick Ilan am Bahnhof bot! Auf seinem Rucksack thronte eine Holzkiste mit den Mäusen. In seinen Armen trug er Gläser mit den Sumpfschildkröten und den Goldfischen. Vorne hing ihm der Vogelkäfig um den Hals. Später kam noch eine Angelrute hinzu, denn Ilan wurde ein leidenschaftlicher Forellenangler. Wenn all diese Tiere zu Hause ankamen, zeigte Timmy, die Katze, immer großes Interesse an ihnen, und wir mußten sie gut im Auge behalten. Das Wichtigste aber war, daß es Ilan glücklich machte.

Ich konnte Ilan nur jeweils einmal zwischen den Ferien besuchen. Die Zugfahrt nach Dartington, die Übernachtung und mit ihm essen zu gehen, war insgesamt so teuer, daß solche Wochenenden sage und schreibe 25 Pfund kosteten, eine stolze Summe, wenn man in Betracht zieht, daß mein Wochenlohn bei der Wiener Library nur 9 Pfund betrug. Die meisten anderen Eltern, die offensichtlich wohlhabend waren, kamen im Rolls Royce oder Bentley oder im teuren Sportwagen. Ilan begann, diesen Unterschied zwischen seiner Familie und den Eltern seiner Klassenkameraden deutlich zu spüren. Er fing an, seine Ersparnisse auszugeben, obwohl die Schule ihren Schülern nicht erlaubte, mehr als eine bestimmte Summe an Taschengeld zu haben, die Ilan natürlich von uns bekam. Offensichtlich hielten die anderen Eltern sich nicht an diese Regel. Gleichermaßen beunruhigend war die Tatsache, daß Ilan anfing zu lügen. Er entwickelte sich in einer Weise, die mir Sorgen bereitete. Es war deutlich, daß er es schwer fand, inmitten all dieses Reichtums ein Stipendiat zu sein. Trotzdem machte er in seinem Lernstoff so schnelle Fortschritte, daß er zweimal hochgestuft wurde und dabei Klassen übersprang.

Ilans Klassenkameraden waren nun viel älter als er und nicht so darauf aus, mit ihrem Stoff voranzukommen. Ilan war äußerst ehrgeizig; das ging soweit, daß er überall der Beste sein mußte. Er nahm überhaupt nicht an außerschulischen Aktivitäten teil – Kunst, Theater oder Musik – und konzentrierte sich nur auf sein Lernen.

Seine Lehrer förderten ihn nicht. Viele Jahre später erzählte mir Ian, einer seiner Klassenkameraden, daß Ilan auch Antisemitismus zu spüren bekam. (Ian wurde sein bester Freund, als sie sich trafen, nachdem sie beide schon die Schule abgeschlossen hatten.) Ilan hörte auf, auf dem Bauernhof zu arbeiten; er hatte sich vor allem um die Schweine gekümmert, ihre Ställe ausgemistet und vor dem Frühstück die Tiere gefüttert. Der Geruch der Schweineställe haftete an ihm, und niemand wollte sich neben ihn setzen. Trotzdem schloß er Dartington als gerade erst 17jähriger mit acht bestandenen „O"-level-Prüfungen, vier „A"-level-Prüfungen und zwei Stipendiumsprüfungen ab und hatte in allen Spitzennoten. Aber er hatte nicht einen einzigen Freund gefunden und alle nicht im Lehrplan vorgeschriebenen Angebote ignoriert.

Trotzdem schätzten wir uns glücklich mit diesem Ergebnis, da so viele junge Leute aus seiner Generation Drogen nahmen, Autos stahlen oder anderen gefährlichen Beschäftigungen nachgingen. Viele von Ilans Klassenkameraden mußten mit neunzehn Jahren nun in eine Erwachsenenbildungseinrichtung gehen, um für die Abschlußprüfungen zu lernen, weil sie in ihren letzten Jahren in Dartington nichts Konstruktives getan hatten. Wie schade, daß das hervorragende Konzept, das Dartington in die Praxis umzusetzen versuchte, schließlich nicht aufging. Obwohl es Ilan in den letzten Jahren in der Schule nicht sehr gut ging, wollte er nicht einfach weggehen. Als er es schließlich tat, hatte er es sehr eilig, Student zu werden.

12 • Suche nach Liebe

Nun arbeitete ich fünf Tage pro Woche in der Wiener Library, und Sonntag vormittags und an einem Abend in der Woche lehrte ich in der Reformsynagoge in der Nähe. Sobald ich eine Stelle hatte, von der ich glaubte, daß ich längere Zeit dort arbeiten würde, sang ich nicht mehr im Synagogenchor. Einmal pro Woche ging ich in die Bibliotheksschule an der North Western Polytechnic. Jeweils einen Abend pro Woche sang ich im Chor der Philharmonia – eine große Ehre für mich, denn seinem Ruf nach war das der beste Chor Englands, wenn nicht einer der besten Chöre der ganzen Welt. Er wurde unter der Schirmherrschaft des Philharmonia Orchestras gegründet. Letzteres wurde von Walter Legge geleitet, der die berühmtesten Dirigenten und Solisten nach London holte. Der Chor probte mit Wilhelm Pitz, dem Chorleiter der Bayreuther Festspiele. Er flog jede Woche einmal für die Proben aus Deutschland ein.

Beim Vorsingen für die Aufnahme in den Chor war ich sehr aufgeregt. Zum ersten Mal sollte ich Lieder vorsingen und nicht nur Tonleitern und Arpeggios. Pitz interessierte nicht, ob ich Noten lesen, und noch weniger, ob ich vom Blatt singen konnte. Weil die meisten Sänger in diesem Chor ausgebildete oder doch wenigstens nebenberufliche Sänger waren, nahm er einfach an, daß ich Noten lesen konnte. Ich sang Schubertlieder, die ich recht gut kannte, aber da ich nie in meinem Leben Gesangsstunden hatte, war mein Singen unleugbar amateurhaft. Das einzige, was Pitz an meinen Liedern auszusetzen hatte, war die Auswahl, die ich getroffen hatte: sie waren alle für Männerstimme. Darunter war beispielsweise Schuberts „Wegweiser", „Ihr Bild" und „Irrlicht". Ich hatte sie gewählt, weil ich sie leichter zu singen fand, da sie in langsamem Tempo standen. Doch sie gaben den Umfang meiner Stimme wieder, der recht groß war. Ich wurde aufgenommen und freute mich sehr darüber.

Wir sangen Verdis „Requiem" unter der Leitung von Giulini und führten es 1960 beim Festival von Edinburgh auf. Es machte großen Spaß, unter Giulini zu singen; er war immer so höflich, charmant und freundlich. Das konnte man von Sir Thomas Beecham nicht behaupten, mit dem wir im Jahr davor Händels „Messias" bei den Luzerner Festspielen aufgeführt hatten. Er war ausgesprochen unhöflich, anscheinend weil er einen Groll gegen Walter Legge hegte, und schien entschlossen zu sein, die Aufführung zu ruinieren. Er hatte schon die Generalprobe verdorben, die öffentlich war und den netten Leuten als Belohnung dienen sollte, die Chormitglieder vier Nächte lang bei sich untergebracht hatten. Uns erschien Beechams Verhalten schäbig.

Der Chor nahm außerdem mit dem Dirigenten Otto Klemperer Beethovens Neunte Symphonie auf. Es war aufregend, mit ihm zusammenzuarbeiten; er bewegte kaum seine Hände. Klemperer war nun wirklich nicht schön anzusehen, war aber einmal gutaussehend gewesen: er hatte einen Schlaganfall gehabt und sah außerdem etwas lädiert aus, seit er aus einem Flugzeug ausgestiegen war, bevor die Stufen richtig in Position gebracht worden waren. Trotz alledem hatte er ein solches Charisma, daß er aus Chor und Orchester herausholen konnte, was immer er wollte. Ich war manchmal zu Tränen gerührt durch die Schönheit und Klarheit, die er erzeugen konnte. Der Chor führte auch unter der Leitung von Hindemith Beethovens Neunte auf. Hindemith war ein viel besserer Komponist als Dirigent, aber ein echter Gentleman. Mit Wolfgang Sawallisch sangen wir Borodins „Polowetzker Tänze" auf Russisch. Die Aussprache wurde uns von einem russischen Journalisten beigebracht. Ein weiterer echter Gentleman war William Walton, mit dem wir „Belshazzar´s Feast" aufführten und aufnahmen. Außerdem standen noch Beethovens „Missa Solemnis" und „Ein deutsches Requiem" von Brahms auf dem Programm, beide von Klemperer dirigiert. Es war wirklich belebend, bei solchen Aufführungen mitsingen zu dürfen.

Ich kannte mehrere professionelle Chorsänger, die keine Arbeit fanden, und machte mir Sorgen, daß wir Amateure sie um ihren Lebensunterhalt bringen könnten. Weil Stephan aber im Philharmonia Orchestra arbeitete, hatte ich das Gefühl, nichts dagegen sagen zu können. Später mußten wir zu zwei oder sogar drei Proben pro Woche kommen, und deshalb wurde mir das Singen in diesem Chor zu viel. Ich gab es schweren Herzens auf, aber ich mußte Prioritäten setzen. Inzwischen hatte ich einige Privatschüler, die ich abends, auch samstags und sogar sonntags unterrichtete. In der Sonntagsschule erzielte ich gute Ergebnisse, aber die zweieinhalb Stunden Unterricht pro Woche erforderten zwölf Stunden Vorbereitung. Gleichzeitig fing ich eine Beziehung an, die die nächsten acht Jahre lang halten sollte.

Meine Ehe bestand nun nur noch darin, Stephans Haushalt zu führen und in Ordnung zu halten. Wir lebten uns immer mehr auseinander. Ich versuchte wirklich, das Beste aus unserer Ehe zu machen, wurde aber immer unglücklicher. Ich hätte leicht ein Verhältnis haben können, aber die meisten Männer, die ich kennenlernte, waren verheiratet, und ich war fest entschlossen, mich nie wieder mit jemandem in diesem Familienstand einzulassen. Ich wollte auf keinen Fall das Eheleben anderer Leute ruinieren.

In der Wiener Library traf ich Dr. Franta Hajek, der ursprünglich aus der Tschechoslowakei stammte. Er war 22 Jahre älter als ich und schien ein überzeugter Junggeselle zu sein. Seine Ehe, die nur ein Jahr gedauert hatte, war in der Hoffnung geschlossen worden, daß seine Freundin, ein deutscher Flüchtling, in der Tschechoslowakei vor den Nazis gerettet würde, wenn sie Tschechin und nicht mehr Deutsche wäre. Aber als die Tschechoslowakei von den Deutschen besetzt wurde, nützte das nichts; es gelang ihr, nach Frankreich zu fliehen, und er floh nach Italien. Die Trennung war das Ende ihrer Beziehung, und sie heiratete nach einiger Zeit einen anderen Mann. Hajek war ein wunderbarer Mann, hatte aber auch seine Eigenheiten. Er erzählte mir, daß er seine Hochzeitsnacht mit Kartenspielen verbracht und dann seine Frau in einem Café zum Frühstück getroffen habe. Er erlaubte ihr nie zu kochen, denn er war ein Gourmet und glaubte nicht, daß eine Frau eine anständige Mahlzeit kochen könne. Er aß immer in erstklassigen Restaurants in Prag, in denen die Köche und Ober ihn kannten und verwöhnten. Obwohl er von Beruf Rechtsanwalt war, verbrachte Hajek den größten Teil seiner Zeit mit Lesen und war mit Schriftstellern, Journalisten und Schauspielern befreundet. Er besaß ein phänomenales Gedächtnis, und die meisten seiner Schriftstellerfreunde baten ihn, für sie die Manuskripte Korrektur zu lesen. Aus Liebe zur Sache übernahm er diese Aufgaben gerne.

Gleich nach seiner Flucht nach Italien wurde er interniert. Die Konzentrationslager in diesem Land wurden nicht von Sadisten der Nazis geleitet, und er wurde nicht allzu schlecht behandelt. Er lernte schnell, fehlerfrei und ohne Akzent Italienisch zu sprechen. Nach der Befreiung war er bei den Truppen der Alliierten in Italien und fand viele Freunde. In den Nachkriegsjahren wurde er zum Kulturattaché der tschechoslowakischen Botschaft in Rom ernannt, ein Posten, den er sehr gerne bekleidete, weil die Arbeit ihn wieder mit Künstlern, Autoren und Journalisten in Verbindung brachte. Dann wurde er nach Prag zurückgerufen. Freunde warnten ihn, daß er dem Ruf nicht Folge leisten solle. Er schlug die Warnungen in den Wind. Bei seiner Ankunft in der tschechoslowakischen Hauptstadt wurde er entlassen, und sein gesamter Besitz wurde enteignet, weil er dem kommunistischen Regime als kosmopolitischer Bourgois denunziert worden war. Sie ließen ihn als einfachen Arbeiter arbeiten. Es gelang ihm, nach Italien zu fliehen, aber ohne Arbeitserlaubnis hatte er es dort schwer.

Hajek hatte einen Bruder namens Ferry, der vor dem Krieg nach England gegangen war. Er hatte ein Regierungsprogramm ausgenutzt, das jedem Flüchtling Unterstützung zusicherte, der in einer wirtschaftsschwachen Gegend einen Industriezweig etablieren konnte und auf diese Weise Arbeitsplätze schuf. Ferry war in Sachen Bekleidungsindustrie sehr bewandert und gründete eine außerordentlich erfolgreiche Kinderbekleidungsfabrik in Maryport, Cumberland, in der er etwa 460 Leute beschäftigte. Er wurde bald recht wohlhabend und half seinem Bruder Franta in Italien so gut er konnte. Nach ein paar Jahren merkte Franta, daß er in Italien keine Zukunft hatte, und emigrierte nach England. Arbeit fand er einerseits im Büro seines Bruders und andererseits in der Wiener Library. Für seinen Bruder arbeitete er nicht gerne, aber in der Wiener Library war er vollkommen in seinem Element. Er las viel und behielt im Gedächtnis, was er gelesen hatte, so daß er Nachforschungen sehr schnell beantworten konnte. Nach einem Gespräch mit Hajek baten viele Herausgeber von Zeitschriften ihn, Rezensionen oder Artikel über seine Erfahrungen zu schreiben. Aber obwohl er über ein immenses Wissen verfügte und mehrere Sprachen sprach, konnte ihn niemand dazu bringen, etwas zu schreiben, das veröffentlicht werden konnte. Ich habe nie begreifen können, warum er sich so sträubte, etwas zu Papier zu bringen.

Franta wohnte in einem kleinen Zimmer; seine Vermieterin brachte ihm das Frühstück und führte ihm den Haushalt. Er selbst weigerte sich, irgendein Geschäft zu betreten, außer um Bücher oder Getränke zu kaufen. Er war ein kleiner, eher rundlicher Mann mit sehr kurzen Beinen, der wegen seiner geringen Körpergröße einen Minderwertigkeitskomplex hatte, was er nie zugegeben hätte. Jeden Mann, der fünf Zentimeter größer war als er, hielt Franta für gutaussehend und bewundernswert. Er aß und trank ausgesprochen gerne, wobei seine besondere Vorliebe italienischen Gerichten und italienischem Wein galt. Weil er vor dem Krieg viel durch Europa gereist war, erinnerte er sich an die besten Restaurants, die jeweiligen Spezialitäten des Hauses und nicht zuletzt an jedes Gemälde und jede Skulptur der Museen, Galerien oder öffentlichen Plätze. Italien kannte er natürlich besonders gut. Es gelang ihm, an öffentlich nicht zugängliche Orte zu gelangen, besonders dann, wenn es dort etwas Sehenswertes gab. Er wußte, wie er das Beste aus seinem Leben machen konnte, und war trotzdem gleichzeitig ein einsamer und nicht wirklich glücklicher Mann. Als er älter wurde, bereute er es, nicht jung geheiratet zu haben, denn so hatte er nun keine Kinder. Er liebte Kinder über alles. Häufig verbanden ihn entzückende Freundschaften mit Kindern, wenn sie noch klein waren. Sobald sie älter wurden, nahmen sie es ihm übel, daß er sie behandelte, als wären sie noch zu klein, um eine eigene Meinung zu haben. Als Ilan klein war, hatte er Franta sehr gern.

Italien war Frantas große Liebe, und er kehrte in dieses Land zurück, sooft er dazu Gelegenheit hatte. Er stand in ständigem Briefkontakt zu vielen Autoren und bekannten Leuten des öffentlichen Lebens. Durch ihn lernte ich einige interessante Leute kennen. Im Gespräch war Franta geistreich und schlagfertig. Obwohl der arme Franta schon lange tot ist, erinnern mein jetziger Mann Franz und ich uns selbst heute noch laufend an ihn und zitieren häufig seine feinsinnigen, aphoristischen Bemerkungen.

Franta und ich gewannen einander sehr lieb. Zu der Zeit, als ich ihn kennenlernte, trank er sehr viel. Am ersten Abend, den wir zusammen verbrachten, kaufte er sechs Flaschen jugoslawischen Slibowitz, und an den folgenden sechs Abenden tranken wir je eine davon. Ich hielt gut mit ihm mit, denn ich konnte auch viel Alkohol vertragen. Aber eigentlich trank ich nie mehr als ein kleines Glas. Diesmal trank ich genausoviel wie Franta. Er war beeindruckt, und darauf hatte ich spekuliert. Nach der sechsten Flasche sagte ich zu ihm, jetzt hätte ich ihm gezeigt, daß ich genauso gut trinken könne wie er, und das sei keine große Leistung; er müsse seinen Alkoholkonsum drastisch reduzieren, ansonsten könne ich mich nicht mehr mit ihm treffen. Von da an hörte er wirklich auf, so viel zu trinken. Immer wenn wir ein langes Wochenende hatten, reisten wir nach Holland, Belgien oder Paris.

Ich lernte viel von Franta. Ich war noch immer schüchtern, besonders Männern gegenüber, aber Franta stärkte mein Selbstbewußtsein und bewies mir durch seine Aufmerksamkeiten und seine Verehrung, daß ich eine vollgültige und attraktive Frau war. Wir gingen zusammen essen, ins Theater, in Konzerte oder ins Kino, und ich wurde nach Strich und Faden verwöhnt. Stephan wußte von unserer Beziehung und tolerierte sie.

Nach mehreren Jahren fand ich unsere Situation allerdings unbefriedigend. Außer auf Reisen, die immer die reinste Freude und sehr interessant waren, begann unsere Beziehung abzukühlen. Franta redete vom Heiraten, war aber für eine Ehe nicht geeignet. Er lehnte strikt alle Verantwortung ab, die damit verbunden ist, einen eigenen Haushalt zu führen. Wir konnten nicht zu ihm gehen und trafen uns normalerweise in der Wohnung eines Freundes, wenn dieser nicht da war. Das war keine zufriedenstellende Lösung, und mit der Zeit merkte ich, daß das, was ich wirklich wollte, ein geregeltes Familienleben war. Ich führte währenddessen Stephans Haushalt und kochte für ihn, obwohl ich so gut wie nie zu Hause aß. Aber Cafés und Restaurants wurden mir langsam langweilig, besonders deshalb, weil ich gerne Freunde nach Hause einlud und bewirtete, und mit Franta war das nicht möglich. Dazu kam, daß ich es satt hatte, von ihm wie sein Eigentum behandelt zu werden. Wenn er mich seinen Freunden vorstellte, dann immer nur als „Trude, meine Freundin", ohne meinen Nachnamen zu nennen. Das verletzte mich, und ich stellte ihn zur Rede, aber er schien nicht zu verstehen, was ich wollte, als ich sagte, ich hätte einen Namen und erwartete, auch mit diesem vorgestellt zu werden.

Ich war deprimiert. In der Wiener Library herrschte eine seltsame Atmosphäre. Die Angestellten waren sehr gut darin, persönliche Beziehungen herzustellen: Geburtstage wurden gefeiert, und wenn jemand krank wurde, waren alle voller Sympathie und Hilfsbereitschaft. Was die Arbeit anging, schienen sie sich hingegen zu bespitzeln, und es gab viele Eifersüchteleien untereinander. Mit der Zeit fand ich die Stimmung unangenehm und hatte das Gefühl, die Bibliothek verlassen zu müssen. Mir machte meine Arbeit trotzdem noch Spaß, und ich fand sie interessant, aber durch den Eichmannprozeß wurde meine Rolle als „Versuchskaninchen" zuviel für mich.[17] Ich wurde noch immer schlecht bezahlt, verdiente nur neun Pfund pro Woche, obwohl man nun schon das Jahr 1964 schrieb.

Es schien so, als könnte ich wieder von der Reformsynagoge eingestellt werden, diesmal als Kindergärtnerin. Daraus wurde nichts, aber mir wurde eine Stelle in der Bibliothek des Overseas Development Institute (Institut für die Entwicklung der Gebiete in Übersee) angeboten. Weihnachten 1964 kündigte ich in der Wiener Library und trat meine neue Stelle an. Die Arbeit beim ODI war angenehm und interessant. Ich war fasziniert, etwas über Entwicklungsländer zu erfahren, anstatt ständig nur etwas über Konzentrationslager und Judenverfolgung. Hier beschäftigte man sich mit der Zukunft und mit Hoffnung, nicht mit der morbiden Vergangenheit.

1967 fällte ich eine schwere Entscheidung. Ich hatte den Eindruck, daß jetzt meine letzte Chance sei, meine Ehe zu beenden. Stephan schien besser zurechtzukommen, und ich ließ ihn immer länger allein. Ilan war nun kein Kind mehr; nachdem er Dartington abgeschlossen hatte, hatte er sich entschieden, die nächsten drei Jahre zu Hause zu wohnen und einen dreijährigen Studiengang an der Londoner Universität zu absolvieren. Auf Oxford oder Cambridge hätte er noch ein Jahr warten müssen; er war erst 17, als er am King´s College in London zum Biologiestudium zugelassen wurde. Ich verbrachte jetzt viel Zeit mit ihm, hatte aber den Eindruck, daß er mich nicht unbedingt brauchte, außer als eine gute Freundin.

Ilan hatte angefangen, sich Alan zu nennen, und beschloß, seinen Nachnamen ändern zu lassen, wenn er volljährig sein würde. Er hatte die Absicht, ihn in Davidson umzuändern. Das war recht komisch. Sein Name war Deák, ein guter ungarischer Name, den sein Großvater angenommen hatte. Viele Juden in Ungarn hatten sich entschieden, ungarische Namen anzunehmen, um der Diskriminierung zu entgehen. Der ursprüngliche Name seines Großvaters war Davidovits, was ganz genau dasselbe bedeutet: der Sohn von David, also Davidson. Ilan ärgerte sich darüber, jüdisch zu sein, und weigerte sich lange, sich mit einem jüdischen Mädchen einzulassen. Er hatte aufgrund seiner Zugehörigkeit zum Judentum einen starken Komplex entwickelt, was ich sehr traurig fand. Obwohl ich nicht gläubig war, hatte ich es immer akzeptiert, eine Jüdin zu sein. Ich hätte es nicht ändern oder verleugnen wollen – außer als es wirklich gefährlich war, im März 1948 in Ägypten, ohne Paß. Ich glaube, unsere Vergangenheit ängstigte Ilan, aber über seine Zugehörigkeit zum Judentum konnte ich kein sachliches Gespräch mit ihm führen. Trotzdem heiratete er schließlich eine Jüdin, Isabelle. Aber damals mochte er seinen ungarischen Nachnamen nicht und wollte so sein wie die meisten seiner Kollegen: englisch. Später fand er heraus, daß es recht faszinierend ist, einen interessanten, ungewöhnlichen Namen zu haben, und da er ein ziemlicher Individualist war, sah er von einem Namenswechsel ab.

Ilan sah sehr gut aus, und obwohl er bei Mädchen in seinem Alter hätte Erfolg haben können, schien es ihm nichts auszumachen, mit älteren Frauen zusammenzusein. Der hauptsächliche Grund dafür war wahrscheinlich, daß er emotional viel weniger entwickelt war als intellektuell. Er war sehr intelligent, zeigte es aber nicht. Dennoch konnte er intolerant und höchst kritisch sein. Er kam mit Frau Dr. Emily Jean Hanson, seiner Professorin am King´s College, sehr gut aus; sie nahm ihn zu Konferenzen mit, sogar schon in seinem ersten Studienjahr. Bei solchen Gelegenheiten zogen Ilans eingehende Fragen die Aufmerksamkeit führender Biologen auf sich, und er bekam Einladungen, die üblicherweise nur Doktoranden ausgesprochen wurden. Mehrere Male hatte er Schwierigkeiten, die Wissenschaftler davon zu überzeugen, daß er erst ein Student des ersten Studienjahres war.

Als Ilan sein erstes Examen (Bachelor of Sciences) abgeschlossen hatte, wußte er genau, wo und bei wem er gerne seinen Doktor machen

8 *Durban, im August 1949: Mit ihrem Sohn Ilan vor der Abreise nach Israel.*

9 *London, 1959-64: Bei der Arbeit in der Wiener Library.*

10 *Mit ihrem zweiten Ehemann Franz Levi.*

11 *Oxford, 1973: Mit Ilan bei den Feierlichkeiten anläßlich seiner Promotion.*

12 *London, 1991: Mit ihren Enkelkindern Jonathan und`Marina.*

würde. Er hatte schon immer gewußt, was er wollte, und bekam es auch immer. So reiste er nach Oxford zu Professor Henry Harris, dem Professor, den er sich als Doktorvater gewünscht hatte, und als er die Doktorandenstelle erhielt, bat er darum, sie ein Jahr später antreten zu dürfen. Er wollte ein Jahr mit dem regulären Studium aussetzen, um zu reisen und Fremdsprachen zu lernen. Er war ja erst 20 Jahre alt.

Mit seinem Tramperrucksack auf dem Rücken reiste Ilan ab. Zuerst konnte ich ihm einen Job in Italien beschaffen, wo er in Verona für Volkswagen arbeitete, das heißt vor allem in einem Lager, in dem die Ersatzteile aufbewahrt wurden, den Boden wischte. Er war drei Monate lang dort und lernte fließend Italienisch. Genauso hatte er ein paar Wochen bei Volkswagen in Wolfsburg gearbeitet. Er sprach schon ausgezeichnet Französisch, ganz gut Russisch, das er in der Schule gelernt hatte, und Deutsch. Er hatte versucht, Ungarisch zu lernen, aber gegen diese Sprache gab es bei ihm eine psychologische Schranke, die er noch immer nicht überwinden konnte. Magyar zu beherrschen war nicht seine Stärke und sollte es auch nicht werden.

Als Ilan elf Jahre alt war, wollte er in den Ferien nach Frankreich, um Französisch zu lernen. Er hatte einige Unterrichtsstunden gehabt, konnte aber eigentlich sehr wenig. Am Tag vor seiner Abreise kaufte ich ihm bei Woolworths ein kleines Wörterbuch. Zwei Tage später bekamen wir den ersten Brief von ihm, ganz auf Französisch. Er hatte mit Hilfe seines Wörterbuchs jedes Wort einzeln übersetzt! Der Brief schloß mit „Amour, Ilan“. Die französische Familie, bei der Ilan wohnte, sprach etwas Englisch, aber Ilan lehnte es strikt ab, eine andere Sprache als Französisch zu sprechen. Sieben Wochen später kam er nach Hause und sprach fließend Französisch, mit einer hervorragenden französischen Aussprache.

Nach Italien verbrachte Ilan einige Monate in Spanien, pflückte Obst und lernte Spanisch. Von Spanien aus reiste er nach Griechenland, um dort Grapefruits zu pflücken und wieder die Landessprache zu lernen.

In der Zwischenzeit hatte ich mich entschlossen, mein Glück noch einmal zu versuchen: mein erstes Ziel war es nun, einen anderen Partner für den Rest meines Lebens zu finden. Ich war gewillt, mich zwei Jahre lang auf die Suche nach einem Ehemann zu begeben. Wenn ich keinen Erfolg haben würde, wollte ich einen Universitätsabschluß machen, um meinem Leben eine neue Perspektive zu geben. Ich habe schon immer gerne gelernt, aber mein Prüfungsverhalten und die schlechten Noten, die ich unweigerlich bekam, ließen mich zögern, ein Studium anzufangen. Doch mein Alltag deprimierte mich mehr und mehr. Sobald ich diese Entscheidung getroffen hatte, verfolgte ich meinen Plan mit aller Entschlossenheit, die ich aufbringen konnte. Franta war in höchstem Maße bestürzt, aber weil ich unsere Beziehung als äußerst unbefriedigend empfand, erklärte ich ihm, daß ich nun mein Leben selbst in die Hand nehmen wolle.

Ich fing an, in jeden Single-Club zu gehen, der im New Statesman inserierte, denn ich hielt es für wahrscheinlicher, jemanden mit meinen Ansichten und Vorstellungen zu treffen, wenn er gerade diese Zeitschrift las. Jeden Abend ging ich in einen der Clubs, um nach einem neuen Partner Ausschau zu halten.

Der erste Club, den ich besuchte, wurde von einem Hypnotherapeuten geleitet. Wir trafen uns im Saal eines Hotels im West End. Wir saßen im Kreis, und ein Hut wurde herumgegeben, aus dem jeder einen Zettel zog. Auf jedem Zettel stand ein Wort, zu dem man eine einminütige Rede halten sollte. Ich saß so, daß ich fast zuletzt an die Reihe kam, und konnte kaum den anderen zuhören, weil ich so nervös und aufgeregt war, vor etwa 150 Leuten sprechen zu müssen. Als ich dran war, stand ich auf, stotterte und brach in Tränen aus. Ich war nicht in der Lage, ein Wort herauszubringen, und mußte mich beschämt wieder setzen, ohne meinen Beitrag geleistet zu haben. Fast ein Jahr später ging ich wieder in diesen Club, kurz bevor meine Mitgliedschaft auslief. Inzwischen hatte ich meine Schüchternheit abgelegt und hatte keine Bedenken, über jedes beliebige Thema zu reden.

Der nächste Club wurde von einer Gruppe organisiert, die sich Anonyme Neurotiker nannte. Ich fand den Namen lustig und machte mir irgendwie nicht klar, daß die Teilnehmer genau das waren, was der Name sagte. Ich hielt mich nun wirklich nicht für neurotisch. Die Anonymen Neurotiker wurden von einem Blinden namens Jack geleitet. Wir trafen uns in einer Kneipe und nannten nur unsere Vornamen. Wir konnten irgendeinen beliebigen Namen angeben, solange wir auf ihn hörten, wenn wir zum Sprechen oder zur Beantwortung einer Frage aufgefordert wurden. Zu Beginn des Abend wurden vier Themen zur Diskussion vorgeschlagen. Dann wurde abgestimmt, und eines der vier Themen die nächste Stunde lang diskutiert. Jeder konnte sich am Gespräch beteiligen, und wer nichts sagte, den versuchte Jack in die Diskussion hineinzuziehen. Bei mir versuchte er das schon seit einigen Monaten, aber ich sagte selten mehr als „Ja“ oder „Nein“. Nach der Pause, in der sich die Teilnehmer mit Getränken versorgten, fragte Jack immer, ob jemand ein persönliches Problem in der Gruppe besprechen wolle. Meistens sprachen dieselben Leute, aber manchmal trug jemand, der vorher noch nie etwas gesagt hatte, plötzlich ein Problem vor, und alle redeten darüber. Wieder beteiligte ich mich nicht. In der Pause oder nach den Sitzungen konnte ich mich ganz frei mit einer oder höchstens zwei Personen aus der Gruppe über alles, was besprochen worden war, unterhalten, konnte mich aber nicht dazu durchringen, vor der gesamten Gruppe zu sprechen. Ich fand recht viele Freunde dabei, nur fragte ich mich von Zeit zu Zeit, was ich dort eigentlich zu suchen hatte. Es waren mehrere schwer gestörte Personen in der Gruppe, und ich hatte von mir selbst nicht den Eindruck, als hätte ich ernsthafte emotionale Probleme. Trotzdem blieb ich dabei und ging regelmäßig zu den wöchentlichen Treffen.

Eines Tages sagte jemand etwas zu mir, das mich betroffen machte, und plötzlich sprang ich auf und bat darum, mein persönliches Problem vortragen zu dürfen – die Bemerkung bezog sich auf meine Schüchternheit und darauf, daß ich als Kind immer so behandelt worden war, als sei ich nicht gerade intelligent. Ich hörte mich reden und reden und Fragen beantworten, wobei ich mich in meine Vergangenheit und in meine gegenwärtige Situation hineindachte und mein Problem diskutierte. Ich konnte es kaum glauben, daß ich es war, die zu all diesen fremden Leuten sprach. Nun stellte ich fest, daß die anderen dem zuhörten, was ich zu sagen hatte, und es diskutierten und nicht glaubten, daß das, was ich sagte, dumm sei. Es war ein seltsames, wunderbares Gefühl. Nach dieser Erfahrung hatte ich keine Probleme mehr damit, vor einer Gruppe von Leuten zu sprechen, und von da an beteiligte ich mich aktiv an den Diskussionen. Ich konnte jetzt bei allem mitmachen, was in den anderen Clubs stattfand. So kehrte ich in den ersten Club zurück, zog mein Wort aus dem Hut und sprach eine Minute lang darüber, wie es von mir erwartet wurde.

In all diesen Clubs – außer bei den Anonymen Neurotikern, auf die ich eher durch Zufall stieß – war das Verhältnis von Frauen und Männern ungefähr zehn zu eins. Also hatten die Männer in diesen Gruppen die größere Auswahl. Die Männer, die überhaupt von Interesse waren, kamen nur ein- oder zweimal und verschwanden dann mit einer der Frauen. Die meisten der Männer, die häufiger kamen, hatten große Probleme, irgendeine Beziehung einzugehen und noch größere, sie aufrechtzuerhalten. Da ich fast jeden Abend der Woche in die verschiedensten Clubs ging, fiel mir auf, daß die Frauen, die die Clubs leiteten, mehr Chancen hatten, interessante Männer kennenzulernen.

Im Frühjahr 1969 inserierten zwei Frauen im *New Statesman*, die einen neuen Club für jüdische Singles gründen wollten und interessierte Personen einluden, daran teilzunehmen. Ich meldete mich auf die Anzeige und wurde zum ersten Vorbereitungstreffen der Gruppe eingeladen. Obwohl 48 Zuschriften eingegangen waren, wurden nur zwölf Personen zu dem ersten Treffen eingeladen, welches in einer privaten Wohnung stattfand. Wir beratschlagten, was für eine Art von Club es werden sollte, und entschieden uns, allen zu schreiben, die auf das Inserat geantwortet hatten, damit sie an der nächsten Sitzung teilnehmen konnten. Ich erklärte mich freiwillig dazu bereit, als Sekretärin zu fungieren und die Einladungen zu verschicken, und eine andere Frau bot an, das nächste Treffen in ihrer Wohnung stattfinden zu lassen. Weil es wieder mehr Frauen als Männer waren, fügte ich bei jeder Einladung an eine Frau die Bitte hinzu, einen ungebundenen Freund mitzubringen, an dem sie persönlich nicht interessiert sei.

Der Club traf sich am 14. Juli 1969 – am Jahrestag des Sturms auf die Bastille. Als ich den Raum betrat, waren schon recht viele Leute da. Einer der Männer kam auf mich zu, und wir führten ein ausgesprochen nettes Gespräch miteinander. Dann wandte er sich jemand anderem zu. Im Laufe des Abends fragten wir nach den Vorstellungen der Teilnehmer für die nächsten Treffen, und der Mann, der sich mit mir unterhalten hatte, hatte so viele gute Ideen, daß er gebeten wurde, Clubpräsident zu werden. Er nahm das Amt an.

Als Präsident und Sekretärin mußten wir uns oft treffen, um die nächste Einladung zu entwerfen und zu unterschreiben und uns das Programm für das nächste Treffen auszudenken. Als der Präsident zu mir kam, bot ich ihm selbstgemachte Vanillekipferl und Slibovitz an, in Übereinstimmung mit der altbekannten Weisheit, daß Liebe durch den Magen geht. Der Präsident war Franz Levi, der jetzt seit 26 Jahren mein Mann ist. Wir können froh sein, daß wir so gut zusammenpassen, und sind ein wirklich glückliches Paar.

Das entschied die Frage, ob ich studieren sollte. Aus Dankbarkeit leiteten Franz und ich den Club für die nächsten drei Jahre und fanden viele gute Freunde. Wir luden Vortragende zu den verschiedensten Themen ein, organisierten Diskussionen und Kaffeetrinken. Es machte viel Spaß, und soviel ich weiß, fand auch ein anderes Paar zueinander, nachdem die beiden sich im Club getroffen hatten. Aber das Problem, daß zu viele Frauen und zu wenige Männer kamen, brachte den Club schließlich zum Scheitern. Es war schön, solange es ihn gab.

13 • Tod eines Sohnes

Ilan und Franz lernten sich in Israel kennen und kamen von Anfang an gut miteinander aus. Ich war, bald nachdem ich Franz kennengelernt hatte, zu einem Auffrischungskurs Hebräisch nach Israel gefahren. Als der Kurs zuende war, kam Franz nach, und wir verbrachten drei Wochen zusammen, in denen wir beschlossen, daß ich mich um meine Scheidung bemühen müsse und daß wir heiraten würden, sobald ich geschieden sei. Das war im September 1969. Sofort nach unserer Rückkehr nach London zogen wir zusammen und wurden am 3. Oktober 1970 getraut.

Als wir zum ersten Mal zusammen in Israel waren, war Ilan in Griechenland. Aus unerfindlichen Gründen reiste er dort überstürzt ab und kam zu mir nach Israel. Er beschloß, ebenfalls sein Hebräisch aufzufrischen, und meldete sich bei einem in sehr exponierter Stellung an der Grenze gelegenen *Kibbuz Ulpan* an. Bevor sein Kurs anfing, verbrachten wir drei Tage zusammen in Eilat, wo Ilan und Franz sich kennenlernten. Sie respektierten sich gegenseitig. Ilan fand, daß ich Stephan schon viel früher hätte verlassen sollen, und war sehr erfreut über meine Zukunftspläne mit Franz.

Nach ein paar Wochen in Israel kehrte Ilan nach London zurück und übernahm einen Gelegenheitsjob beim Medical Research Council, um die Zeit zu überbrücken, bis er nach Oxford gehen würde. Er hatte noch immer Schwierigkeiten mit Mädchen. Beim MRC lernte er eine junge Frau kennen, die einige Jahre älter war als er, und begann eine Beziehung mit ihr. Ilans Freunde, egal ob weiblich oder männlich, waren in unserem Haus immer willkommen. Teresa war ein nettes Mädchen, aber nach etwa drei Wochen sagte Ilan uns, daß er die Beziehung abbrechen wolle, weil er sie nicht liebe und nicht den Eindruck habe, als hätten sie viel gemeinsam. Er war damals 21 Jahre alt, Teresa 26. Wenige Tage später ging er nach Oxford und arbeitete an seiner Promotion. Kurze Zeit darauf teilte die junge Frau ihm mit, daß sie schwanger sei. Ilan war am Boden zerstört; von seiner Seite aus war die Beziehung beendet, und er wollte Teresa auf keinen Fall heiraten. Er stand fest auf dem Standpunkt, daß das Kinderkriegen geplant werden und nicht einfach passieren solle. Er argumentierte außerdem, daß eine ungewollte Schwangerschaft abgebrochen werden sollte, es sei denn, daß starke Gründe religiöser Überzeugung dagegenstünden. Er war ehrgeizig, noch immer sehr jung und damit beschäftigt, seinem Leben eine Richtung zu geben und seine Karriere voranzubringen. Er war auf keinen Fall bereit, die Verantwortung für Frau und Kind zu übernehmen.

Ilan besuchte Teresas Vater, um ihm darzulegen, wie er zu der Sache stand und warum er seine Tochter nicht heiraten könne. Teresa hatte sich allerdings entschieden, das Kind zu behalten, und ich wurde gefragt, ob ich die Aufgaben einer Großmutter übernehmen würde. Ich sagte sofort und gerne zu, unter dem Vorbehalt, daß ich nicht versuchen würde, Ilan zur Heirat zu überreden. Ich war selbst lange genug unglücklich verheiratet gewesen, um zu wissen, daß eine solche Ehe nicht eingegangen werden sollte. Trotzdem war ich sehr traurig, als der kleine Junge zur Welt kam und Ilan ihn weder sehen noch irgend etwas mit ihm zu tun haben wollte. Teresa war sehr tapfer und bat Ilan nie um Unterhaltsgeld; ihre Eltern halfen ihr, und wenn wir es durften, taten wir es auch ein wenig. Nach und nach entwickelte sich zwischen uns und Teresa eine gute Freundschaft.

Aber beklagenswerterweise war das das Ende meiner engen Beziehung zu Ilan. Obwohl er mich selbst gefragt hatte, ob ich es ertragen könnte, Großmutterpflichten entgegenzusehen, schien er nicht in der Lage zu sein, sich mit der Geburt seines Sohnes abzufinden. Er liebte Kinder und war sehr verbittert darüber, schon jetzt einen Sohn zu haben – zu einem Zeitpunkt, da er noch nicht wirklich bereit war, die Verantwortung als Vater zu übernehmen. Zunächst erkundigte er sich ab und zu nach dem Kind, aber später verhielt er sich eher feindselig und weigerte sich, mit mir darüber zu sprechen. Bei uns war Jonathan ungefähr viermal pro Jahr zu Besuch, und wir sahen ihn zu einem hübschen Jungen heranwachsen. Als er gerade acht Jahre alt geworden war, heiratete seine Mutter, und ihr Mann adoptierte das Kind. Unser Verhältnis zu Teresa war weiterhin herzlich. Sie stellte uns ihren Verlobten vor und bat uns um unser Einverständnis, das wir ihr gerne gaben. Ich schätzte diese Geste sehr. Zu ihrer Hochzeit schrieb ich Teresa einen Brief, in dem ich ihr anbot, von nun an darauf zu verzichten, Jonathan zu sehen, wenn sie es für das Beste für ihn hielte, da er jetzt Mitglied einer neuen Familie sei. Ich schrieb, daß ich natürlich traurig darüber wäre, mein Enkelkind nicht mehr zu sehen, wenn sie sich so entscheiden sollte. Teresa teilte mir mit, daß ich den Jungen weiterhin sehen dürfe, weil er mich gern habe und eine so gute Freundschaft zwischen uns bestand. Leider gab es immer wieder Unterbrechungen, und ich hatte keinen geregelten Zugang zu dem Jungen, aber diese Schwierigkeiten wurden beseitigt. Ich habe Jonathan sehr lieb gewonnen, und er erinnert mich in allem sehr an seinen Vater: er ist genauso aufgeweckt und liebenswert, wie Ilan es in seinem Alter war.

In der Zwischenzeit bekam Ilan in Oxford seinen Doktor und ging zu weiterführenden Studien nach Kalifornien. In den Ferien, in Mexiko, lernte er die charmante Französin Isabelle kennen, und sie verliebten sich ineinander. Kurz danach wechselte Ilan zum Pasteur Institut in Paris, damit er in Isabelles Nähe sein konnte, die dabei war, ihr Studium abzuschließen. Er hatte sich vorher um eine Stelle an der Universität Zürich beworben und bekam dort eine Professur. Weil Isabelle gerade ihren Abschluß in Städteplanung gemacht hatte und sehr gerne eine Stelle finden wollte, mußten sie heiraten, denn sonst hätte sie keine Arbeitserlaubnis für die Schweiz bekommen. Ilan hätte die Hochzeit lieber noch hinausgezögert. Er wollte unbedingt noch seinem wissenschaftlichen Gebiet seinen Stempel aufdrücken, und das hätte ihm wenig Zeit gelassen, die er Isabelle widmen könnte. Er wollte, daß sie ihn in seiner normalen Arbeitswelt sähe. Im Pasteur Institut hatte er wegen Platzmangels seine experimentellen Arbeiten nicht weiterführen, sondern nur wissenschaftliche Aufsätze schreiben können. Dadurch hatte er mehr Zeit für Isabelle.

In Zürich, 1977, bekamen Ilan und sie eine Tochter. Ilan vergötterte Marina und war ein hingebungsvoller Vater. Er nahm sie häufig mit in die Universität und versuchte sogar, etwas für sie zu stricken. Aber Isabelle war sehr unglücklich in Zürich, und anderthalb Jahre nach Marinas Geburt kehrte sie mit dem Kind nach Paris zurück. Ilan war am Boden zerstört – hin- und hergerissen zwischen seiner Familie und seiner Arbeit. Er erlangte Rang und Namen auf seinem Gebiet, aber einer seiner Aufsätze, den er zu dieser Zeit veröffentlichte, hatte kein positives Echo. Obwohl das kein außergewöhnliches Ereignis für einen Wissenschaftler ist, nahm er sich diese Ablehnung sehr zu Herzen. Ein phantastisches neues Labor wurde für seine Zwecke gebaut, und er war außerordentlich erfolgreich darin, die Finanzierung für seine Forschungsvorhaben sicherzustellen. Er schien ein besonderes Talent dafür zu haben, Gelder für die Forschung aufzutreiben. Sein Spezialgebiet war die genetische Erforschung der Muskeln von Fruchtfliegen (Drosophila), und er entwickelte neue Theorien, die kontrovers diskutiert wurden, wobei einige seiner Ideen Jahre später von den Genetikern akzeptiert wurden.

Er produzierte Stapel von wissenschaftlichen Aufsätzen zur Veröffentlichung und nahm mehr Verpflichtungen auf sich, als er nachkommen konnte. Er hatte seine Stelle in Zürich mit 26 angetreten und war mit 28 erneut Vater geworden.

Nun war er gerade erst 30; er arbeitete mehr als 18 Stunden pro Tag in seinem Labor, gönnte sich kaum genug Zeit zum Schlafen. Bevor Isabelle nach Paris zurückkehrte, hatte er ein paar sorgenfreie Stunden an den Wochenenden gehabt und eine Erholungspause von seiner unermüdlichen Arbeit. Jetzt nahm er Freitag abends den Zug nach Paris und arbeitete die ganze Nacht durch, denn er konnte in Zügen nicht schlafen. In Paris verbrachte er eine hektische Zeit mit seiner Familie, fuhr mit ihnen aufs Land, häufig durch lange Staus, was alles andere als erholsam war. Am Sonntagabend ging es dann mit der Bahn zurück nach Zürich. Die Belastung wurde zu groß.

Im August 1978 nahm Ilan an einer internationalen Genetikkonferenz in Moskau teil. Da er dem Sozialismus starke Sympathien entgegenbrachte, freute er sich sehr darauf, in die UdSSR zu reisen. Während seines Aufenthalts dort änderte sich seine Einstellung drastisch. Sein Meinungsumschwung wurde hauptsächlich durch einen auf Englisch verfaßten Brief ausgelöst, den der Sohn des nicht linientreuen Biologen Sergei Kovalyov geschrieben hatte. Darin bat er die Konferenzteilnehmer um Protest- und Solidaritätsbekundungen für seinen Vater, der 1976 zu sieben Jahren schwerer Zwangsarbeit verurteilt worden war. Die Franzosen, denen Ilan sich angeschlossen hatte (die englischen Biologen waren nicht vertreten, und er war der einzige Vertreter der Schweiz), beschlossen, sich Kovalyovs Sache anzunehmen. Weil die Konferenzsprache Englisch war, wurde Ilan gebeten, den Protestbrief zu verlesen. Er wandte sich an den amerikanischen Präsidenten der Konferenz und bat ihn um Erlaubnis, den Brief laut vorzulesen, erhielt sie aber nicht. Am Ende der Sitzung sprang Ilan auf das Podium, ergriff das Mikrophon und verkündete, daß er trotzdem vorhabe, den Brief zu verlesen, und verwies die Konferenzteilnehmer auf das Menschenrechtsabkommen von Helsinki. Er gab seiner Hoffnung Ausdruck, daß der Brief ins Russische übersetzt werde, und begann, ihn auf Englisch vorzulesen.

Es gab einen Aufruhr unter den sowjetischen Organisatoren. Das Mikrophon wurde abgeschaltet, und Ilan wurde vom Podium heruntergezogen. Weil es die Abschlußsitzung war, war die internationale Presse anwesend, und führende Zeitungen wie *Le Monde* in Frankreich und *Le Soir* in Belgien brachten die Sache groß heraus. Als Ilan in London ankam, wurde er von Reportern der *Times* und des *Daily Telegraph* erwartet, die ihn interviewen und über den Vorfall berichten wollten. Ich war stolz auf ihn und bewunderte ihn – ebenso wie viele der Konferenzteilnehmer – für den Mut, den er bewiesen hatte.

Als ich noch mit Stephan verheiratet war, hatte ich den Eindruck, daß mein Mann nie wirklich erwachsen wurde. Meine Beziehung zu ihm war mehr die einer Mutter zu einem erwachsenen Kind als die einer Frau zu ihrem Mann. Stephan machte zwanghaft und ständig Wortspiele, eine Angewohnheit, die mich fast bis zur Grenze des Erträglichen reizte. Ich versuchte so gut es ging dieses Gefasel zu überhören, aber es gelang mir meistens nicht. In den Monaten direkt vor der Scheidung hatte er gelernt, einige Dinge selbst zu erledigen; ich entwöhnte ihn sehr, sehr langsam, in dem Wissen, daß er eines Tages alleine zurechtkommen müßte. In der gesamten Zeit unserer Ehe gab es eine Sache, mit der ich mich nie abfinden konnte: Wenn Stephan Aufmerksamkeit erregen wollte und das nicht auf normalem Wege erreichen konnte, wandte er Tricks an, die ich unerträglich fand. Er log mich an, egal in welchem Zusammenhang, und sorgte dafür, daß ich es auf jeden Fall herausfand. Und ich fiel immer darauf herein. Er machte mich völlig verrückt. Ich wurde gemein und schlecht gelaunt, verkam zu einer Person, die ich selbst vollkommen verachtete. Ich fing an, ihn dafür zu hassen, was er aus mir gemacht hatte. Ich mußte ihn verlassen.

Als ich wegen der Scheidung an Stephan herantrat, schien er es gelassen hinzunehmen. Er wollte nur die Katze behalten, und ich erfüllte ihm natürlich diesen Wunsch. Es war nicht sehr schmeichelhaft, nach 23 Jahren Dienstzeit (denn als solche empfand ich unser Eheleben) für eine Katze eingetauscht zu werden – aber ich war frei. Sobald ich von Stephan getrennt war, konnten wir Freunde bleiben, und wenn er Rat und Hilfe brauchte, konnte er sich immer an mich wenden. Auf diesem Einverständnis basiert seitdem unsere Beziehung zueinander.

Ein paar Jahre später starb die Katze, die mit ihren 19 Jahren erstaunlich alt geworden war, und Stephan erlitt einen Zusammenbruch. Seine Anhänglichkeit zu dem Tier hatte ihn anscheinend geistig gesund gehalten. Er hatte auch einige Rückschläge mit dem Orchester gehabt, aber der Tod der Katze brachte das Faß zum Überlaufen. Er war gleichzeitig mit unserem Enkelsohn bei uns zu Besuch, als er völlig zusammenbrach, weinte und sich zu Boden warf, so daß wir einen Arzt rufen mußten, der ihn ins Krankenhaus einlieferte. Danach ging es ihm viele Jahre lang abwechselnd recht gut und wieder schlechter; irgendwann konnte das Orchester sein exzentrisches Verhalten nicht mehr ertragen, und er wurde in den Ruhestand versetzt.

1979 reiste Stephan mit dem Orchester für einige Konzerte nach

Lausanne. Ilan nahm sich vor, sich mit ihm zu treffen – es schien ihm zu diesem Zeitpunkt wichtig zu versuchen, irgendeine zwischenmenschliche Beziehung zu seinem Vater aufzubauen. Obwohl er sehr erschöpft war und sich ungern von seinem gnadenlosen Terminplan losriß, fuhr er doch nach Lausanne, um seinen Vater zu besuchen. Ich warnte ihn am Telefon, daß Stephan sich psychisch in sehr schlechter Verfassung befand, aber Ilan war fest entschlossen, ihn sehen zu wollen. Das Zusammentreffen war katastrophal – es stellte sich heraus, daß Stephan ihn nicht an sich herankommen ließ.

Ilan kehrte sehr enttäuscht nach Zürich zurück. Es war das erste Mal, daß er mit jemandem über seinen Vater gesprochen hatte – seine Beziehung zu ihm, oder vielmehr das Fehlen einer Beziehung zu ihm, muß ihn sehr mitgenommen haben. Zu dieser Zeit litt Ilan an Kopfschmerzattacken und Depressionen, und ich versuchte, ihn dazu zu überreden, sich behandeln zu lassen, was er aber standhaft ablehnte. Ich bot an, zu ihm zu kommen, aber weil er uns in England besuchen wollte und auf dem Weg in Paris vorbeischauen und seine Tochter Marina mitbringen wollte, fand er es unnötig, daß ich nach Zürich käme. Am 25. Juli besprachen wir telefonisch, wo und wann ich sie bei ihrer Ankunft in London abholen könne. Er sagte zu mir, daß er die Fahrkarten für die Reise schon in der Tasche habe. Während wir uns unterhielten, fragte er plötzlich nach seinem Sohn, ob er glücklich sei, ob es ihm gut gehe. Ich erzählte ihm, daß Teresa geheiratet hatte und Jonathan adoptiert worden war. Er erwiderte, daß er hoffe, daß es dem Jungen gut gehe. Er war froh, ihn nie getroffen zu haben, denn er hätte es sonst nicht ertragen können, von beiden Kindern getrennt zu sein.

Vier Tage nach diesem Gespräch, am 29. Juli 1979, arbeitete ich gerade im Garten, als Franz nach mir rief. Wir hatten einen Anruf bekommen: Ilan hatte einen Unfall gehabt und war tot. Wie sich herausstellte, war es kein Unfall; er hatte eine tödliche Dosis eines Gifts genommen, mit dem er im Labor arbeitete.

Die Zeit heilt diese Wunde nicht, hilft jedoch, den Schmerz zu lindern und den Verlust erträglicher zu machen. Aber es tut weh; die Vergeblichkeit – und die Sinnlosigkeit. Ich werde manchmal sogar heute noch sehr wütend auf Ilan, aber vor allem bemitleide ich ihn dafür, daß er so leiden mußte, und bin traurig, daß ich nicht wenigstens versuchen durfte, ihm zu helfen.

Einige von Ilans Aufsätzen wurden posthum veröffentlicht. Man sagte mir, eine Enzyklopädie über die Drosophila, die gerade herauskommen solle, habe viele Verweise auf ihn. Als ich 1989 Stephans Wohnung ausräumte, kam ein Brief für ihn aus Oxford. Er war zu der

Zeit in einer psychiatrischen Klinik und wurde gerade in ein Altersheim verlegt, in dem er sich mittlerweile gut eingelebt hat und wo er gut versorgt wird. Als ich ihm den Brief vorlas, waren wir beide tief gerührt. Er war von Professor Henry Harris, bei dem Ilan 1972 promoviert hatte. Professor Harris ließ uns wissen, daß eine Gruppe von Wissenschaftlern in Japan Ilans Arbeiten als Grundlage ihrer Forschungen über den Nukleolus verwendet hatte. Der Nukleolus ist ein winziges gerundetes Teilchen innerhalb des Zellnukleus einer tierischen oder pflanzlichen Substanz. In ihrem Bericht bezogen sich die japanischen Wissenschaftler auf Ilans Aufsatz aus dem Jahre 1972 und nannten ihn als Vorläufer ihrer jetzigen Experimente. Wie aufmerksam von Professor Harris, uns das mitzuteilen! Siebzehn Jahre nach Ilans Tod war seine Arbeit noch immer von Bedeutung! Es bricht einem das Herz, daran zu denken, daß ein so begnadeter Wissenschaftler nur kurze 30 Jahre gelebt hat.

Seine zwei Kinder kannten sich zu meinem großen Bedauern bis 1991 nicht. Jonathan war inzwischen 20 und Marina 14 Jahre alt. Sie sind noch da und erinnern mich daran, was für ein erstaunlicher Mensch Ilan war. Ich mache Hitler und seine Gesinnungsgenossen und Helfer für seinen Tod verantwortlich. Sie haben seine Großeltern und viele Familienangehörige ermordet. Sogar von mir war er durch die vielen Zwangslagen ständig getrennt. Ich bin davon überzeugt, daß er nicht in einen so frühen Tod getrieben worden wäre, hätte ich ihm mehr Sicherheit und ein Zugehörigkeitsgefühl geben können.

Zum Glück habe ich Franz, der meinem Leben einen Sinn gibt. Und nach fast 50 Jahren mit Angstanfällen und panischer Angst in der Nacht, kann ich jetzt sogar meistens ohne Beruhigungsmittel schlafen.

Das Leben geht weiter, und äußerlich genieße ich vieles, was es mir bringt. Ich glaube, das ist mehr als viele andere Leute von sich sagen können. Mein Innenleben, das des Konzentrationslagers, des Zusammenlebens mit einem Schizophrenen und als Mutter eines verstorbenen Sohnes, bekommt die Außenwelt selten zu Gesicht. Das sollte wohl genügen.

Nachwort

Meine Stelle beim Overseas Development Institute habe ich 1965 angetreten. Es war das einzige Mal, daß ich in einer nicht-jüdischen intellektuellen Umgebung arbeitete. Das war sehr belebend. Die Angestellten waren intelligent, nett, freundlich und sehr zivilisiert. Es war die Zeit, als die afrikanischen Kolonien eine nach der anderen unabhängig wurden. Eine aufregende Zeit, in der man die Entwicklung und die Hoffnungen dieser neu entstehenden Länder in einer sehr verständnisvollen Atmosphäre miterleben konnte. In meiner ersten Phase von ungefähr zehn Monaten arbeitete ich als Assistentin der Bibliothekarin. In der zweiten, die nur etwa zweieinhalb Monate dauerte, hatte ich einige Veröffentlichungen mit einem Index zu versehen und half einem der Wissenschaftler. Ich lernte sehr viel während dieser Zeit.

Ich wurde von dort durch den intelligenten und charmanten Direktor Dr. Robert Weltsch weggelockt, der bei der Veröffentlichung des Leo-Baeck-Jahrbuches Hilfe brauchte. Nun arbeitete ich für das Leo Baeck Institute, das damals, und wie ich glaube auch heute noch, vor allem die deutsch-jüdische Symbiose untersucht. Acht Monate lang las und korrigierte ich Artikel, dann Druckfahnen, und erstellte schließlich einen Index für ein paar Bände des Jahrbuchs. Als diese Arbeit getan war, bat mich Dr. Weltsch, ein Diktat für seine Korrespondenz aufzunehmen. Das machte mir Schwierigkeiten, denn wie ich ihm gleich zu Beginn gesagt hatte, konnte ich nicht stenographieren. So trennten sich unsere Wege, und ich ging zurück ins Overseas Development Institute. Allerdings merkte ich, daß das ODI als wichtiges Forschungsinstitut keine Zukunft mehr hatte und daß es wahrscheinlich bald sein Personal reduzieren mußte. Das ODI war von großer Bedeutung gewesen, solange die Konservativen regierten. Als die Labour Party an die Macht kam, schufen sie ein Ministerium für die Entwicklung in Übersee und das ODI wurde zu einem eher peripheren Institut degradiert.

Ich schrieb mich bei einer Agentur für Universitätsabgänger ein. Dort erzählte ich, daß ich meine Universitätsausbildung nie abgeschlossen, mir aber auf vielen Gebieten Fachwissen angeeignet hätte und viele Sprachen sprach. Sie nahmen mich in ihre Kartei auf und informierten mich über verschiedenste Stellenangebote. Ich bewarb mich für die meisten davon, wurde aber gewöhnlich nicht einmal zu einem persönlichen Gespräch eingeladen – bis sie mir eines Tages die Nachricht über eine Stelle im Archiv der Bibliothek des University College London zuschickten.

Nach so vielen Enttäuschungen dachte ich, ich hätte keine Chance, und bewarb mich noch nicht einmal. Ungefähr zehn Tage später sagte ich mir, daß ich doch wirklich nichts zu verlieren hätte, und schrieb einen nur eine Seite langen Brief, dem ich einen kurzen Lebenslauf beilegte. Ich machte mir nicht einmal die Mühe, ihn noch einmal durchzulesen; allerdings schrieb ich natürlich nur über meine wirklichen Erfahrungen. Am nächsten Tag bekam ich einen Anruf von der Sekretärin der Bibliothek: wann ich Zeit hätte, mich mit dem Bibliothekar zu treffen? Ich war erstaunt. Ich traf mich mit Herrn Scott, dem Bibliothekar, der ein ganz reizender Mensch war. Er glaubte – so sagte er – daß ich genau die Person sei, nach der er suche. Dann fragte er noch, wann ich anfangen könne und wie viel Zeit ich erübrigen könne, denn es handelte sich um eine Teilzeitstelle. Wir einigten uns darauf, daß ich damit anfangen solle, die Gaster-Schriftstücke zu archivieren. Dr. Gaster, der ursprünglich aus Rumänien stammte, war der Hakham oder Oberrabbiner der spanischen und portugiesischen Juden in Großbritannien gewesen. Außerdem war er ein vielseitig gebildeter Mensch. Er lebte von 1856 bis 1939, von 1885 an in England. Er stand in Briefkontakt mit Persönlichkeiten in aller Welt, und zwar in vielen verschiedenen Sprachen. Ein großer Teil seiner Korrespondenz war auf Rumänisch. Dr. Gaster hatte Papiere, die ihm ins Haus kamen, nie weggeworfen, und nun wurde seine Korrespondenz im University College aufbewahrt und wartete darauf, in ein Archiv eingeordnet zu werden. Ich habe noch immer den leisen Verdacht, daß ich die Stelle bekam, weil jemand Budapest mit Bukarest verwechselt hatte. Vielleicht hatte man aber auch angenommen, daß ich Rumänisch spräche, weil Ungarn – wo ich herkam – neben Rumänien liegt?

Das Material wurde in der Mocatta Library gelagert, einer sehr schönen, alten, extra zu diesem Zweck errichteten Bibliothek, erbaut und eingerichtet von der Jewish Historical Society of England. Die Mocatta Library hat seither einen anderen Platz in der Zentralbibliothek bekommen, zusammen mit dem weiteren jüdischen Bestand des University College, so daß die Jewish Studies Library entstand. Ich war zunächst eher betrübt über diese Anordnung. Denn es war die ursprüngliche Bibliothek, in der ich die nächsten 22 Jahre an den circa 170000 Gaster-Schriftstücken arbeitete, und auch mit der Arbeit der Bibliothek selbst in Berührung kam. Irgendwann wurde ich diejenige, die die Mocatta Library unter sich hatte und auch für die jüdische und die hebräische Sammlung am University College verantwortlich war. Die Arbeit im Archiv und auch in den Bibliotheken machte mir viel Spaß – bis ich 1988 in den Ruhestand ging.

Gleichzeitig übernahm ich freiberufliche Arbeiten wie beispielsweise die beiden Bibliographien für den „Überblick über Jüdische Angelegenheiten", der vom World Jewish Congress herausgegeben wurde, und Arbeiten für das Zionistische Zentralarchiv und die Weizmann-Briefe. Von Zeit zu Zeit werde ich eingeladen, vor verschiedensten Zuhörern zu sprechen – vor Kindern, Studenten, historischen oder wohltätigen Gesellschaften, Lehrern oder bei dieser und jener Konferenz. Die Themen, über die ich Vorträge halte, sind der jüdische Bestand am University College London, das genealogische Material, das sich in der Mocatta Bibliothek befand, und der Holocaust. Ich hätte nie gedacht, daß es mir möglich sein könnte, vor einer Menge zu sprechen, und noch viel weniger, daß ich bei diesen Veranstaltungen Fragen beantworten könnte. Trotzdem scheine ich mich recht gut verständlich zu machen, denn es gibt nach meinen Vorträgen immer mehr Fragen als Zeit dafür bereitgestellt ist, was mir beweist, daß ich das Interesse meiner Zuhörer wecken konnte. Das freut mich sehr.

Seit ich im Ruhestand lebe, habe ich angefangen, Klavier spielen zu lernen – etwas, was ich schon immer tun wollte. Ich habe mich auch freiwillig dazu gemeldet, einsame alte Leute zu besuchen, und helfe, wo ich kann. Seit Anfang 1993 nehme ich an einem Kurs für kreatives Schreiben teil, in dem ich vor allem Kurzgeschichten schreibe, die denen, denen ich sie vorlese, zu gefallen scheinen. Das Ergebnis einer der Übungen ist das folgende Gedicht:

NACHRUF

Ihr Motto war: Reg´ dich nicht über Dinge auf, die vorbei sind
oder die man nicht ändern kann.
Mit den Höhen und Tiefen des Lebens wurde sie gut fertig;
Wenn Entscheidungen zu treffen waren,
nahm sie sie nicht auf die leichte Schulter
und trug die Konsequenzen.
Sie versuchte zu helfen, wenn es möglich war.
Sie lebte jeden Tag mit seinen Freuden und Leiden,
hielt nie etwas für selbstverständlich, und so
bereiteten die kleinsten Gaben des Lebens ihr Freude.
Ihre Toleranz nahm mit zunehmendem Alter ab,
aber ihre Geduld blieb.
Sie brauchte Musik,
schöne Dinge zum Betrachten,
gepflegte Unterhaltungen, liebe Menschen,
die Wunder der Natur, Wasser und Berge,
Blumen und Früchte, Bäume und Steine,
die Wärme der Sonne, die Suche nach Kristallen,
Pilzen oder Beeren. Auch gutes Essen.
Sie kochte gerne: ihre Freunde hatten zu leiden
unter den Höhenflügen ihrer Phantasie,
mit Kräutern und Gewürzen verschwendete sie ihre Zeit,
und sorgte sich nie um deren Figur.
Sie wollte kein Grab, sondern verbrannt werden,
verstreut, und still verschwinden.
Staub zu Staub. Keine religiösen Reden, keine Gebete.
Laßt sie in Frieden dahingehen; und falls es doch
eine Wiedergeburt gäbe, an die sie nicht glaubte,
wäre es ihr Wunsch, eine verwöhnte Katze zu sein.
Eine Katze mit deren unabhängigem Wesen,
seidig, hübsch, verspielt, aber nicht auf der Jagd
nach Vögeln und Mäusen,
nur auf jemandes Schoß zusammengerollt, geliebt.
Sie würde zum Dank sogar schnurren.

Trude Levi, 21. Oktober 1993

Anmerkungen

[1] Judith Magyar Isaacson: *Befreiung in Leipzig, Erinnerungen einer ungarischen Jüdin.* Witzenhausen (Ekopan) 1991. (Originaltitel: Seed of Sarah. Memoirs of a Survivor, 1990).

[2] *Mephisto*, ein Film nach dem gleichnamigen Roman von Klaus Mann. Einer der Charaktere, Hoefgen, basiert auf der Lebensgeschichte des Schauspielers Gruendgens, der, obwohl er zunächst ein anständiger Mensch war, langsam durch Angst und Ehrgeiz manipuliert wird und so zu einem Spielball des Hitlerregimes wird.

[3] Heute gibt es den Film *Schindlers Liste*, der das Gegenteil zeigt: Ein Playboy, ein nicht sehr anständiger Mensch, wächst durch die Ereignisse über sich hinaus. Er stellte aus Profitgier Juden als Sklavenarbeiter ein – und am Ende schützte er „seine" Juden, ohne sich um persönliche Konsequenzen zu kümmern.

[4] Nathan Stoltzfus: Widerstand des Herzens. Der Protest in der Rosenstraße und die deutsch-jüdische Mischehe. In: *Geschichte und Gesellschaft* 21 (1995), S. 218-247. Stoltzfus schreibt: „Bis zu 600 waren gleichzeitig anwesend, am Ende hatten 6000 an der Protestversammlung teilgenommen."

[5] Ernst Klee, Willi Dressen, Volker Riess: *„Schöne Zeiten": Judenmord aus der Sicht der Täter und Gaffer*. Frankfurt/Main (Fischer) 1988, S. 77-86: Aussagen zur Legende des Befehlsnotstandes.

[6] Primo Levi: *If this is a man*, London (Abacus) 1987, S. 91.

[7] *Moderne Zeiten*, ein Film von Charlie Chaplin, in dem Chaplin mit zwei Zangen an einem Fließband arbeitet und man ihm die Auswirkungen der mechanischen Arbeit ansieht.

[8] Die Liste ist auszugsweise im Anhang dokumentiert.

[9] Gegen den ehemaligen SS-Oberscharführer Ernst Zorbach, der in verschiedenen Konzentrationslagern kommandiert hatte, ermittelte in den 70er Jahren die Staatsanwaltschaft Köln wegen Verdachts des Mordes, begangen im Nebenlager Witten-Annen des Konzentrationslagers Buchenwald. 1976 wurde das Verfahren aus Mangel an Beweisen eingestellt.

[10] Dieter Vaupel: *Das Außenkommando Hessisch Lichtenau des Konzentrationslagers Buchenwald 1944/45. Eine Dokumentation*, Kassel (Verlag Gesamthochschulbibliothek) 1984. Nationalsozialismus in Nordhessen. Schriften zur regionalen Zeitgeschichte, Heft 3. Dieter Vaupel ist ein Geschichtslehrer, der mit seinen Schülern ein Projekt über das, was in der Nazizeit in Hessisch Lichtenau passiert war, durchführte. Als Resultat seiner Nachforschungen wurde ein Gedenkstein in der Nähe des Lagers errichtet, der an die 1000 Jüdinnen erinnern soll, die aus Auschwitz dorthin gebracht wurden, um in der nahegelegenen Munitionsfabrik zu arbeiten.

[11] Die Zentralstelle der Landesjustizverwaltungen Ludwigsburg leitete 1966 ein Ermittlungsverfahren gegen den Lagerkommandanten, seinen Stellvertreter und SS-Angehörige der Lagermannschaft wegen Verdachts des Mordes jüdischer Häftlinge im Nebenlager Hessisch Lichtenau ein. Nach zehn Jahren wurden die Ermittlungen eingestellt. Der Aufenthalt des Lagerkommandanten Wilhelm, genannt Willi, Schäfer blieb unbekannt.

[12] Dr. Stephen Roth sprach am 20.1.1994 in der Londoner Reformsynagoge über die mehr als 35000 Denunziationen jüdischer Bürger durch ihre Landsleute. Dr. Roth, der 1995 verstarb, war Ungar und europäischer Generalsekretär des World Jewish Congress. Er

leitete das Institute for Jewish Affairs in London, präsidierte der Zionist Federation in England und war offizieller Beobachter bei der International Human Rights Organisation in Helsinki.

[13] Junge Nichtjuden im wehrfähigen Alter wurden vom Militärdienst zurückgestellt, bis sie ihr Studium abgeschlossen hatten, aber das galt nicht für Juden. So war es diesen jungen Männern möglich, ihr Studium abzuschließen.

[14] Nansenpaß: ein Personalausweisdokument, auf das sich Deutschland, Österreich und die Schweiz am 5. Juli 1922 in Genf geeinigt hatten. Eingeführt wurde er für russische Flüchtlinge, die staatenlos wurden. Sein Name geht auf Fridjof Nansen, der für Flüchtlingsprobleme verantwortlich war, zurück.

[15] Die 1955 vom antirassistischen Südafrikanischen Kongreß vorgestellte *Freedom Charter* wurde von der südafrikanischen Regierung als Hochverrat angesehen. 156 Leute wurden verhaftet und vor Gericht gestellt. Der Prozeß dauerte von 1956 bis 1961. Der Hochverrat konnte nicht nachgewiesen werden und alle Angeklagten wurden schließlich freigesprochen.

[16] *Kashrut*: Jüdische Speisegesetze für koschere Ernährung. Danach darf man Milch- und Fleischprodukte nicht miteinander in Berührung bringen und bestimmte Tier-, Geflügel- und Fischarten nicht essen. Die Regeln stehen im Alten Testament, Buch Leviticus, Kapitel XI.

[17] 1961 stellte der Staat Israel Adolf Eichmann als einen der Organisatoren des Holocaust in Jerusalem vor Gericht und ließ ihn 1962 hinrichten.

Anhang

Hollerith erfaßt
Jüdin

KL.: Neuengamme (handwritten)

HMM.-Nr.: 10.604 ▽ U

Häftlings-Personal-Karte

Fam.-Name: Mosonyi
Vorname: Gertrud
Geb. am: 23.4.24 in: Szombathely
Stand: led. Kinder: keine
Wohnort: w.o.
Strasse:
Religion: isr. Staatsang.: Ungarn
Wohnort d. Angehörigen: Vater: Dr. Dezsö Mosonyi; Birkenau
Eingewiesen am: 2.8.44
durch: RSHA
in KL.: Auschwitz
Grund: Poll. Ungarin-Jüdin
Vorstrafen: keine

Überstellt
am: 19.9.44 an KL. Neuengamme
am: an KL.
am: an KL.
am: an KL.
am: an KL.
am: an KL.

Entlassung:
am: durch KL.:
mit Verfügung v.:

Personen-Beschreibung:
Grösse: cm
Gestalt:
Gesicht:
Augen:
Nase:
Mund:
Ohren:
Zähne:
Haare:
Sprache:
Bes. Kennzeichen:
Charakt.-Eigenschaften:
Sicherheit b. Einsatz:
Körperliche Verfassung:

Strafen im Lager:

Grund:	Art:	Bemerkung:
	Mutter: geb. Ullmann Dora in Birkenau	

KL. 5/6.44 - 500 000 4879

Erlernter Beruf:
zuletzt ausg. Beruf: Lehrerin
Arbeitsbuch Nr.:
Berufsgruppe:
Ausgebildet in der Zeit
als im KL.
(Ausbildungsabschluß)

Eingesetzt

	vom	bis	als	bei
1.				
2.				
3.				
4.				
5.				
6.				
7.				
8.				
9.				
10.				
11.				
12.				
13.				
14.				
15.				
16.				
17.				
18.				
19.				